人から人への交易

堀田正彦・民衆交易への挑戦

堀田正彦 著
オルター・トレード・ジャパン 編

AKISHOBO

人から人への交易——堀田正彦・民衆交易への挑戦

目次

第2部　民衆交易――いのち、暮らし、自然を守る　109

第3部　黒テントとアジア飯　351

はじめに

本書は、二〇二〇年一二月一三日に逝去した株式会社オルター・トレード・ジャパン（以下、ＡＴＪ）の創業者社長・堀田正彦が、生前、さまざまなかたちで発表していた論考、講演や対談、座談会などの記録から選んで編んだ遺稿集である。

堀田は、高校まで仙台で育ったあと上京して大学進学、一九六八年二〇歳のときにいわゆるアングラ演劇の世界に入った。テント劇場を持って沖縄を含む日本各地で旅公演を続けていた劇団黒色テントの演出部に所属して活動する中で、アジアの現代演劇、とりわけ、マルコス独裁政権と闘う文化運動を展開していたフィリピン教育演劇協会の「民衆演劇ワークショップ」の運動に出会う。堀田正彦三〇歳のときのことだった。

これがきっかけとなってフィリピンと接点を持つようになった堀田は、一九八〇年代半ばにフィリピン中部の島ネグロスの飢餓救援キャンペーン運動に関わるようになり、文化運動の世界を離れ、社会運動の世界へと入っていくことになる。チャリティではなく、暮らしと地域自立、自然環境の保全をめざす息の長い社会変革運動たることをめざし、日本各地の生協運動や消費者運動の熱い共感と具体的な支援を受け、一九八九年、無農薬栽培バナナや有機栽培マスコバド糖を取り扱う「民衆交易」の事業会社ATJの設立に参加、初代社長に就任した。

ほぼ同時期、ヨーロッパではフェアトレード運動のなかで「認証ラベル」が考案され、一般市場に浸透し始めようとしていた。ATJはときに「日本版フェアトレードの老舗貿易会社」といわれることもあるが、堀田率いるATJは欧米フェアトレードの一般市場路線も「認証ラベル」路線も採らず、生協などに組織された消費者とその物流ネットワークに支えられた独自の「民衆交易」の道を歩んできた。いまふうにいえば、ATJとは、SDGsの「一人も取り残さない」「社会を変革する」といった理念を食の輸入という領域で実現しようとする「社会的企業」のパイオニア、老舗ということになるのかもしれない。

ATJが発足するまでは、日本で人びとが入手できたバナナといえば、ほぼすべてが多国籍企業による農薬漬けのプランテーションバナナだった。そこに、明確なオルターナティヴ、別の選択肢を提供したのがATJだった。幅広く読まれてきた『バナナと日本人』(岩波新書・一九八二年刊)で鶴見良行氏が鋭く問いかけた課題に、一つの具体的な回答が示されたわけだ。

本書は、バランゴンバナナをはじめとするさまざまな民衆交易事業に取り組んだ堀田の苦闘の軌跡とともに、民衆交易を人びとが集まりコミュニケーションする祝祭的な演劇や劇場というメディアとしてとらえて教育や文化の活動にも取り組んだ、類いまれな一人のアクティヴィスト堀田正彦を、彼自身が遺したテキストによって浮かび上がらせようとしたもので、三部構成で編集されている。フィリピンと出会った時期の論考を収めた第1部、ATJの社長として民衆交易事業に取り組んだ時期の論考を集めた第2部、そして、二〇代の堀田が若き演劇人として発表した戯曲や時評に加え、訪ね歩いたアジア各地での食体験をつづった軽妙な連載エッセイを収録した第3部だ。

別途刊行された『堀田正彦追悼集』（二〇二二年）もあわせてお読みいただければ幸いです。

刊行にあたっては、パートナー・小島希里さんをはじめ、多くの関係者のみなさまにお世話になりました。厚くお礼申し上げます。

堀田正彦遺稿集・追悼集編集委員会
（赤松結希、市橋秀夫、大橋成子、幕田恵美子）

凡例

一　本書は、これまでに公表された著者の著作・論考、インタビュー・対談・座談の記録などから、堀田正彦遺稿集・追悼集編集委員会の合議によって、年代順・テーマ別に分類、精選して編んだものである。巻末に、年代順の書誌リスト、年譜、解題を付した。

一　収録テキストの底本としては、再録のあるものに関しては原則として最新版に依拠した。ただし、テキスト理解には執筆時の時代背景の把握が重要であると考え、各々のテキストの末尾には初出時の刊行年と掲載誌名を記した。また、各章のタイトルは、本書収録にあたって改題したものがある。なお、本書に記載されている人物の肩書はすべて、テキスト掲載当時のものである。

一　本文は収録の際に、読みやすさを考慮して表記を改めたものがある。漢字の送りがなその他の用字・用語・用法・引用符、数や外国語表記については、筆者独自の表記のままとしたところもあるが、必ずしも統一されていない。また、明らかな誤記については表記を修正した。

一　こんにちでは差別的と思われる表現のあるテキストがあるが、時代を記録した史料という歴史的価値を考慮し、原典どおり再録した。

第1部

民衆演劇との出会い

フィリピンと堀田正彦との出会いは、一九七〇年代後半に現代アジア演劇の情報を求め、東京中を文字通り歩き廻っていた津野海太郎（黒テント演出部の年長メンバー、のちに編集者・作家）が準備したといっても過言ではない。その過程で津野と知り合った武藤一羊（アジア太平洋資料センター）がインドで開かれるアジア農村演劇会議の話を持ち込み、津野の命を受けて英語が堪能だった堀田が参加、そして……。第1部は、その後の日本が、堀田を介してフィリピン民衆演劇運動をどのように受容してきたのかを明らかにした貴重な証言群である。

第1章

アジア民衆演劇会議 ——一九七八年一月のインドで

われわれの合宿の場として、チャティスガリ地方が選ばれたのは、ハビブ・タンビールの提案による。彼はインド有数の演劇人であり、非選出の国会議員でもある。だが、埃《ほこり》にまみれたベレー帽をかぶりコール天の上着を着て、地べたに坐り込んで演出したり、舞台で彼の役者たちと一緒に身軽に踊ったりするその姿は、わが国の国会議員の野暮で権力的なイメージとはまるで違っていた。

彼の主宰する「ナヤ・シアター」は、ニュー・デリーを本拠に、インド各地で公演活動をしている劇団である。だが、その俳優たちは全員がこのチャティスガリ地方の農民であり、「ナチャ」という農民演劇の役者たちの中から選抜された人びとである。「ナチャ」は、この地方に広く行なわれている、村の生活や伝統に基づく、踊りや唄を伴った即興の喜劇である。彼自身、チャティスガリの出身である。ハビブ・タンビールは、この「ナチャ」の持つ即興性と民衆性、それに唄や踊りを伴う総合性に目を付け、その役者たちを使って、新しいインド演劇の創出を試みている。だから、その文化的後背地ともいうべきチャティスガリ地方が、合宿の地に選ばれたのであった。

われわれが最初に出会った「アジア演劇」は、このナヤ・シアターの演劇であった。合宿の第一週は、ナヤ・シアターをはじめとするチャティスガリの演劇や演芸（唄、踊り、語り物）を観ることに、ついやされた。われわれは毎晩、合宿から二五キロほど離れたマハサムンドという町まで、ジープや古ぼけたバスに乗って出かけて行った。その町には、広場に特設の舞台がつくられていた。それは間口一〇間、奥行き四間ほどの土盛りの舞台で、テントの屋根が突き出しており、両脇はきれいな模様の布で覆ってあった。そこには、毎晩二〇〇〇人から三〇〇〇人以上の人びとが集まってきた。ハビブとしては、パラガオン村の小さな広場で、実際の農民たちの生活を背景に上演を行なうつもりだったという。しかし、合宿を地元でサポートしてくれた人びとが、いまや全国的な存在となったナヤ・シアターにふさわしい、立派な会場を作ろうとしてしまったのだ。彼らは、マハサムンドの金持ちたちを口説いて、この会場を作らせたという。

しかし、初日にこの金持ちたちが、農民から入場料を取ろうとしたため、若い社会活動家や地元の農民たちが怒って反対し、上演が中止になる事態が起きた。その晩、われわれは待てどもこない迎えのバスを待つうち、みんな眠ってしまって、翌朝、このことを知った。普通、チャティスガリで農民の芝居が行なわれる場合は、呼ぶ側の村の人間がココナツの実を一個持参して、村芝居のグループをたずねるという。もし、村芝居のグループがそれを受け取れば承諾の印で、呼んだ側は彼らに上演のあいだの寝床と食事を保障する。そこには、金銭による関係は全く存在しない。だから、金持ちたちが会場製作の費用を回収しようとして入場料を取ろうとしたのは、われわれの合宿の目的にも反するし、それ以上に、チャティスガリの農民たちの共同体意識に対する重大な侵犯であった。この対立は、ACFODが乏しい予算のうちから会場設営費を肩がわりし、入場料は無料にするということでとりあえず解決がついた。だが、都市の論理が農村共同体の意識を破壊しつくすことで成立してきた近代化の歴史を持つわれわれにとって、この事件は簡単に見過ごすことのできない問題を含んでいたように思う。

さて、ナヤ・シアターの演劇である。

われわれは、彼らが説話から取材したもの、古典を改作したもの、「ナチャ」の三つの寸劇を一つにまとめたもの等の三つの作品を観ることができた。どの作品も、四、五人の楽団（手風琴、クラリネット、打楽器）と唄い手、踊りを伴う簡素（機械による照明や音響効果は一切使われない）で、高度に練り上げられた舞台構成を持つ作品だった。役者たちは、それぞれ強烈な個性と得意の芸を持っている。そして、みんな、驚くほど大きかった。

ハビブ・タンビールは合宿の一つの作業として、各国の参加者から民話や短い話を集めて、それをナヤ・シアターの俳優たちに即興劇に仕立てさせるということを行なった。彼らは二晩ほどで、それを芝居にしてしまう。それは、ナヤ・シアターの演劇形式が、口述によって与えられるストーリー（役者たちは文字が読めない人が多い）をチャティスガリの農民俳優の経験を通して即座に形象化し練習の繰り返しで劇を完成させていくものだからできることであった。

ハビブの、この試みに対する精力的で真剣な態度は、インドの新しい国民演劇の形式を完成させようとする熱意の表れのようだった。ナヤ・シアターの創作形式は、公用語だけで一六の言語があり全部あわせれば三〇〇〇に近い言語があるという、インドという国の複雑で多様な文化背景を考えた時、その多様性に対して、きわめて有効な武器として機能する可能性を秘めている。そして同時にその即興劇に基づく方法は、演劇を知識階級の独占物から民衆のものへと解放していく具体的な契機を内蔵している。ナヤ・シアターの俳優たちにとっては、彼らの演技と村の収穫祭の晴れやかな意識とを切り離すことは不可能だ。彼らの演技は、抑圧された民衆の年に一度の収穫の祝祭がもつ自由で野卑で革命的な雰囲気を、デリーやボンベイの劇場に振りまくだろう。ナヤ・シアターの演劇は、農村から都市へと逆流する文化的営為としてある。

合宿が終了した後、私は帰国の予定を変更してフィリピンに立ち寄った。私がこの国の演劇に興味を感じ始めた直接のきっかけは、マハサムンドでの最終日に上演された『ソンナ・ビハン』（黄金色の夜明け）という芝居をめぐっておきた、ある対立にあった。『ソンナ・ビハン』は、ライプール市のカレッジのある教授が書いた劇である。それは抑圧され、収奪されているチャティスガリの農民大衆の上に、「黄金色の夜明け」が訪れる時が来ることをテーマにしている。高利貸や官僚や堕落した教師らは、結託して農民を無知、文盲の状態に陥れたままにしようとしている。そうして、文盲や無知につけこんで好き放題の収奪を行なっている。こうした悲劇に見舞われている母なるチャティスガリを救うのは、若者の力をおいて他にない。若者はチャティスガリを愛し、教育を身につけ、母なる大地を取り戻せ——というアジプロ劇であった。教授の教え子やインテリ階級の若者たちが中心になって、六〇人ほどの上演グループを形成し、この地方一帯を廻って、一〇〇回の公演をすることが目標だということだった。彼らの説明によれば、この劇の上演を伝え聞いた農民たちが、五〇マイル四方のすべての村々から上演地めざして集まってくるほど、この劇の人気は高いということだった。

『ソンナ・ビハン』は、ナヤ・シアターや他のチャティスガリの民衆演芸とはきわだって異なる一面を持っていた。彼らの劇には大がかりな音響システム、マイク、照明機器、舞台装置や背景、幻灯などが使われており、それらの機械的効果や派手な視覚効果と、チャティスガリ讃歌ともいうべき、唄や踊りや民衆生活のひとこまなどが、ふんだんに劇の中に織り込まれていた。そしてそれらは、演劇的というよりは、むしろごた混ぜに近い状態で話の節に介入し、しかも一場面ごとに幕が下り、教授自身による名調子の解説が入るのだった。

舞台装置や機械的装置を使うことが重要な一部分を占める演劇を普通のこととしてきたわれわれは、この『ソンナ・ビハン』の機械仕掛けに、すっかり親近感を感じていた。ところが、他のアジアからの参加者は、むしろ冷淡な反応をこの劇に示し、ついには劇の中途で退席してしまった（もっとも、この劇は一晩中続くということだった）。

この彼らの態度は、劇を書いた教授が合宿を訪れた時に、さらにはっきりとした形で示された。教授との討論会は、はっきり敵対的な態度で行なわれる質問に終始したのだ。それは、劇構成の冗漫さを批判するものであり、大衆の指導者然とした教授の解説を批判するものであり、あるいはアジプロ劇そのものを拒否する意見だったりした。

その中で、フィリピンのＰＥＴＡ（フィリピン教育演劇協会）の事務局長であるレミ女史の意見が、私の興味を引いた。「あなたは、何故あのような舞台装置やマイクや幻灯などを使うのだろうか？　民衆のための演劇とあなたは言うが、あのように大がかりな機械や装置を見せられたら、貧しい農民が自分たちで演劇をつくろうと思った時、あの機械がないから、あんな装置がないからと尻込みしてしまう結果になるのではないか」と、彼女は教授に食ってかかるように質問した。その時、私には彼女の質問の本当の意味が分からなかったのだが、おそらく教授も分かっちゃいなかったのだ。彼は、「マイクを使えば一度に三万一〇〇〇人から五〇〇〇〇人の観客に聞かせることができます。より多くの人に見せることが重要です。それに民衆は、幻灯や舞台装置を喜びます。すべて民衆がそれを好むからそうするのです」と答えた。

討論会は、教科書の難問を生徒に教えるような教授の態度に、みんながあきらめて口を閉じてしまうことで、終った。だが、レミ女史と教授の問答は、そこに本質的な対立を感じさせる内容を含むものだったことは確かだ。

私がフィリピンの演劇に関心を抱くきっかけになったのは、「農民が自分たちで演劇をつくろうと思った時」という、この時のレミ女史のことばだった。このことばのうらには、演劇や文化を知識階級の独占物とするのではなくそれをより必要としている農民大衆へむけて譲り渡していくという、フィリピンの文化運動の本質的な主題が隠されていた。

アジアの農民は、経済的搾取と暴力によってその文化を根こそぎ収奪されている。彼らは米と同じく文化を必要としている。とすれば、知識階級や文化人は、その持てるものをすみやかに彼らに譲り渡すべきである。それが、フィリピン演劇の運動的テーゼだった。私はミンダナオ島に、合宿で知り合った一人の若い神父をたずねた。そこで、そして大都市マニラでも、われわれの場合とは全く異質な演劇運動の実際に接することができたのだが、その報告は次号（本書第2章に再録）にゆずる。

実は、マハサムンドの町で入場料をめぐる対立が起きた時、教授のグループは入場料を取ろうとする側に加担していた。私の都市演劇的意識からすれば、そこで金を取ることはなんら不思議なことではなかった。しかし、フィリピンの演劇に接した後の私の意識からすれば、それが都市の論理による農村の破壊につながるものだと、考えるようになった。

つまり、『ソンナ・ビハン』のグループは劇を見せることで農民たちに、搾取階級の存在を教える。そして、農民がその無知、文盲の状態から早く脱け出すことが、抑圧と戦う方法だと教育しようとする。そうした彼らの主張は、学校教育という、しばしばそれ自体が抑圧的である機構をベースにしている。そして、そのことが、チャティスガリを愛せよと人びとに教えながらも、彼ら自身は入場料を取るという、よき民衆的伝統を逆なでする行為を、平気で犯してしまうという結果を導く。近代化は必要だ。だが近代化という概念を都市化と置き換えるのか、あらたな農村共同体の創造と置き換えるのかでは、その運動の内実は、まるで違ったものになるだろう。この問題は、アジアの農村のみならずわれわれ日本の都市の運動にとっても、きわめて示唆的な問題を含んでいるように思えた。

（一九七八年　『水牛』）

第2章

ミンダナオ島のムスリム漁村で見た民衆演劇

「農村演劇」とは何か?

一九七八年一月、インドでひらかれた「アジア農村演劇会議」の合宿でも「農村の自立的な発展、向上のための有効な手段としての演劇……」と説明はされたのだが、われわれは、「農村」(rural)ということばが、アジアにおいて持つ真の意味を理解し共有するには、あまりに「都市」化されすぎた存在だった。

このジレンマを克服するためには、さらに「農村演劇」の現場を体験してみる必要があった。合宿のなかで「農村演劇」を熱心に提唱していたのは、フィリピンからの参加者たちであった。私は、帰りの予定を変更して、彼らの現場をたずねることにした。

二月一八日、バンコクからの深夜便でマニラに着いた。市内にあるPETA(フィリピン教育演劇協会)の事務所に行き、そこで、PETAの事務局長であるレミ女史と再会した。

と、会ったとたんに彼女は、「ドン神父から手紙がきた。彼はあなたに約束した芝居を、明日の日曜日にやる予定でいる。彼には明日しかチャンスがないそうだ。あなたはすぐ、ダバオに行かなければ……」と言う。暑さとあわただしさにボーッとなりながら、私は、その日の午後の国内線に乗ってミンダナオ島のダバオに向かった。

インドで、ドン神父が私に見せてくれる、と約束をしたのは、『わが村』という黙劇だ（この題名は仮題である。私はこの芝居の題名を聞き逃してしまった）。彼はダバオに赴任する前、ミンダナオ島北西部の小さな町で、五年間神父をしていた。その時、近くの小さな漁村で、アメリカ資本が土地を買い占め、漁民たちに立ち退きをせまるという事件がおきた。彼と彼の教会の活動家たちは、その漁村に一ヶ月間泊りこんで、力の前に沈黙を余儀なくされている漁民たちの、ことばにできない悲しみと怒りを、ひき出し、掘り起こし、一つひとつ肉体の身振りとして再現する作業を行なったという。日常生活の身振り（漁や、浜べでの共同作業）、暴力にさらされた肉体の痛み、抑圧者たちの横暴な身振り、それらを集め、まとめたのが『わが村』だという。

私は、それを観たいと思った。「なんとか再演をしてみよう」と彼はそのとき約束してくれたのだった。

ミンダナオ島へ

マニラから一時間二〇分、ダバオについた。ドン神父につれられて神学校（当時、彼はそこで教鞭をとっていた）に向かった。丘の上にある神学校は、コンクリートづくりの近代的な立派な建物だった。しかし、ドン神父はその立派な建物を通りぬけ、いちばん裏手の古ぼけた一棟に私を案内した。部屋の半分を占める一八台の簡素なベッド。もう一方は黒板と机。一七人の学生、七人の女性、三人の少年が私をむかえてくれた。一一歳の少年が、巧みにギターを弾いて歓迎の歌を唄ってくれる。少年と女性たちは、近くのココナッツ農園の労働者の家族だという。「この人たちが、明日の劇を手伝ってくれます」と、ドン神父が紹介してくれた。

ドン神父と一七人の学生たちは、みんな、同じラナオ教区の出身者で、この古ぼけた一棟を神学校当局から借りて、質素な自炊の共同生活を行なっている。「農民と同じ暮らしをしてこそ、農民に奉仕できる」という信念に基づいて、全寮制の恵まれた神学校の生活を拒否しているという。その夜、学生の一人が、彼の寝台を私に明け渡してくれた。

さすがに朝が早い。六時に朝の祈りが始まる。七時、ココナッツ農園の労働者たちに日曜のミサをしにでかけるドン神父に、私も同行した。劇は午後からの予定だった。六キロほど歩いて、二つの集会所をまわる。どちらにも、二〇人ほどの農民たちが、すでにドン神父を待っていた。集会所は三坪ほどの質素なふきぬけの小屋である。ミサも簡素で親密なものだった。ドン神父は、ラテン語、スペイン語で行なわれていたミサを、ビサヤ語（ミンダナオ島のことば）で行ない始めた最初の神父だという。ドン神父が話し、老人が祈りの音頭をとり、少年がギターを弾き、少女が唄い村人が和す。そこには、コミュニティの文化的背景として教会（カトリック教）というものが、見事に息づいていた。ドン神父は『わが村』を再演するために、この人たちのなかから有志を募ったのだった。

午後、彼らと連れ立って、一台のジープニーをつかまえ、海岸にある回教徒の漁村に出かけた。そこが、今日の劇の舞台だった。

ドン神父たちは、『わが村』の再演を決定したとき、この劇の内容と全く同じ状況に追いこまれている、ある回教徒の漁村でやろうと考えた。しかしその村は、彼らキリスト教徒からの何度かの接触に容易に門戸を開こうとはしなかった。もともと、ミンダナオ島は回教徒の島だったし、現在もモロ民族解放戦線が、ミンダナオ島の独立を求め政府軍と戦っている。歴史的にみれば、人口の九〇パーセントを占めるキリスト教徒は、彼らにとって侵略者だったのだ。ドン神父たちは、スペイン植民地時代からの侵略者的な保守派キリスト教を否定し、ともに抑圧された貧しい民衆という視点に立って、回教徒たちと理解し合っていきたい、と考えていた。だが、その考えを、いますぐ、その村の回教徒に納得させることは不可能だった。そこで、神学校に近い、もう一つの回教徒漁村が選ばれた。その村は、とにかく日常の生活のなかで自然な交流があったからだ。しかも、この村も、別荘地を海岸につくろうとしている不動産会社と、土地をめぐる闘いを続けているという。だが、これだけ多数のキリスト教徒が村に入るのは、初めてだという。

やがて、村についた。

三〇戸ほどの高床式の小屋が、海岸のヤシ林のなかに、ひっそりと立ちならんでいる。その中央の広場が会場だった。青年が四、五人、私たちを迎えてくれた。この村の活動家たちだという。神学校、あるいはキリスト教会の活動家たちとは、なにかと交流があるらしい。しかし、村人のほとんどは漁に出ているようだった。家のなかに残っている女たちの視線も、けっして温かいものではないようだ。そんななかで、ドン神父が回教の導師と挨拶をかわしている。やがて、ぎこちない雰囲気のなかで、劇が始まった。

黙劇『わが村』

朝。村の男たちが海へ出ていく。漁の作業が始まる（学生たちは、舟をこぎ、網をなげ、魚をとる仕草を繰り返す）。

大漁だ。

浜で女たちがでむかえる。楽しく、平和な村の一日がいきいきとえがかれる。

魚をわたす男たち。数える女たち。分配され、片付けられ、やがて売りにでかけるのだろう。農園の女性たちは、回教徒の着るマロンをつけて、漁村の女をせいいっぱい演じている。

地主の奥さん、登場。

奥さんは、男たちの収獲から、一番よい魚を取りあげる。立ち去りながら、奥さんは不吉な宣告を女たちに告げる。

「土地を売った」

顔を見合わす、女たち。

浜べで、波とたわむれる、村の馬鹿。子どもたち三人が、彼に加わる。楽し気に波を追い、逃げもどる彼ら。農園の少年たちが実にうれしそうに演じている。

大人たちは、集まって、地主の宣告に驚き、途方に暮れている。暗い表情。

そこに、僧衣の神父がやって来る。

村人は、口々に彼に訴える。

「お救いください。神父さま！」

「祈りなさい。祈ることで救われます」

そう言い棄て、神父は去る（学生がこの神父を演じる。ドン神父たちは、このような祈るだけの神父を、機会あるごとに攻撃する）。

祈る村人たち。

しかし、救いは来るはずもなく、地主の最後通告が出される。

こんな事情を知らない村の馬鹿は、今日も砂浜で、子どもたちが遊びにくるのを待っている。しかし、子どもたちはこない、寂しく一人遊ぶうちに、馬鹿は波にさらわれて死ぬ。

兵隊が村にやってくる（四人の男が、長い竹竿を肩にかついで登場）。兵隊は、村の入口に検問所をつくる。

追い出される村人。

しかし、地主や神父や日本人観光客、アメリカ人は、フリーパスで検問所を通っていく（日本人は、メガネとカメラで表象される人物として登場する）。

兵隊を押しのけ、村へ帰ろうとする村人。しかし、兵隊は逆に村人を押し包んでしまう。長い四本の竹竿で、四人の男が村人全員を取り囲む。

兵隊に痛めつけられる村人。女性の一人が自分の体験を思い出したのか、本当に泣きだしてしまった。

ある一瞬、村人は立ち上がる。兵隊の包囲が押し破られる。

と、嵐の海。

必死で波と戦う、漁民たちの小舟（戦いと反抗の表現は、こうした抽象的な方法に頼らざるをえないのだ。と、ドン神父はある感情をこめて語っていた）。

浜べでは、女たちが男たちの無事を祈っている。
帰らぬ小舟。
一人、また、一人と、村人たちは立ちあがり、唄いだす。

この海に、日は昇り、日は沈む。
この浜に、波はよせ、またかえす。
大海原は、わが心。
この浜は、わが故郷。

唄にあわせ、村人たちはこぶしを握り、前へ、前へと歩きだす。唄は続く。やがて、

大海原よ、わが心。
わが生きゆくは、この村。

と、一斉に、こぶしが空に突き出された。

武器としての演劇

四〇分ほどで、劇は終った。

広場には、回教徒の人びととの人垣ができていた。パラ、パラと拍手があった。しかし、大部分の人びとは、何か恥ずかし気に、人垣を解いて、小屋に入って行ってしまった。ドン神父たちも、黙々と後片付けをし、夕暮れのなか、帰路についた。

その夜の反省会では、「準備が不足だった」（ケイコは二日だけだったという）、「彼らの方言が、しゃべれなければ……」（どうやら、回教徒には回教徒の方言があるらしい）、「一回だけでは、なんにもならない」などの意見が出された。

ドン神父が言った。

「とにかく、われわれは初めて、回教徒の人びとと触れあう機会が持てたのだ。自分たちのコミュニティを守ろうとする、彼らの固い結束は、学ぶべき文化であり、乗り越えるべき障害ではない。彼らを排他的にしたのは、われわれなのだから。だが、彼らとわれわれは、おなじ抑圧と不正の中にいる。そのことさえ、お互いに理解しあえれば、いつか共通のコミュニティをつくりだせるだろう。今日の劇は、その第一歩だ」

学生たちは、大きくうなずいていた。

銃と暴力の支配する戒厳令の下では、漁民たちの劇は、いわば劇を越えた自己表現であり、自己表現、即、不正に対する闘いであり、そのことは、彼らを取り囲む世界を、一挙に理解させるすぐれた教育でもありうる。文盲のおおい農民たちにとって、劇が示す身振りの力は一つの武器でもありうるのだった。

「私たちは、ただ祈ることとしか教えない教会を攻撃します。彼らが、私たちに示してきたキリストの像は、いつも弱々しく、うなだれ、運命に従う人の姿でした」

「キリストは、抵抗する人でした。私たちは、聖書の根本にかえって、闘うことをキリストから学び始めたのです。抑圧者に対して、自分自身で闘う。闘いのなかで、みんながキリストに生まれ変わる。真のコミュニティが復活するのは、その時です」

「――そう、その時には、教会も神父も、この世から消えているかもしれませんね」

後日、ドン神父の出張に同行して、ミンダナオ島を半周する旅をした私に、彼は熱をこめて、そう話してくれた。

ドン神父のことばによれば、彼らは「拡大しつつある、少数派」だった。

（一九七八年『水牛』）

第3章

PETA訪問記——一九七八年三月のマニラで

ミンダナオ島からマニラまでは、飛行機でわずか一時間一〇分の距離である。もちろん、これは旅行者の感覚であり、金持ちかエリートのそれでしかない。飛行機の片道運賃は、農民の半年分の収入の額と同じなのである。

ミンダナオ島で出会った農民たち、とくに若者のなかには、マニラの様子を熱心に聞きたがる人たちが少なくなかった。彼らは、都市に憧れていた。

いまフィリピンの農村では、外国資本によるプランテーション開発、マルコス政権による「農業再編成計画」が進められている。あるいは、多国籍企業、日本などの外資導入による大規模コンビナートの建設が、強引な土地開発をもたらしている。その結果、土地や畑を失う農民、苛酷な労働条件に苦しむ農民が、さらに急激に増えた。農村の荒廃を前提にした「開発」が押し進められているといえる。

「——農民の自立が絶対に必要なのよ」。PETA（フィリピン教育演劇協会）の事務局長であるレミ・リッケンは、まず、そこからＰＥＴＡの説明にとりかかった。「私が、農民運動の体験のなかで痛感したのは、農民自身の手による草の根運動が、絶対に必要だということ。そして、そのための教育。彼らの半数以上は文盲で、満足な教育も受けていない。だから、自分たちの状況を的確に理解することが難しい。分かるのは、お互いの悲惨さだけ。重ねて言うけど、農民のための教育プログラムが絶対に必要なのよ」。

「――彼らが、自分自身を表現できるようになるための方法。楽しめる方法。しかも、彼らにとって身近な方法。それには演劇が最適だといえるわ。ＰＥＴＡは、彼らにその方法と手段を与えたい、と願っているのよ」

レミ女史は、フィリピンで初めての女性の公認会計士だという。かつて外資系の薬品会社などの仕事をしていた。「会計士をしていると、いろいろ分かる。薬のマージンが九〇パーセントもあって、その利益がほとんど国外へ行ってしまうということもね」。マニラでのそんな仕事に嫌悪を感じ、キリスト教機関に申請を出して、ミンダナオ島の農民運動の活動家に志願したのだという。「自分の受けた教育を、ちゃんと世の中の役に立てなきゃいけないわ」。で、六七年から七二年まで、農民のために働いた。そこで、「演劇による農民の教育」のプランを立てたのだという。

七〇年、ＰＥＴＡのセシル・ギドテが、彼女を通して、農民運動とＰＥＴＡの結びつきをはかった。七二年、マニラに戻ったレミ女史は、ＰＥＴＡの正式メンバーになった。

ところで、農村とPETAの演劇を結びつけるためには、交流のための旅費や経費の問題が避けられない難関であった。

「私たちは〝スリー・デイ・ワークショップ〟という画期的な解決策を見つけたのよ」。レミは眼を輝かせて、そう答えた。

「演劇」という枠だけで考えれば、地方との交流は「旅公演」によって行なわれるのが常識だ。しかし、これにはPETAにとって致命的ともいえる財政上の問題がある。そこで「作品」を地方へ持って行くのではなく、「作品のつくり方」を地方に伝達する方法が考えられた。それは、一種の「ネズミ講」であった。PETA方式の演劇をつくる人びとを、各地にどんどん増やせば、PETA自身が地方へ出向かなくともいいわけだ。しかも、農村の人が自力で芝居をつくることができるようになる。

「PETAから三人の講師を送るの。現地では、その地域の農民グループの代表者が、二〇人から三〇人、一ヶ所（例えば教会）に集まって、三日間の合宿をするんです。講師の旅費と宿泊場所は、参加するグループが負担します」

PETAの講師たちは、この三日間で、計三〇時間の教程を指導する。この教程には、舞台のつくり方、台本の書き方、肉体訓練、音楽、踊りが含まれている。

この三日間のワークショップを終了した農民、教会活動家、教師たちは、自分のグループに帰り、そこで、自分たちの抱える問題を題材に芝居づくりに取り組むのである。

さらに、演劇教育の指導者をめざす人には、夏期六週間のワークショップが、マニラで行なわれる。ここでは、農民運動に必要な知識（会議の進め方、社会調査の方法など）が、演劇教育と同時に行なわれる。このコースを修了した農民は、自分の地域で、独自にワークショップを開くことができるようになる（このあたりが、ネズミ講的な草の根運動らしい展開である）。

「最初来たときは、ろくに口もきけなかった農民がね。このコースが終る頃には、堂々とみんなの前で演説ができるようになるの。顔つき、体つきまで変わってしまうのよ」。レミは、誇らしげにそう語った。

——MTTL（メトロポリタン・ティーン・シアター・リーグ）の議長は一八歳の少年である。副議長は一四歳。二〇人ほどの少年少女が、彼らだけで独自の組織を運営している。

『幻想のマニラ』という彼らの手による創作劇を観た。

「——少年と少女がデートする。途中夕立ちに出会い、一軒のホテルに逃げ込む。そこから『幻想』が展開する。日本人やアメリカ人が大声で、我物顔に商談しているロビー。華やかなファッションショー。日本人の団体客。〃ここはフィリピンだろうか？〃

ホテルの外、白い塀が続く。のぞき込む。『スラム地区』。スラムの人びとの日常生活が描写される。振り返ると、白くそびえる近代的ホテル。日本人たち。金持ちたち。

気がつくと、雨は上がっている。〃あれは、幻想だったのさ〃皮肉なセリフを残して、少年少女は、家路を急ぐ」

『ホテル・カリフォルニア』のメロディーをテーマに、歯切れのよいテンポ、的確な身振りで『幻想の都市・マニラ』を描写する少年少女たち。彼らの表現は、明快で確信に満ちていた。

「スクォーター地区（スラム）へ三日、ホテルへも三日、その他市内の工場や、街を歩き廻って何日か費しました。そこで僕らが見たこと、聞いたこと、感じたことを、この劇に仕立てたんです。方法は、ワークショップで学習しました」

「市内の高校を廻って、この劇を上演しました。今日はその反省会です。来年は、僕らだけで地方へ出てワークショップを開こうと思ってます」

自分のことば、自分の方法、行動に対する自信と目的を持った少年たちを見るのは、きわめて感動的なことだった。

日が落ちて、フォート・サンチャゴの廃墟の劇場は、複雑な陰影を見せ始めていた。

（一九七九年『水牛』）

〈対談〉

フィリピン民衆の演劇運動から川鉄公害輸出反対の劇づくりへ

青山正（反公害輸出通報センター）
堀田正彦（株式会社オルター・トレード・ジャパン代表取締役）

青山　僕らはいま「川鉄」（川崎製鉄）を劇にしようと考えているんだけれども、そのきっかけは、『醜いＪＡＳＥＡＮ』の上演にあったと思う。僕らの運動のスタイルは、集会、デモ、街頭でのビラまきあるいはパンフレットを出すことなどを中心に行なわれているが、劇を通して訴えるということでそうしたやり方以上に説得力をもち、しかも分かりやすい形で僕らの主張を表すことができたということ。これは非常に大きなことだと思うんです。その体験に触発された形で、固定化しすぎた運動のスタイルや、デモや集会の繰り返しだけでは新しい層を獲得できなくなっているいまの状況が、僕らの問題として浮かび上がってきたと思うんです。つまり、新しい運動のスタイルをつくろうということです。それで『醜いＪＡＳＥＡＮ』で触発されたことを、具体的なふだんの運動に適用できる形で考えてみようと思っているわけです。とにかく「川鉄」を劇にしようと考えています。

で、「川鉄」の場合、フィリピンへの公害輸出という問題がある。日本の場合、日本と韓国の問題については運動もいろんな形であるし、たとえば在日朝鮮人の存在等を通して身近に問題として感じることができるけど、日本とフィリピンの問題となると、タイにしてもそうですが、全然だめということがあります。その部分を劇というものを考えることでとらえ直せたらと思っています。そこで、僕らの問題の参考として、堀田さんがフィリピンで見てきたことを、話してもらいたいのですが。

堀田 僕はこの二月、インドで開かれた『アジア農村演劇会議』というのに参加した帰りに、二週間ほどフィリピンを廻ってきました。おもにフィリピンの演劇活動を中心に見てきたんですが、ミンダナオ島を半周する旅の途中で、「川鉄」のシンター・コーポレーションのある、カガヤン・デ・オロにも立寄りました。

一緒に旅をしたのが、インドの会議で知り合った少数派キリスト教徒の神父さんなんですが、この人はカガヤン市から四〇キロほど離れたラナオという町の出身者で、カガヤン市で「川鉄」に反対する活動をしている神父さんとも知り合いでした。この人の案内でカガヤン市の神父にお会いするつもりでいたのですが、ちょうど不在で、じゃ「川鉄」の工場を見てみようじゃないかというので、町から少し離れたシンター・コーポレーションまで行きました。で、見学を申し込んだんです。そしたら、一緒に行ったその神父さんは、「川鉄」のブラック・リストにのっていたらしくて、警備係の主任が直接応対に出てきてしまったんです。向こうはあまり見せたくない。こっちは、日本からはるばるやってきたんだから、どうしても見学させてくれとしぶとく食いさがったわけです。そしたら、一般の他の見学者と別行動でよければと条件を出してきた。日本人観光客でこんなところを見たがる奴はいないし、しかもブラック・リストにのっている神父と一緒だもんで、完全にアクチブ（活動家）だと、僕のことを思ったらしい。公害反対運動が起こされてから、ここでも非常に神経質になっているということを、その神父さんが言っていました。

結局、僕らだけ乗用車に乗せられて、警備責任者みずから説明についてきたわけです。他の一般の見学者用のバスは、ガイドつきでひと廻り三〇分ぐらいかかるのかな？　ヘルメットをかぶらされて、各工程の要所、要所では歩いて見て廻るらしいんです。ところが、僕らはわずか一〇分くらいで、グルリ一廻りして戻ってきてしまった。写真を撮ろうとすると、「先へ行け」と運転手に命令してスーッと次へ行くという具合で、結局一枚も撮らせなかった。「煙突を見てくれ。ほとんど煙は出ていないだろう」なんてことばかり説明する。神父に聞くと、夜にその分を出したいだけ出すんだ、ということでしたけど。それから「現在は硫黄分の少ない、カナダ産の鉄鉱石を使っているからまず公害の心配はない」なんて言っていたけど、それも「結局は日本の本社の意向次第だ」と本音を言ってました。実は、それまで僕は「川鉄」に関してほとんど何も知らなかった。だからその時もみんなからすれば実に好いチャンスだったんだろうけど、あまり具体的な質問もできなかったし、ポイントをつかんだ観察もできなかった。でも、僕らに対する会社側の態度があまりに神経質なんで、これは相当のことなんだな、という感じだけは持ったんです。とにかく警備主任は最初から最後まで「公害はない、クリーンだ」ばかり繰り返してました。

「川鉄」のシンター・コーポレーションのある場所は、かつては小さな漁村や農民の部落があるだけの静かなところだったらしい。ところがカガヤン市からラナオ市へ至る海岸地帯に大規模コンビナートを作る計画ができて、付近一帯の農民や漁民たちは強制的に山の上の移住村へ移されてしまった。「川鉄」はそのコンビナートの外資第一号工場なわけです。「川鉄」によって山の上へ強制移住させられた漁民や農民たちの暮らしは相当にひどいらしい。それは三里塚などと根本的に同じことなんだけど、彼らはより過酷な形でそれをやられている。なにしろ軍事独裁政権下の戒厳令なわけだから、反抗はできない。抗議の声をあげることすらできないわけです。ところがこうした農民や漁民たちとの関わりのなかで、芝居をつくる活動というのが行なわれているんです。

これは直接「川鉄」とは関係ないけれども、僕と一緒に工場を見て廻った神父さんは三年前までラナオ市の近くの町の教会にいた人なんだけど、その時彼の教区の漁民部落がアメリカ資本によって土地を買い占められ、強制的に立ち退かされるということがあった。彼は一ヶ月間漁民たちの部落に泊り込んで、強制移住の問題をパントマイムによる芝居に仕立てあげたわけです。三〇分ぐらいの短い芝居なんですけど、できるまでに一ヶ月かかっている。それは何故かというと、彼はまず漁民たちの身振りを掘り起こすことから始めたからなんです。身振りを掘り起こすというのは、「じゃあ、おじさんたちが海へ出て行く時、どうやって舟を漕ぐんだい？」というような質問から入って、漁民たちに舟を漕ぐ動作や魚をとる動作などの、日常的な動作を繰り返してやらせるわけです。で、「じゃあその次は、あなたたちの中で政府の役人や兵隊にひどい目にあわされたことのある人は？」と聞くわけです。と、ほとんどの人が手をあげる。「実は、こういうことがありました」「では、奴らはその時、どういうふうに君を殴ったんだ？　君はどんなふうに倒れたんだ？」というふうに、その時の身振りを一つひとつ再現させていくわけです。漁民たちにとっては、強制移住ということは彼ら自身の肉体の体験以外の何ものでもない。しかも、彼らは銃によってことばを封じられている。それ以上に、ことばによる理解を超えた暴力の被害者なわけだから。何よりも彼らの肉体が最大の証言者になる。その神父は、一ヶ月かけて、漁民全員の身振りを引き出してその集大成としてパントマイム劇をつくったわけです。

　その劇は夜明けの海から始まるんです。男たちが舟にのって海へ出て行く。女たちは浜に並んでそれを見送っている。魚をとる男たち、浜の仕事にはげむ女たち。平和な漁村の光景が描かれる。と、地主のおかみさんと、政府の役人がやってきて、この土地はアメリカの会社のものになった、と通告する。突然なわけです。漁民や女たちはどうしていいか分からない。やがて、兵隊がやって来て村を封鎖してしまう。浜へは行けない。生活はなりたたない。兵隊たちは乱暴のかぎりを尽す。ということなんだけど、そのあたりは、実は抽象的に表現するしかないんです。直接的に軍隊や政府を批判できないわけだから。で、兵隊は長い竹ざおを持った四人の男が演じるわけです。そして、竹ざおで四角い囲いを作って、漁民たちを閉じ込めてしまう。漁民たちはその囲いの中でさんざん痛い目に遭わされる。ちょっと「カゴメカゴメ」みたいな動きですけどね。やがて、漁民の怒りが頂点に達して……というところで場面は嵐の海に変わるんです。その嵐の中で漁民たちが必死で舟を漕いでいる。嵐と闘う小舟。それが現実には絶対不可能な、漁民たちの権力への抵抗を表現しているわけです。浜べでは女たちが夫の身の上を心配している。やがて嵐が止む。疲れきって小舟を漕ぐ男たちと浜で唄う女たち。それは嵐に負けたかも知れないし、もしかしたら嵐を乗り切って帰ってくるかも知れない。そういう結末になっているんです。それは実にロマンチックな幕切れでした。

でも、このへんが現在のフィリピンで許されるギリギリということなんだと思います。たとえば、表現に対する弾圧というのは、日本の僕らには考えられないすごさがある。検閲にひっかかって、逮捕されたまま全然出てこれなくなるとか、目をつけられていた文化人がある日行方不明になるとか、そういう具体的な恐怖がある。映画にしたって、台本で削られ、封切前日にフィルムがバサバサ切られちゃう。徹底的なわけです。

だから、芝居をつくることはこうした状況とも対応しなくちゃいけないわけで、漁民部落に一ヶ月泊り込んで彼らの身振りを再現するということは即闘いのレベルであるわけです。自己表現が即闘いであるから、これをつくることは漁民たちにとっては一挙に自分たちのおかれている世界を理解する非常にすぐれた教育になるわけです。そこで彼らは、生きることが即闘いなのは何故か、どういう仕組みなのかということを知るわけです。だからフィリピンで行なわれているこうした演劇には、芸術表現という狭い意味だけではなく、教育、自己確認、闘争、プロパガンダといった側面が非常に強くあるといえます。

こうした側面から演劇の運動を行なっている集団に、PETA――フィリピン教育演劇協会という劇団があります。日本でいえば民芸とか俳優座クラスの大劇団なんです。彼らは演劇を農村の人びとの実生活に役に立つ教育的システムとして考えている。だから演劇のつくり方を、農村のいろんなレベルに教えようという草の根運動を実践してるんです。PETAというのは、それこそ映画スターとか監督とかTVスターがわんさと集まってるわけだけど、それを劇団の一つの側面として、もう一方では、いま言ったような教育的な演劇運動を担う役割を必死で果たそうとしているわけです。それで、いろんな町や村で、「ペータ・システムで演劇のつくり方を習った」っていう、キリスト教の活動家や農民運動のリーダーがいるんです。だから彼らは、農民を組織したり自分たちの活動を総括したりする段階に演劇をずいぶん有効に取り入れている。それが当り前のようにもなっている。

というのも、フィリピンの場合、とくに農村部では文盲の率が非常に高いわけです。それから活字媒体には検閲という限定がある。活字はあとに残っちゃうものだから、弾圧を受けやすいということがあるでしょう。それに読めない人にはどうにも説明のしようがないというか、完全にお手上げなわけだ。だから、一番確実（弾圧にも文盲に対しても）なのは、説明する人間が直接行って身振りとセリフで教えることなわけだ。あるいは、文字の書けない人に対して、歌を唄わせたり、身振りをひき出したりということで、その人たちの生活を再確認させる。そういう形で演劇が非常に革命的な道具に使われているわけです。啓蒙的というとどうしても気持ち悪いなって思っちゃう。というのも日本で考えれば、日本の新劇なんかそうだったわけです。一種の文化エリートとしての役者とか作家が、ある種の抽象的な高みに立って、労働者大衆に対して知的御託宣をたれるという形があるから、それが何となく思い出されて感じが悪い。ところが、現実にフィリピンに行くとそれは全然違うんです。たしかに、演劇のシステムを作ったり教えたりするのは知識階級の人間に違いないけど、現場で現実に演じるのは、その土地のおじさん、おばさん、青年、少年たちなわけですよ。で、彼らが観客に伝えようとしていること自体、彼ら自身の村の、あるいは共同体の生活であり出来事なんだから、われわれのものとは全然ちがう。教育とか啓蒙ということばのもつ嫌な感じはそこにはない。むしろ、みんなうれしそうにやっているわけです。民衆の気質の違いというか、フィリピンの人って、「おれがやる！」って身をのり出す人が多いわけです。誰か歌を唄ってくれというと、みんな自分がやりたがる。

日本だと、むしろ尻ごみする人が多いからね。それに文化的な背景にも違いはある。日曜のミサなんかに行くと、ギター一本だけの聖歌隊に合わせて、みんなが讃美歌ではなく、フォークソングを唄う。ギターはすごくうまい。かといって譜面が読めるわけじゃなくて、耳からおぼえたものらしい。だから、そういう共同体の文化があるから、たとえば芝居をつくるとなった時、ギター弾きの少年が飛び出してきて、それが中心になって非常にフリーな感じで芝居が行なわれているわけです。一つには、村落共同体の文化的中心としての教会、という背景がある、ということも見逃せないことかもしれません。だから、PETAの演劇運動も教会活動家を中心に行なわれているようでしたね。

青山　PETAのシステムをもう少し詳しく話してください。

堀田　PETAの人たちが自分たちの運動をどうやって展開しているかというと、これには二つの段階があるんです。第一段階は、「3 days workshop」と呼ばれるもので「三日間の合宿」という文字通りの意味なんです。これはPETAの役者が四人で一組になって、この一組がマニラから農村へ出掛けて行く。農村では、その土地の農民運動者、教会活動家等が学校とか公民館のようなところで彼らを待っている。そこを合宿所にして、三日間、PETAの俳優たちが自分たちの作ったカリキュラムに基づいて、活動家たちに芝居のつくり方の基本を、必要最少限度なわけだけど、それを教えるわけです。それは例えば、演技のイロハ、台本のつくり方、唄のつくり方、発声やマイムの基本等を非常に簡単なメソッドとして教えるわけです。PETAの俳優は、集まった人びとからそこまでの交通費と合宿の間の食事を保障してもらうということでした。こうした「3 days workshop」を一つの地方で幾つかこなしてマニラへ戻るわけです。一方、この三日間の合宿に参加した農村の活動者たちは、各々自分の村や教会や集団、組織などへ帰って、習ったことを、今度は自分の集団の個々に「こういうものを習ってきた」と言って教えるわけです。たとえば、これは実際に聞いた話だけど、これで習った方法を元にして「産児制限の話」を芝居にして、一〇人ぐらいのグループで村々を廻ったという集団もありました。あるいは、それが教会の活動家だと、牧師さんの説教をパントマイムの劇にして、視覚化して信者に見せる、というようなこともあるわけです。しかも、ＰＥＴＡの俳優たちはこの合宿を通して農村の実状やその土地の風俗文化等を採集して、それらを元にマニラで自分たちの芝居をつくって発表する、ということも同時に行なっています。というのも、フィリピンにはたくさんの少数民族がおり、民族文化自体、非常に多様な形で散在しているからそれらをまとめるためのよい機会にもなるということでした。だから「3 days workshop」は、中央と地方を草の根的な関係で結びつける文化交流のための装置でもあるんだね。

第二段階は、毎年夏になるとマニラのＰＥＴＡの本部で行なわれる六週間のワークショップというのがあります。これは、地方で「3 days workshop」を卒業した人が、もっと本格的にやりたいということになった場合、その人の属する集団の代表としてマニラにやって来るわけです。合宿ではそれこそ演劇のイロハからずっと六週間ぶっ通しで特訓を受ける。しかも、演劇だけじゃなくて、会議の進行のしかた、会議における討論の対立をどう処理するか、社会状況の分析方法なんかまで含めた細かいテクニックを教え込んで、一人の農民指導者なり、活動家なりを表現技術の専門家に仕立てあげる合宿なんです。これを卒業すると、今度はその人が自分の地方に戻っていって、そこでワークショップを開けるだけの力量がつく。そうすれば、今度はＰＥＴＡがわざわざ人を送らなくてもよくなる。

そういうシステムで演劇を運動化しているわけです。

この六週間の合宿について、もう一つ面白いことを聞いたんだけど、最初ワークショップに参加した時はものもよくしゃべれなかったような百姓のおじさんが、終り頃にはもう堂々と大勢の人間を前に演説ができるようになるっていうんですね。彼らの運動にはそういった農民の自己変革を促すという側面もあることは見逃せないと思うんです。具体的な効果をあげることが重要な目標になっているといえます。アメリカ的なプラグマチズムの影響ということもあると思うけど、それ以上に、具体的に農村の自立、発展を助けていかなければ駄目だ、という運動の切実さみたいなものを感じたのも確かです。

ＰＥＴＡはこういう運動を六九年から徐々に具体化して現在に至っている集団ですが、彼らは常に戦略ということなんですね。その点彼らは非常に有能で、マニラ市の公園に自分たちの劇場を獲得したり、フィリピンの文化庁あたりにも食い込んでいるわけです。それに映画スターや有名演出家を使って、欧米演劇のタガログ語による上演などもやっています。そうしたある種体制的な側面も持っているわけです。だから、一方では学生演劇等の政治演劇派からみれば右翼的だと見られることもあるわけで……。ただ、ＰＥＴＡの事務局長に言わせれば、学生と文化人しか相手にしないような演劇は書斎派にすぎない、といいますが。まあ、ＰＥＴＡというのは一筋縄ではいかない集団であることは確かなわけで、ある種両面性を持って運動を行なっているんです。ただ、彼らにとっていかに生き残るかということは非常に重大な問題であるし、日本の僕らには想像もつかない困難な状勢の中で闘っているわけだから、一概に日本的な発想で体制派だとかレッテルを張っても無益なような、そういう迫力のある集団のようではありました。そして現実に、全フィリピン的にＰＥＴＡシステムはゆきわたりつつある、ということはいえると思う。ふり返って、そこには、われわれにとっても有効な文化運動の展開点があるようにも思えました。

青山　何か、高校生のグループがＰＥＴＡにあるということでしたが……。

堀田　ええ、あります。ＭＴＴＬ（メトロポリタン・ティーン・シアター・リーグ）という、ＰＥＴＡの青少年組織があるんですが、これのメンバーに会って彼らの芝居を見せてもらいました。これが、ひどく感激したんですよ。彼らは一四歳から一九歳までの少年少女六〇人くらいなんですが、ＰＥＴＡの六週間合宿の高校生クラスの卒業者なんです。それが完全自主独立の組織をつくっていて、議長が一六歳、副議長が一四歳かな、その他女の子が組織運営をやっていたり、とにかくしっかりしてるんです。その基礎になっているのが、合宿で教えられた方法論であり、思想性なわけですよ。彼らはとりあえず習った通りのことを自分たちで実践するわけです。たとえばトンドというスラム街に三日間行って、スラム街の観察と認識をしてくる。次は工場に三日行って、労働者の働く様子を見てくる。あとは有名なホテルへ行って、その中の様子を記録してくるわけです。そして、それらを持ち寄って芝居につくり上げるわけだ。やはり、見てきたことの身振りとしての再現から始まる。それが実に鋭いんだな。六週間の合宿で鍛えられた方法が背景にある。だから、何をどう見て、どう再現するか、という回路がきちんとできている。そのうえ感性は、やはり高校生のみずみずしさがあるから、その芝居として彼らが構成、上演して見せてくれた『マニラ』という幻想劇はストレートにそうした鋭さが表出された、新鮮な芝居だった。

ホテルにたむろする日本人商社マンや米国人、そのホテルと隣り合わせのトンドの悲惨な生活、官僚や金持ちの堕落ぶりなんかが「幻想劇」として演じられるんだけれど、すべて、パントマイムが基調にある。空間の変化なんかも身振りだけで変えるわけだ。それが、実に散文的で、明快なんです。僕は、日本の高校生なんかあんまり接したことがないんだけど、甲子園野球に確実に対抗できる高校生っていう感じがしたですね。

とにかく、演劇というフレームを通して、彼らが世界と互角にわたり合っているな、といういささかオーバーかもしれないけど、そういう強い印象を受けたことは確かでした。

（一九七八年『月報　公害を逃すな！』）

第４章　サトウキビ畑の即興劇

ある失敗

フィリピンは雨期の真最中だった。

「地域活動家のための演劇実践教室」は、フィリピン中部の、ある町で、二日前から始まっていた。

「オマエハイツクルノカ？」

という電報が届いた時、僕はマニラで、降り続く雨と宿舎の天井で夜通し廻りっぱなしの扇風機（同室者がいるので勝手に消せない。それに消したとたん、暑さと蚊の大群に襲われるのだ）のせいで悪性の風邪にかかっていた。発信者は音楽家のＧ君だった。彼はその「実践教室」の準備のため、すでに、一週間前にその町へ入っていた。どうやら熱も下がり始めたし、何よりこのチャンスを逃がしたくなかった。僕はその翌日、マニラを発った。

その町へ行くには、島の空港からバス乗り場まで行って、数時間おきに出るバスをつかまえなければならない。僕は飛行機から降ろされる荷物を待つ間に、となりのバロン・タガログを着た紳士に、その町の名前を出して乗り継ぎの方法を確かめようとした。次の瞬間、その紳士は身体ごとクルリと僕の方を振り向くと鋭い口調で、

「君は……日本人だろ？」

「そうだ」

「日本人がそんな町へ、何しに行くんだ？」

「……」

「観光客だろ？　ちがうのか？」

と、矢継早の質問を浴びせて来た。

聞く相手を間違ったのは僕だ。熱のせいで、日頃の勘が働かなかったのだろう。こちらの目を見据えて離さない鋭い目と、たたみかけてくる尋問の口調には、わけもなく人をゾッとさせるものがあった。

「マニラで知り合った友人が、是非遊びに来いって招待してくれたもんでね……」

と、僕はどうやら答えた。

「観光客なんだね、君は？」

と念押しするように言うとその紳士はふっと表情を変えて、その町までの概略を教えて

くれた。

荷物が降りてきた。

リュックを背負って歩き出した僕は、ちょうど迎えの車に乗り込む彼とまたばったり顔を合せてしまった。彼は、つと手を差し出して僕の手を握ると、僕の目をのぞき込みながら、こう自己紹介した。

「私はフィリピン治安警察軍のＫ中尉」

「あっ、これは〝踏絵〟だな」と直感した僕は、とりあえず買春ツアーに血道をあげるジャパニーズ・ツーリストに間違えられることを、自分に許した。

「フィリピン治安警察軍《コンスタビュラリィ》・中尉《リューテナント》」などという難しい単語はまるで理解できない、それは何だ？　というぼんやりした顔でモゴモゴと返事をすると、中尉はやっと握っていた手を離してくれた。

フィリピン治安警察軍（略称ＰＣ）こそゲリラ、農民弾圧の主役である。ＰＣの中には「殺しのライセンス」を持った軍人がいると言われている。ある島では、ここ数年で、トラック一台分の農民を虐殺《サルベージ》したと言われるＰＣの軍曹が、昨年、何者かによって暗殺された。その軍曹の葬儀には、軍司令官からの感謝状と弔電が届いたという。

「私服のＰＣ」の、しかも中尉に握手された僕の右手は、じっとりと汗ばんでしまっていた。彼の手は、確実に何人かの農民を殺し、無実の人びとを殴り、拷問した手だ。

「地方へ来たな」
という実感が、冷たい緊張となって背筋を走った。

演劇実践教室

一面のサトウキビ畑に、太い雨が降る。

雨しぶきに白く霞むサトウキビの畑の中に、ポツンと建っている教会付属の施設が「演劇実践教室」の行なわれている場所だった。だが、その建物は、広漠とした周囲の様子にそぐわぬ立派なものだ。何故なのか。それには理由がある。この建物は周辺の大農場主たちの寄付によって建てられたのだ。しかし、建てられた直後、教会と金持ちたちとの関係が急に悪くなった。教会が農民たちの側に立つようになったからだ。七〇年代半ばから、民衆の苦しみが増すにつれ、急速に民衆の側に傾斜する教会が増大している。

「自分たちの金で建ててやった場所を、百姓や貧乏人に使わせて、しかも自分たちに盾つかせている、と言うので、この場所は金持ちには非常に評判が悪いのですよ」

と、参加者たちの責任者である神父が笑いながら語ってくれた。

「でも、ここなら、いくらPCでもいきなり踏み込むということはありません」

つまり、この土地では、教会の権威に対する礼儀を軍がまだ幾分わきまえているということになる。

では、このような場所で行なわれる「地域活動家のための演劇実践教室」とはどんなものなのだろうか。この「教室」のねらいを、その基本的姿勢、表現方法、集団づくりの原則という三点から、浮き彫りにしてみよう。

まず、基本姿勢である。

これは、この「演劇実践教室」運動の目的ということだが、きわめて具体的な目的が二つあげられている。一つは、

「参加者個々が持っている『フィリピン社会の現状』に対する批判的姿勢を、彼らの観客となる人びとの生活や、地域社会の実状に即して、さらに具体的なものにしていくこと」

であり、二つ目は、

「演劇の持つ可能性をフルに活性化することによって、民衆が生きるべき社会とは何かということを、民衆自身が自ら発見するための手助けをする」

ということである。そしてこの第二の目的を達成するために、

「次の諸点を区別できる『技術』を身につけられるようにすることが必要だ」

としている。その諸点は、

①上演している芝居のテーマと、その芝居の題材となった現実の問題との間に食い違いはないか？

②観客の意識は、次の四つのレベルのうち、どのレベルにあるかを区別できるか？
（イ）現状に打ちのめされた意識。
（ロ）なにクソッという気持ちはあるが、十分にかたちになっていない意識。
（ハ）筋の通った批判力をもつ意識。
（ニ）解放を志向する明確な批判的意識。
③一緒に芝居を演じている仲間が、その題材になっている問題を正しく理解しているかどうか？
④村や地域の問題が、国家あるいは世界的規模の問題とどのように連関しているか？という、それぞれがきわめて具体的なものとして示されている。
では、このことは、どのような表現方法を通して行なわれるのだろうか。

表現方法としてこの「教室」が挙げているのは、体操、即興劇、詩、図画工作、音づくり、唄、台本作り、マイムである。「教室」は、それらを総合した一週間のカリキュラムを作り、

「参加者全員を密度の濃い演劇芸術の実験室に投げ込むこころみを行なう」

と、自己規定している。中でも、

「ものの形、空間、ことば、自然、自分自身、他人、集団、ということの発見に注意を集中しながら、身近なものを使って〝即興劇〟を作る」

ということが中心になっている。そして、これらの即興劇を引き出しやすくするための枠組みとして、

「詩を劇化する。現実を劇化する。歴史を劇化する。寓話、民話を劇化する」

という四つのスタイルが提示されている。

実際にこの作業に参加した者としての感想を述べれば、この作業は、自分が在り、他人が在り、自然が在るならば、どんなところでも、どんな人にでも芝居がつくれ、それを楽しむことができる、という事実をきわめて明快に教えてくれるものであったといえる。

続いて、第三の点、集団づくりの原則ということについて述べてみよう。

それは、この「教室」に参加する者に与えられる、次のような「注意」に表れている。

「参加者は、心をひらき、信じ合い、繊細で柔軟な気持ちを持ち、チームワークを重視し、自分の果たすべき役割、あるいは、自分の限界を明確に示して、個人、グループを問わず創造的な雰囲気を盛り上げるよう、助け合うこと」

「参加者はお互い最大限の能力を引き出し合うよう努力し、それぞれの現場に帰った時に役立つような技術や知識は、すべて惜しみなく与え合うことがのぞましい。批判と自己批判を惜しみなく行なうこと」

しかしこれは、たんなる「注意」としてあるのではなかった。むしろここに書かれてあるような人間関係を現実にその場につくり出してみせることこそが、この「教室」の主催

者たちの本当のねらいであり、そのために「演劇」という芸術が活用されているのだ。ここでは「人間関係の正しいあり方の中で演劇をつくる」ということと、「演劇を使って人間関係の正しいあり方をつくり出す」ということが、きわめて弁証法的な関係のなかで息づいている。そして、実際の現場にもすぐれて「人間的な」楽しさがあふれていたというのが、僕の実感である。

即興劇

雨が降り続いていた。

部屋の窓から、小高い丘に立つ数本の椰子の樹が見える。生い茂った葉が白い雨の中で、柔らかな影絵のように揺れている。

最年少の参加者、一四歳のCが、頭が痛いという。首筋を指圧してやりながら、

「どうしたかねえ?」

と聞くと、

「あたい、こんなに頭使うことなかったもん。使い過ぎなんだよ。きっと……」

と、笑っている。

「教室」はすでに五日目に入っていた。朝七時に体操が始まり、午前中四時間、午後五時

間、そして夜も四時間から五時間。ときとして深夜まで作業が続くこともある。

一つの課題が与えられ、説明があり、自分たちでやってみる作業があり、発表し、評価し合い、ふたたびつくりなおす。合間に、ゲームや唄や、気分転換の休憩が入る。これでほぼ一日が消える。話し合いに徹底的に時間をかけるからである。すべての作業に、批判と自己批判を自由に徹底的に行なうことが求められている。参加者は、まさに「密度の濃い演劇芸術の実験室に投げ込まれ」ている。

それは、普段、朝五時の夜明けとともに起き出して畑の労働をし、午後は市場で果物を売るというCにとっては、まるで異質な時間であり、体験である。相当な緊張なのだろう。だが、彼女の全身からは、ここに参加していることが楽しくてしようがない、という雰囲気がにじみ出ている。

音楽家のG君は、都市で行なわれた学生中心の「教室」と比較して、「地方の人たちの方が、ずっと知的で集中が深いんだよ」と語っていたが、僕のこの「教室」に対する第一印象も、全く同じだった。それは農民が、彼らのただいまの生活の中で直面している問題（貧困、軍隊による抑圧、外国資本による資源収奪）の深い歴史性と世界性を、自らの身体を通して理解しているということに他ならない。参加者たちは、この「実践教室」のプロセスを通して、それらを身体から解き放ち、ことばや動き、音として形を与えていく。そして、自らに投げ返し、理解し、解決の方向を見出していく。この発見のプロセスにおける彼らの深い集中と喜びが、その知性として表出してくるのだ。

たとえば、五日目の夜に行なわれた、二四人の参加者全員による「即興劇」は、そうした知性が集団として表出する瞬間の素晴しさを見事に表していた。

この時のレッスンは「即興」というものを知るためのものだった。午前中にやったのは、手近にある音の出るものを使っての「ジャム・セッション」。参加者は、バケツや空カン、竹や木の葉、パパイヤの茎で作ったラッパなどをさがし出してきた。音楽家のG君が、基本のリズムを取りながら次々にいろいろな音を出させていく。そのうちに、相手の音を聞きながら、自分の音を出して、他の人と音で対話をするという課題が与えられる。こうして「即興」という抽象的概念を理解する素地が与えられた。続いて午後は、即席の衣裳や小道具の作り方のレッスン。素材を発見し、どう使っていくか、その即興性と創造力が強調される。衣裳や小道具を用意する十分なお金は、どの参加者にとっても望むべくもないことなのだ。蚊屋が即席のドレスに変わる。バスタオルをつないでローブを作る。みんなありったけの知恵を出して、自分の身の廻りにいる人びと、好きな人、嫌いな人、なりたい人、なりたくない人、それらの人に変身していく。やがて「村人」たちができあがった。

リーダーが指示を出す。

「その衣裳の人間はどんなふうに歩く?」

全員、その人間になったつもりで教室の中を歩き出す。老人、金持ち、身重の女、労働者、農民。それぞれが村の生活を思い出しながら歩く。肩で風を切る金持ち、疲労に打ちのめされた農民。兵隊に扮した一人が、いきなりその農民を足蹴にする。駆け寄る女たち。

「ここはみんなの村だ。しゃべるんだ。その役の人間としてしゃべってみよう！」

リーダーがふたたび指示する。

いまや、教室は一つの生きた村と化した。

農場主を取り囲み、口々に労賃の値上げを要求する村人たち。「方言」が分からぬというふりをして、村人から逃れようとする農場主。村人の代表をかって出る学校の先生。マシンガンで威嚇《いかく》する兵隊。

それは、第三世界の民衆でなければ生み出すことのできない筋書きのないドラマだった。

ホテル

P先生は高校の英語の教師だ。

シェークスピアを、この島の方言に翻訳したいという夢を抱いている。やはりサトウキビ生産を唯一の産業とする小さな町で教鞭をとっている。

先生とは、二ヶ月ほど前に、マニラで行なわれた夏期演劇ワークショップで知り合いになった。四月と五月の夏休みを利用して、六週間の「芝居の書き方コース」に参加し、学び、自分の学校の演劇部の指導にあたろうというのが先生の目的だった。参加費用は学校持ち。

「でなきゃ、とても参加できませんよ」

先生は、少しまぶしそうな顔でそう言った。島から一人息子を連れてきていた。渡航費、滞在費、参加費をまとめれば八〇〇ペソぐらいになる。日本円で約二万八〇〇〇円。先生の給料は、現在九〇〇ペソとちょっと。もうすぐ次の子どもが生まれるし、とても自費では参加できない。学校持ちだとしても節約しなければならない。そこで、つてをたどって、僕が泊っていたある学校の学生寮に潜り込んできたのだ。すぐビール友だちになった。

ある休みの日、先生と僕はマニラ市内の一流ホテルのロビーにいた。

これから先生がモノにしようとしている戯曲の参考のために、一流ホテルを見学しようというのだ。外国人の僕が案内役をかって出たというわけ。だが、ホテルの前で、

「ドアボーイが、あんな立派な制服を着てますよ。大丈夫かな?」

と先生が言う。言われてみれば、僕は洗いたてとはいえGパンとワイシャツ。先生もよそいきの格好をしているとはいえ、どう見てもボーイの純白の制服の方が仕立ても値段もずっとよさそうである。

「大丈夫ですよ。気楽に、気楽に」

と、カラ元気で先生を励まして、

「ヨッ！　ヤアッ！」

と、田中　某《なにがし》ふうにドアボーイに声をかけて、とにかくロビーに入り込んだ次第だった。

ロビーはヒンヤリと冷房が行き渡り、ギリシアふうの円柱がそびえ立っている。かつて、「マレーの虎」山下奉文が総司令部にし、マッカーサーが本部にしていたという由緒あるホテルだ。先生は、一歩足を踏み入れて呆然とし、カチカチになってしまった。

手近のテーブルに先生を座らせ、ビールを頼んだ。ここでも、なんとなしに「ヨッ！ヤアッ！」と田中某ふうの仕草になってしまう。日本人の旅行団が画一的に見えるのは、この心理状態のせいではないか、などとあらぬことを考えてしまった。

「ビール、いくらです？」と先生。

「一本七ペソ（二〇〇円ぐらい）……」

「アッ……」

先生は、ますます呆然としてしまった。普段、われわれがビヤホールで飲むビールは、一ペソ五〇センタボ。高いところで三ペソぐらいである。しばらく、ビールの金色の泡をジッと見ていた先生は、グビッと一口、思い切ったように口に含むと、低い声でしゃべり始めた。

「七ペソといえば、私の村の男たちが稼ぐ日当と同じですよ。このビール一杯が、あの男たちの一日分の汗と同じだなんて……」

「……おととしでしたか、隣人の子どもが木から落ちましてね。家に金を借りに来ました。治療費です。というより薬代です。診察は無料だけど、医者は処方箋をくれるだけ。薬は自分で買わなきゃならない。無料だから診察もいい加減。……家には貸してやれるお金はなかった。その子は、三日ほど苦しんで死にました。

「隣人たちで、町まで行きましてね。町角に立ってお金を集めました」……お棺を買うためのね」

僕たちは、大方のビールを飲み残したまま、早々にホテルを出た。

〝サカダ〟

P先生がその時語った「私の村の男たち」が、「実践教室」にやってきた。二人のサトウキビ労働者と一人の組合活動家だった。その夜は、彼らからサトウキビ農場の話を聞くという時間が組み込まれていたのだ。参加者のほとんどは、多かれ少なかれサトウキビと関わっている。この交歓会は都市の人間たちのために、地元が準備したものだった。

サトウキビ労働がどんなものなのか、二人の農民がトツトツと語る。

「八〇キロはあるなあ。刈り取ったキビをジュート袋に詰めたやつだ。そいつを、畑からトラックまで運ぶ。一四ぐらいのガキが、押しつぶされもしねえで、よく運ぶもんだ。大人なら一日に一〇〇袋以上は運ぶかな。なにしろ、一袋かついでたったの九センタボにしかなんねえもんな……」

九センタボといえば、二円七〇銭である。僕ともう一人のヘビースモーカーが、顔を見合わせる。

（いま喫《す》っているタバコが、一本二五センタボ……。八〇キロの袋を二・七個運ばなきゃ、これ一本も喫えねえぞ）

気軽にタバコを喫う気にもならない。

農民はつづける。

「刈取りと植付けは、半年に一回だ。後の半年は、賃金なしで暮らさにゃならん……」

「刈取りも請負制だ。貧乏人同士が値段の下げあいをして、仕事を奪いあう。自分の首をしめても、生きていかねば……」

組合活動家が歴史的背景を説明する。

「サトウキビ農場は、封建的荘園制の遺制をいまだに引きずっています。この島の五分の三がサトウキビ畑で、その全面積がわずか八つほどの家族によって所有されています」

「農場はその所有者の名前をつけて、××ハシェンダ（荘園）と呼ばれます。このハシェンダに住む土地を与えられて生活している農民が、サカダです。彼らはただ住むことを許されている、あるいは黙認されているだけの季節労働者です」

「住む土地を与えてやったのだから、無償で働け。これが、ハシェンデーロ（荘園主）の論理でした。また封建制のもとで、サカダたちもそう考えることに慣らされてしまいました。彼らは、与えられた土地に野菜を作り、ヤシを植え自給自足の生活に甘んじていました」

「もともと俺たちの土地じゃねえからね。前の地主が死んで息子の代になったら、何十年そこに住んでたかもお構いなしに、俺たちを追い出しやがる……」

「賃金をもらわにゃ、生きていけん。もらう賃金は雀の涙だ」

「マルコス大統領の戒厳令によって、賃金の引き上げを求めるストライキ、デモ等は禁止されています。しかも、砂糖の世界市場での競争力をつけるため、大統領命令によって、砂糖の輸出価格が突然切り下げられるということがあります。これが農場主たちに賃金据え置きの絶好の口実となります」

「有名な話さ……昨夜、大統領から長距離電話が入った。彼は、輸出価格を一〇パーセント切り下げると言っている……」

「だから、俺たちの賃金は上げられねえ、というわけだ」

ザーッと降り続く雨の音に時おり消されながら、農民たちの話は深夜まで続いていた。

〝バゴ・クリスト〟

「実践教室」の参加者の年齢には、一四歳から三四歳までとかなりの幅がある。職業も、農民、プランテーション労働者、漁民、家事手伝い（失業中）、学校の先生、聖職者等々、きわめて多様である。しかし、聖職者と学校の先生をのぞけば、職業の差は貧困という大きな圧力の下でほとんど目立つことはない。

この人たちは、自分たちの属する教会の「教区」を代表して参加している。国家の行政組織の最小単位が「バランガイ」と呼ばれる部落（都市では町内会にあたる）であるとすれば、「教区」はカトリック教会によって組織された最末端の生活単位である。

フィリピン国民の九四パーセント近くがカトリック教徒であり、民衆の日常生活を律する強力な背景として教会が存在していることはすでによく知られている。そのフィリピン社会に、マルコス大統領の「新社会」建設のための行政単位である「バランガイ」と、伝統的な生活単位である「教区」とが並存しているということは、取りも直さず、民衆生活のレベルに政治と宗教という対立し合う二つの権力構造があるということだ。

カトリック教会は、本来、民衆の現世からの超越をこそ司るべきものだ。だが、八年間にわたる戒厳令下の独裁政権のもとで、増大に増大を重ねてきている諸矛盾は、教会そのものをも、グイグイと現世の直中《ただなか》に引きずり込む圧倒的な力として働いている。

たとえば、世界銀行や外国資本によって「安定」した投資環境づくりをせまられたマルコス政権は、新人民軍鎮圧を目的とするフィリピン全島の「軍事化」を進行させている。この「軍事化」に伴い、各地で民衆に対する暴行・虐殺が頻発している。軍隊の暴力に追われた民衆を公然と援助できるのはバチカンを頂点とするヒエラルキーに支えられた教会以外にはない。しかし、その教会ですら、先進的な神父、尼僧の逮捕、拷問という真正面からの弾圧を受けることが多くなってきている。ここにおいてフィリピンのカトリシズムは、自らの宗教としての本質を問い返す形でのきびしい試練に立たされているといえる。つまり、政府＝軍隊の抑圧に抗して、貧困と暴力にあえぐ民衆を現世の直中において救わなければならない、社会正義を現実に体現する機能を政治にかわって果たさなければならないという緊急の課題を背負わされているのだ。

「教区」を預かる神父たちが、その最前線に立つことになる。軍隊によって拉致された農民の捜索。虐殺に抗議する葬列デモの組織化。インチキな政府の農民組合に対して、農民自治の協同組合を結成させ、運営を指導し、資金を援助する活動。あるいは、理想の共同体の建設を目ざして、農民とともに密林を開墾する若い神父など。各地の状況によって、それらさまざまな活動が行なわれている。そして、それらの最前線で活動する聖職者たちは、進行する抑圧によって、よりラディカルな方向へと向かいつつあるように思える。

この動きは、第三世界に芽生えた新しいカトリシズムという形をとり始めている。「解放神学」と呼ばれるそれは、抑圧者の宗教としてこの地にもたらされたカトリック教を、被抑圧者の側から取り戻し再生させようとするラディカルな運動として、とくに「地方」において活発化している。

ある若い神父は、

「全カトリック聖職者の三五パーセントは、われわれのこの運動の側に立ち始めていますよ。しかも増えつつある」

と語っていた。

「実践教室」において上演されたある即興劇は、この「解放神学」が生み出した新しいキリストの姿を余すところなく伝えている。

この即興劇には次のような課題があった。

「フィリピンの民衆劇の伝統的な形態を模倣しながら、題材としては自分たちが現在直面している問題を取り上げること」

ここでいう「伝統的なフィリピン民衆劇」というのは「シナクロ」「サルスウェラ」「コメディア」という三つの劇様式のことである。「シナクロ」は一七世紀のスペイン人が持ち込んだ「住民教化」のための宗教劇である。キリストの生涯の一場面を荘重に演じるもので、現在でも年一回、四月の感謝祭の期間中に各地で上演されている。「サルスウェラ」はスペイン歌劇のフィリピン化したもの。一九〇〇年代のアメリカ統治時代には「反米」のメッセージを反スペインに置きかえて演じ、民衆に圧倒的に支持された歴史がある。「コメディア」は、その名の通り民衆喜劇である。これもスペイン統治時代の演劇形態が大衆劇化したものである。

　この教室では、民衆に馴染み深いこれらの劇様式を、現在の地域文化活動の中に復活させ、利用していこうという積極的な意図で前記のような課題を提起しているのだ。

「解放神学」の真髄を見事に即興劇化したのは、「シナクロ」を課題として与えられたグループだった。「シナクロ」の主役はもちろんイエスである。イエス役の俳優は、巷間に流布している伏し目がちで、細面の、ひ弱そうなイエスの似顔絵とそっくりの、スペイン系混血《メスティーソ》の二枚目でなくてはならない。内容的には、さまざまな苦難や迫害をじっと耐え忍ぶイエスの気高さを示す逸話が題材になっている。「右の頬を打たれたら左の頬を出せ」ということばそのものがテーマなのだ。

「解放神学」では、この「耐え忍ぶ、ひ弱なイエス」に象徴される超越的忍従こそ、三〇〇年の植民地支配の歴史の中で、支配者たちがその支配を貫徹するためにフィリピン人に押しつけ続けてきた作為的な教義であると批判している。「シナクロ」は、まさにそのイデオロギー教育の道具そのものなのだ。

この、いわば征服者の道具を使って、闘う民衆のための芝居をつくれという課題を与えられたグループは、まず、徹底的に「シナクロ」の様式を模倣することにした。

彼らは、白いシーツや黒いカーテン、果てはミサ用の金襴の布を借用して、ローマ時代のユダヤの衣裳を見事にこしらえあげた。

だが、劇のすじ立てが全く違った。

主役は貧しい農民の夫婦である。この夫婦が父祖伝来の土地を、勝手に登記をし所有権を主張する金貸しに乗っ取られてしまうことからこの劇は始まる。夫婦は裁判官に訴え出るが、裁判官は文字すら読めぬこの夫婦の所有権を頭から認めず、二人は土地を取り上げられることになる。取られた土地になお居坐り続ける農民のところへ、金貸しが軍人を連れて現れる。立ち退きを拒む農民は、軍人によって無残にも虐殺される。

この劇は、ギリシャ悲劇を思わせる荘重な調子で演じられたのだが、この虐殺のシーンを演ずる時、彼らは、ローマ軍人の服装をし短剣を持った登場人物に、「ダダダッダダダダッ」と機関銃の口真似をさせて、農民を撃ち殺させるという演出をこらしたのだ。「シナクロ」ふうの荘重な様式の中に、突然登場したこのシーンは、思わず息を飲むようなリアルな衝撃を、われわれ観ているものたちに与えた（この劇にかぎらず、参加者たちが演ずる軍隊の暴行・虐殺のシーンには共通して、リアルな衝撃力がある）。

埋葬のシーン。悲嘆にくれる妻の前に殺された農夫が、手に剣を持ち再生する。彼は自らを「イエス」と名乗る。

「私がイエスだ。暴虐の弾丸に射ぬかれた農夫は、ここに剣持つイエスとして再生した。圧政の前に立ちすくむ貧しき人びとよ。頭を上げ、私を見よ！　私はお前だ。私はイエス。闘うお前だ！」

再生した「バゴ・クリスト」つまり新しいキリストは、手に持った剣で軍人の胸を刺しつらぬき、自らの家族と共同体を守るために、いつでも闘う用意のあることを厳かに宣言してこの劇は終った。

その時だった。

バタバタと喘ぐようなバイクの音がして、誰かが「教室」の建物の中に入ってきた。

「芝居を止めて！」

という金切り声がした。リーダーの一人だった。みんな、緊張してバイクの乗り手の方を見た。

M16を肩に背負った兵士が、バイクを止めて「教室」の中を覗き込んでいる。

みんながゴクリと息を飲むのが分かった。

この施設の責任者の神父が表に出て行ってその兵士に語りかけている。

リーダーの一人が、緊張をほぐすように屈託のない声で、

「さあ、みんなで歌を唄おう！」

と呼びかける。「教室」の中は、たちまち流行歌の大合唱になった。

「あの兵隊は、この裏の家の息子でね。休暇で里帰りしたらしい」

神父が汗を拭きながら戻ってきた。

多分、大丈夫ということになってホッと緊張がゆるむ。だが、その夜の他の劇の発表は大事をとって中止することになった。

外国人の僕には、彼らの緊張と心労がはたしてどれだけ深いものか、かならずしも理解できたとは思わないが、それから二日ほど、リーダーは外を見張ることをやめなかった。

この劇を演じたグループは、参加者たちの中でも、特に軍隊の暴虐行為の激しい地域から来ている人びとだった。そして、登記証明をしていなかったために土地を追われる農民の話は、まさに彼らの土地で現実に起きている問題だということだった。

もちろん、このラディカルな劇はそのまま人びとの前で演ずることはできない。しかし、「シナクロ」と全く同じスタイルで演じられるこの劇が、いつかの感謝祭の日、どこかの教会で、さり気なく演じられる可能性はきわめて大きい。

その時、この劇は確実に、計り知れぬ力をもって人びとの心を解き放つかもしれない。「バゴ・クリスト」は、フィリピンの人びととの中をすでに歩き廻っているのだから。


（一九八〇年『水牛通信』）

〈討論〉

アジア民衆演劇会議とわれわれの課題

久保覚（日本民衆文化研究会）
堀田正彦（民衆演劇ワークショップ会議）
山元清多（68／71黒色テント）
津野海太郎（68／71黒色テント）

津野　最初に、めいめいがアジア演劇に接触していったプロセスから話してもらおうか。

同時代体験としての「アジア演劇」

堀田　一九七七年の暮れに、津野さんから突然「インドで農村演劇会議があるから行ってこい」と言われたときには、僕自身アジア演劇ってことに関心がなかったと言った方が正しいと思う。服部良次（68／71黒色テント俳優）と二人でライプールで開かれた「アジア農村演劇会議」に参加したんだけど、なにしろ演劇の頭にわざわざくっつけてある「農村」ということについても、「ワークショップ」ってことばが何を意味してるのかも、行くまでは全く分からなかった。この会議は

「農村の自立的な開発をめざす」っていうテーマで国連の下部機関のＡＣＦＯＤ《アクフォード》が主催したもので、実際はインドのチャティスガリ地方に伝わる民衆演劇の芸人——半農半芸人たちを、ハビブ・タンビールっていう人がやってる「ナヤ・シアター」が組織していくプロセスを見せようというものだった。インドの他にフィリピン、タイ、バングラディシュ、インドネシア、日本、スリランカが参加したわけだが、参加者の方は二つの大きな流れに分けられたと思う。一つはフィリピンのレミ女史（ＰＥＴＡ——フィリピン教育演劇協会代表）の流れで、実際に演劇を農民の生活の中にどう使うのか、という問題意識で参加してる。もう一つはインドネシアの芸術家たちが代表してるもので、伝統演劇の表現方法を現代劇の中にどう生かしていくかっていう、ある意味では二つの完全な違いがそこにあったと、いまふり返って思う。

その時の僕は、とにかくインドの劇はすごいなあとか、インドネシアの芸術家たちは僕らよりよっぽどヨーロッパのことをよく知ってる大芸術家なんだなあとか感心してたんだけど、その中でフィリピンから来てる人だけが、実際の民衆のことをずっと問題にしてた。劇をいったい誰がやるのかって話になった時、民衆自身がやるんだっていうふうに問題提起する。それに僕は一番興味をひかれた。そのあと僕はフィリピンへ寄って、ＰＥＴＡの活動を実際に見たり、ミンダナオで活動してる神父さんの芝居づくりを見せてもらった。彼は回教徒の部落に行って、自分が教えていた神学校の生徒と、受け持ち教区だったココナツ・プランテーションの労働者の家族と、あわせて二〇人ぐらいのグループで、その部落を題材に芝居をつくって見せてくれた。その芝居は一〇分もかからない非常に短いものなんだけど、平和な村に侵入者がやってきて、村人は闘おうとするんだけど、強大な武力が介入してきて村を出てゆかざるを得なくなるっていう基本的な筋に沿って、漁で魚をとるしぐさや畑をたがやすしぐさ、生活のいろんな情景のパントマイムがあって、詩的なことばで語られる日常生活の話があって、それに農民や漁民が実際に唄っている歌謡曲や讃美歌みたいな歌が効果的に入ってくる。それを見ていて、いままで自分がやってきたのとは全く違うコンテキストの芝居が存在していたことにすごいショックを受けた。それを具体的につくり出す方法論を、ＰＥＴＡという劇団がワークショップという方法でやってます、という情報を、ここで初めて仕入れた。これがアジア演劇に対する最初のアプローチだった。

久保　僕の場合、同時代性ということを痛感する最初の体験として、『醜いＪＡＳＥＡＮ』がある。あの時点で僕自身がどこまで意識化できていたかは別にして、芝居を通してどう状況を照らしていくのか、それにどう向かいあっていくのかという集団的作業を見ながら、新しい運動としての演劇が、観念としてでなく具体的な方法として見えた気がした。そこへ、今度はフィリピンへ行った人の報告が入ってきたり、韓国の情報が入ってきたり、南米ペルーのボアールの方法が入ってきたり、そういうものが、最初は断片的な経験と方法だったわけだけど、いろんなふうによじれ合わさって見えてきた。

僕自身がやった集団創造ということでいうと、金大中の死刑反対集会の中で芝居をつくったのが最初だ。そこには、いまから思うと不十分なものだったかもしれないけど、ワークショップの方法のきわめて素朴な要素とか、マダン劇の集団創作のやり方とかが、雑炊みたいな形で含まれてたと思う。その意味では自分にとっての母胎みたいな体験になった。これでできる、できそうだという予感みたいなものを体でつかめたと思う。一つは、あの芝居は黒テントの俳優たちにも協力してもらったけど、基本的には役者でない普通の人間だったわけで、その普通の人間たちが自分たちの演劇をどうつくっていくのか、という点で。もう一つは、断片的な方法と知識でやったあの時の稽古場の雰囲気がすごくよかったわけね。新しい集団が誕生する時の何かがあった。そういうものが一つの大きな力になっていった。ＰＥＴＡの方法や韓国のマダン劇、南アメリカで民衆演劇運動をやっていたアウグスト・ボアールの方法も、以前よりはっきり分かってきた。

で、ＰＥＴＡの方法とボアールの方法をくっつけてみよう、ということで、去年の三月、千葉の岩井でワークショップの合宿をやったわけだけど、いままでやってきた運動の集団のつくり方や、そのエネルギーの組織のしかたとはまた違って、もう一つ深く行ける、そういう感じが千葉のワークショップにはあった。それで、いままでの専門家集団としての黒テントの枠の中ではなく、もう少し広い視野で考えてみたい、集団創造の新しい芝居は、運動としてすごく意味があるし、可能性があるんじゃないかと思うようになってきた。これが僕の中の大体の流れだ。

山元　僕の場合も最初は知識や情報として入ってきた。それまで七～八年、途中で中断したりしながらも黒テントを続けてきたところへ、海ちゃん（津野）たちが「アジア演劇」って言い出したわけだけど、でも最初にきいたときはすごくエキゾチックな感じとか、逆に戦前・戦中を通して僕らの中につくられてきた、いわゆる「亜細亜」という語感がきちゃうわけだね。しかしその中で情報として、たとえば『醜いＪＡＳＥＡＮ』の過程をとおして、同時代の運動としての演劇の流れが、アジアに大きく存在してることが分かってきた。その実態をよく知りたい、というのがアプローチの最初だった。

僕の感じで言うと、それまでアングラとか小劇場って形でやってきた芝居が、だんだん、観客や自分をとりまいている状況から離れていってしまっている。七転八倒してやりつつも、最初に芝居を始めた頃の、状況と非常に密接した緊張感みたいなものが薄らいできてしまっているという感じがあった。演劇が本来持つ現実との関わり、社会的な脈絡をもういちど問い直してみることで、新しい先の見通しをつかみたいと考えていた。それは七五年に僕らが沖縄裁判を起こして、公有地問題を自分たちの大きな課題として持つようになってから、見え始めていたことでもある。

僕自身のアジア演劇体験ということでいうと、八一年に、テントの役者の長谷透とPETAのサマーワークショップを受けた。（黒テントがフィリピンへ行くようになって三回目の時だ。この時は、PETAとしても初めてA・T・F（アジア民衆演劇会議）という形で、アジア人のクラスを独自に組んだわけだ。）そこでPETAのワークショップを経験して、フィリピンの社会や民衆の生活の中でそれが実際にどのように展開されようとしているかを見ることができた。自分も、これまで芝居を書いたり演出したりはしてきたけど、十何年ぶりに身体を動かして、専門家じゃない人といりまじって即興劇をつくったり演出したりした。そのことだけを切りはなして強調する気はないけど、それはやっぱりアジアの現実にふれたり、基本的な考え方をまとめたりする時の、経験を集約した形として、僕の中に存在感がある。

久保　僕はさっき「同時代性」という言い方をしたけど、アジア各地の演劇は、こまかく見ればそれぞれ違うけど、基本的にはものすごく似たことを同じような方向で考えてるということが驚きなわけだね。韓国でもフィリピンでもボアールの場合でも、そういう方向が基礎意識としてひびき合って、僕らの方で摸索していることと重なりあう。

山元　マダン劇が生まれてくる背景、それからドラ・トラとかタイの学生演劇が生まれてくるプロセスにしても、演劇独自の作業と、民衆の政治的・社会的な運動とがぶつかりあったところで、民衆そのものの必要性として生まれてきてるわけだね。その表現方法は非常に素朴な形であるけど、演劇専門家の僕らにとってても刺激的だし、僕らが見失なっているものをかなり基本的にふまえて提出してるところがある。

津野　七六〜七年にわれわれが「アジア演劇」って言い出した段階では、伝わり方が非常に鈍かった。なんでうまくスパッと伝わんないのかっていうような状態だったけど、われわれの狭いサークルの中ではずいぶん変わってきた。しかし、もっと大きく見れば、依然として「アジア演劇」というのがどうもピンとこないという状態は続いてると思うんだ。いまみんながしゃべったような仕方でその正体が具体的に分かってきたとしても、「それがわれわれの生活とどういう関係があるのか」っていう受けとめ方は依然としてあるだろう。

最初の段階で分からないのは当然なんで、ただ単純に知らないわけだよね。われわれの側には、アジアの演劇っていうのは近代化が遅れたものだから、あんなとこに現代的な課題を持った芝居があるわけない、っていう暗黙の思い込みがある。むこうはむこうで、戒厳令その他の政治的に厳しい状況があって、演劇運動は文字通りアンダーグラウンドなわけだから、そう簡単に公開できない。それに彼らの方でも日本にはさほど関心を持ってない。その両側の事情が相乗しあって基本的な無知がつくられてきた。その辺については、今度のA・T・Fみたいな形でかなり回復はできるだろう。だけど今度は、久保さんの言う「同時代性」がようやくアジアの拡がりの中で見えてきたところで、そのもう一つ先に、じゃあそれに対応するものが日本のどこにあるのかってことになる。それが見えにくいってことでは、依然として分かりにくさが残ると思うんだ。

何が見えてきたのか

山元　芝居をやってる側から言うと、芝居以外の、たとえば反公害の地域運動をやってるような人たちの方が、明らかにアジアっていうふうな考え方に敏感に対応するね。ワークショップに対してもそうだ。だけど、いま演劇の世界の中でワークショップを真正面に切りだしていったら、やはり受け取られ方は非常にゆがんだものになる。あるいは受け取られもしないという演劇の状況がある。「民衆」ということば、「民衆の演劇」とか「民衆の自己教育」とかいうことば自体、非常に多くのことばを費しながら使わなきゃならないという状況だ。それは僕らがフィリピンに行って話しあう時にも感ずることだ。たとえば向こうの人は、社会学や経済学といった科学的な分析や、形而上的な思いの中で、「民衆」ってことばをアプリオリに使う。僕らの場合、みずからの中にある民衆性みたいなものを探しつつ、外にあるものと結びつけるしかないから、非常にしちめんどくさくなる感じがある。「民衆演劇」って言わないで、「民衆の演劇」って言おうとか、妙な迂回路を取ろうとする。ところが向こうの人は「ポピュラー・シアター」って言う。俺たちが考えたら、ポピュラーってのはポピュラー・ミュージックのポピュラーみたいな感じになっちゃう。

堀田　民衆演劇っていうことで言えば、昨年三月の岩井のワークショップ以後、国学院の先生で、第三世界の教育運動なんかに関心をもってきた里見実さんや楠原彰さんの努力で、「民衆演劇ワークショップ会議」っていうグループができて、いろいろな活動を始めた。その中で一つ特筆すべきことだと思うんだけど、グループのメンバーで山谷の活動をやってる人たちが、夏祭りで芝居をやってくれと頼まれて、ワークショップの方法を使ってやり始めたわけです。で、観察劇っていうのをやろう。外から行った人間は山谷のことを全然知らないから、実際に町を廻ってみて、それを基につくろうってことになった。「朝と夜の山谷」ってことにして、職安の状況とか手配師の話とか、夜の盛り場・飲み屋なんかの様子を、即興劇を使ってやったわけです。そしたら窓の外からそれを見てた人たちが、「それじゃ違う」「窓口の奴はそんなていねいな応対はしない」「そんなかっこじゃ仕事になんねえよ」とか言ってどんどん入りこんできて、最初は自分たちで即興劇をつくって労働者の前で演じてみせようと考えてたんだけど、実際は労働者に全部のっとられちゃった（笑）。当日の発表の時には外から行った連中は裏方に徹して、労働者が労働者の芝居をやった。そしたら見てた連中も、自分の仲間がやってるってことで、舞台と客席の交流が前代未聞の規模で拡がっていったっていうんだ。

ワークショップの方法でつくった芝居っていうのは、ほんの三日ぐらいのつき合いでも密度の濃いつき合い方をするし、自分たちでつくってるんだっていう実際的な感動がある。だから、演劇の専門家という脈絡から考えるのでなく、実際の現場をそこにつくるという関係、必要に迫られてその現場をつくらなければいけないと思っている人びとの場所に持ちこんだ時、演劇の持っているパワー、民衆そのものを素材にして民衆自身が演じるという力が発揮できると思う。

津野　もちろんそういうことはありうると思う。この間、沖縄に行ってきた人の話をきいた。コザの集団がちねん・せいしんの「人類館」を上演したら、客席の一番前に座ってたお爺ちゃん・お婆ちゃんから「琉球差別はそんなもんじゃない！」なんて声がかかるんだって。つまり山谷にしても沖縄にしても日本の中の第三世界というのは、たしかにあるわけだ。だから堀田の言うように、そこでワークショップの方法が役に立つというのはその通りだと思うけど、その部分だけを取り出して強調すると、鋭いけれど小さくなってしまう。それは依然としてわれわれの生活の外側にあるものだという印象から抜けだせない。その辺をどうするかだ。

堀田　だけど、大学なんかでやるとよく分かるんだけど、いまの学生は孤立してるんだね、こっちがびっくりするほど、ワークショップに感動するんだ。こんなに知らない人たちと心底つき合えたのは初めてだとか、自分のことだけじゃなく他人のこともよく分かるようになったとか、反応が返ってくる。自分もこの先こういう活動をしようとか、これまでのクラブ活動の方法論を変えてみようとか、自分の現場でその方法論を使っていきたいっていう人も出てきて、それぞれ頑張っている。見えない効果、個々の中に蓄積していく効果があると思う。

津野　ワークショップの方法ってのはとても洗練された方法なわけだよ。それが出てくる長い歴史があって、元はといえばアメリカで開発された運動だよね。PETAもボアールも、戦後のアメリカの教育運動や心理療法のなかでつちかわれたプラグマティックな方法をベースにえらんで、じゃあ、その主体は何なのか、その方法によってつくりだされる集団の質はどういうものでなきゃならないのかをつきつめていって、被抑圧階級の「意識化」のための方法論に切りかえていった。だから、それはバラバラな個人が集団性を自覚する、同じ何かを共有してることを自覚する方法としてすぐれてるんだけど、なおかつそれが、とんでもない仕方で使われる可能性もあるわけだね。この間テレビの『11PM《イレブン》』（日本テレビ系、一九六五年〜九〇年放送）かなんかで、マントル——マンショントルコのルポをやってた。女が三人いて、そこにお客が三人来て、同じ部屋でやるんだけど、知らない同士が寄り集まって最初は名前あてゲームみたいのから始まる（笑）。三段階か四段階ぐらい遊びがあって、打ちとけて、さあ本題に入りましょうってことになる。いい大人たちがキモチノイイひとときを集団的に過ごす、そういうことのためにも有効な方法なんだ。企業教育とか、孤独でない国民をつくるためとかさ。その方法を全部向こう側に取られてしまうのでは困るから、われわれの側にもキチッと確保していこうということかな、堀田の言うのは。

久保　ボアールもＰＥＴＡもマダン劇も、対立っていうことを非常に有効に使う、それを創造的なものに転化しようっていう作用が働いてると思う。これは決定的に重要なものだ。日本の戦後のいろんな運動に関わってきて思うのは、日本の運動の最大の弱点として、対立を有効に使わずに、下手すりゃ現実に殺すまでいってしまうね。そういうことで言えば、これは生産的な観点から対立を見るという点ですぐれている。

津野　対立っていうのは内部の意見の対立？

久保　そうそう。僕がいつも痛感するのは運動の民主主義みたいなものを、具体的にいろんな場面で展開していく、可能にしていく必要があるんじゃないかってことだ。あらゆることばが頭の上を素通りしちゃういまのシラケタ状況を、そこから突破できるんじゃないかって気がする。具体的な生きた民衆、それをどう職場やいろいろな場所につくっていくかという点で、ワークショップは可能性を持つんじゃないか。

津野　六〇年代から七〇年代にかけて、民衆は不可視なものだって言われてたわけだ。革命の主体としての民衆は見えない。その見えない民衆に関わるために演劇をやってるんだという意識を、目前の観客と分離して考えてた面がある。もう一つ、自分たちを含めての日本の民衆が天皇制とか高度成長を受け入れてきた現実がある。まずそのことに直面することが一切の前提であって、民衆なんてことばは軽々と口に出せないんだという意識があった。それもまたある意味では、自分の中に対立をつくっていく一つの方法だったんだけど、ともすれば自分の観念世界の中で急速に煮つまりやすい。煮つまって手も足も出ない、それを突破するためにはある種の狂気とか暴力が必要になってくる。そこで、久保さんが言う、内部での対立を有効に生かしながら、速度としてはのろい仕方の運動に切りかえていかない限り、どうもやばいんじゃないかっていう意識が生じてきたんだと思う。のろい運動というのは、結局、相互的な教育過程を保持し続けるということだね。ＰＥＴＡの場合、ワークショップでやったことを一つひとつていねいに再検討していくプロセスが入るし、マダン劇の場合も、芝居が終ったあとで討論が行なわれる。それはまさしく教育演劇の方法だね。ブレヒトの場合もそうだった。

久保　だからこれからの問題は、いろんな集団や運動の中にその方法をとり入れていく、「使用する」ってことがどうしても必要だ。僕らはまだ狭い範囲の中でしか使ってないけど、狭い範囲の体験でも、ワークショップはいろんなエネルギーを引き出す可能性を持ってるってことは確信できると思う。

伝統的なものを問い直す

堀田　さっき津野さんが言ったことだけど、たしかにワークショップはメソッド自体が非常に洗練されているから、どこでやっても確実に効果がある。楠原彰さんたちが自分の住んでいる地域でいろんな人を集めてワークショップをやった。そしたら、大体ワークショップのゲームは身体をくっつけあうゲームがメインになってるんだけど、終ってからとなりの家の旦那が来て、「こんな楽しいことはなかった、となりの奥さんの身体に大っぴらにさわれた」っていうわけだ。地域社会、特に都会の地域社会ではリクリエーション的にも通用するわけで、これからそこで運動をやっていく上で、回覧板をまわす関係とは違う人間関係が生じてきてるっていうふうなことを、楠原さんは言ってた。

山元　ただ、効果がきちんと上がるっていうことが事実としても、実際に使っていく場合には能動的に使っていくことが必要だ。システムが完璧であるだけに受動的になっちゃうのはすごくマズい。どうしたら能動的に使えるかが今度のA・T・Fでも重大な問題になるだろう。ワークショップの方法は非常に可変的で、状況に応じて、その場所の人たちの必要に応じて変えていけるし、自分たちで発見していける。ところが、テストケースでやってる時はいいんだけど、実際にそれを自分たちの方法として獲得して続けるという段階になると、本当はワークショップに始まってどんどん違う形に変わっていってもかまわないのに、延々とワークショップをやるしかない。

堀田　現実はそうじゃない。いろいろ自分の必要に応じて切りとって使ってる。学校の教材に使ったり、たとえば山梨の中学校で学芸会をやるのに、ワークショップの方法を使って社会科の勉強を身体化するのに使ったりしている。そういうところで伝わっていくワークショップは持続的にいくわけだ。それと、もう一度ワークショップを使っての芝居ってことに戻すと、芝居をやってる楽しさと別に、見てる楽しさがある。知らない人間がやってるのを見てるんじゃなく、やる人間と見る人間の人間関係がはっきりあって、ふだんマジメな人があんなひょうきんなことをやってるとか、その人を知ってて見てるからおかしいってことがある。つまりワークショップは、ある地域の人がある地域のために演じるんだということをきちんと押さえておかないと、最終的には向こうに持っていかれちゃうし、拡散しちゃうんだと思う。

津野　そのためには具体的にどうすればいいのか。技術的には「ファシリテーター」とか「ワークショップ」とかの直輸入的なことばを、できるだけ自分たちの日常のことばに置きかえていく。そのことで、今度は逆に自分たちの日常のことばをワークショップの方法のなかに加えていくことができるかもしれない。そこまでいくことが必要だ。それから、たとえば「赤いキャバレー」で宮沢賢治を芝居にしたわけだけど、賢治の「かしわばやしの夜」という童話があるよね。カシワの木やフクロウが歌合戦をやる話だけど、そこでまず最初に「自分のことばで自分の曲を唄おう」って言って、登場人物たちがそれぞれ即興的に唄い続けるわけだ。で、一番目に唄った奴が一等で太陽勲章か何かをもらう。二番目に唄った奴が二等、三番めの奴が三等。ということは、要するに歌のできばえや優劣はどうでもいいってことだね。昭和の初めごろ、すでに賢治の中にそういうヴィジョンがあった。「鹿踊りのはじまり」なんかだと、鹿たちが踊ってて、陰でそれをこっそり見てた人間が、つい楽しくなって自分も踊り出してしまいました(笑)っていう、いつのまにか踊ってる奴と混じっちゃうわけだね。そういう発想に支えられて賢治自身花巻の「羅須地人協会」の演劇活動をやる。そういう、俺たち日本人の体験の中で具体的にはぐくまれてきた演劇のヴィジョンを、もう少し掘りおこしていく必要がある。知識として再検討するだけでなく、内発性を獲得するためにはどうしてもそれが必要だ。

久保　非常に同感だ。やっぱり普通に働いてる人から見れば、いきなり「ワークショップ」って言われても、ちょっと距離がある。

津野　お医者さんみたいになっちゃう。ドイツ語でカルテ書いてる医者がいて、ドイツ語の分かんない患者がいて……。

久保　診断してるお医者がドイツ語でしゃべり合ってたらものすごく不安になる。「何言われてるのかしらん……」(笑)。それじゃまずい。創造の過程をたえず公開するってことが必要だ。かならずしも日本の伝統にくっつけるってことじゃないが、日本の中にも集団的な創造の契機はあるわけだから、そういうものを見直して、もっと懐を深くする必要がある。

山元　僕もそう思う。僕らは演劇やってる立場で、芝居をやってお客さんに見せる。そこでやれることを放棄しちゃって、ワークショップ的なものに乗り移っちゃまずいと思う。その場所でそういった要素をいかにつくるかってことを考えていく。いや俺たちは考えてきたんだと思うんだ、テント芝居をやってるということ自体。

津野　対立を有効に使うためには、切断だけではまずい。それまで使ってきた方法を切り捨てて、前のことはないことにしちゃうのは間違いだ。連続性を持った共通の基盤をさがさなきゃならない。

久保　韓国のマダン劇が運動として成功した要素は、多分、歌や踊りは徹底して韓国のものを使ったこと、もう一つは仮面劇っていう伝統的なものを通してやったことにある。そういった媒介物なしにむき出しでやったら、あれだけ大衆化したか疑問だ。

山元　マダン劇について僕が一番感じるのは、「イエス伝」だかの最初のト書きに言う、これは何もやったことのない人と、非常にすぐれた表現技芸を持ってる人が、まざってやるんだっていう、そこが一番すぐれたところだと思う。

堀田　その技術の問題、専門の問題ということだけど、ゲンさん（山元）とワークショップをやってるといつもそこでケンカになる。僕自身は専門家っていうより中間的な存在だね。ファシリテーター（助ける人、促進する人）というふうに自己規定してるところがあって、参加者のうちに閉じこめられてるものを引き出さなくちゃいけない立場だから、この立場に何か前提があっちゃいけないというふうにどうしても考えてしまう。ところがゲンさんの場合、芝居をやってる自分自身に内在してるものを他人にぶつけていく中で、他人に内在してるものを引き出そうというしかたをしているんだと思う。そこで専門家として、ここはこうした方がいいとか、そこはこうしなさいということになる。そうすると参加者のうちには、気持ちよくやれる部分と、なんだか自分でやった気がしないという部分とがかならず両者出てくるんだ。

津野　それはそうだと思うよ。だけど専門家は専門家として、自分の立場をきちんと煮つめておく、そこから考え続けるということをしないと、専門家によりかからない演劇という運動の方向自体も出てこないんじゃないか。（アウグスト・）ボアールの『被抑圧者の演劇』（里見実訳・晶文社）だって、基本にあるのは専門家としての立場に基づくヨーロッパ演劇史の総体的な読みかえなんだから、逃げるわけにはいかない。

山元　専門ということばがいいか悪いかは別にして、俺は専門家としての地盤固めをしようとか、正当化しようとか考えてワークショップに関わったわけじゃない。むしろ繰り返しやってるうちに自分の役割に気づかされていくことに驚いてるんだ。マダン劇の場合にしても、そこでプロとアマチュアという別々のものがただ一緒になったってことじゃなく、その関係のうちにすごいダイナミズムがあるってことに驚くわけだよ。

堀田　だけどマダン劇のダイナミズムってことでいうと、たとえばあるタイコのリズムが鳴ると、専門・非専門もなく、そこに一つの共有できる共同性ができてくる。上手下手に関わりなく誰でも身振りがわき起こってくるというベースがあるわけでしょ。

久保　ちょっと違う。専門家というのはいるんだ。職業的な意味で専門家かどうかはともかく、この地方の農民が踊るこのリズムを叩くのは抜群にうまいっていう奴はいるわけ。そいつが叩くと、下手な奴が叩くよりみんながちゃんと踊れる。それが本当の専門家だって気がする。

Ａ・Ｔ・Ｆの課題

津野　僕らが体験してきたアジア演劇は、共通点もあるけど多様な面もあって、大きく言えば二つの種類に分かれる。一つはマダン劇に代表される、伝統芸能や、共同の場の伝統的なつくり方を再発掘して、それを使いこなしながらやっていく。爺さん婆さんから受けついできた、自分たちの身体の中にあるリズムや演劇的センスみたいなものを極限まで活用して、現実の問題にぶつかっていくという方法だね。タイの学生演劇の場合もそうだし、インドネシアなんか特にそうだろう。

もう一つは、いままで話してきたＰＥＴＡに代表されるワークショップの方法。こちらは伝統的とか民族的というより普遍的なもので、どこでも通用する。通用させることを前提にしている。また、その基礎にある世界観も階級闘争の主体をつくりだすという普遍性を持ってるから、アジアからラテンアメリカ、アフリカにまで拡がっていく。堀田はこの後者の方を選んだと思うんだけど、実際には、どっちを選ぶって問題じゃないだろう。これは現在のアジア演劇がもっている一つの幅なんだと思う。この幅を押さえておく必要がある。つまりワークショップの方法を自分たちのものにしていくと同時に、マダン劇のうちに示されている方向が俺たちの中でどうつくられているのか考える必要がでてくる。孤独な都市生活者がどうやってお互いの心と心のふれあいをつくるか、それはそれとして必要だし、それが基礎であることは確かなんだけど、もう一つさきのヴィジョンがほしい。

その意味で、俺はアングラの運動をもう一度評価しなおしておく必要があると思う。演ずる者と観る者の関係から、ともかくもあるよそよそしさを取り去って、何らかのしかたでそこに共同の場をつくらなきゃいけないっていう意識は、すべてのアングラが一貫して持ち続けてたわけだし、同時に専門的な演劇教育を受けてないと芝居ができないというそれまでの通念を否定したんだから。それと、とくに黒テントの場合は公有地問題へのこだわりがある。沖縄裁判の時は気づかなかったけど、公有地問題というのは、実は開発の問題だったんだ。開発によって共同の空間が奪われていくという問題──だから同じ時期の金武湾の反CTS（石油備蓄基地）闘争との関連も確実にあったんだと思う。あの時はそこまで掘り返せなかったことが、アジア演劇に関心を持つ中でようやく見えてきた。というのは、アジアの民衆演劇の最大の課題が、開発とそれにともなう民衆の自発性や自立性の喪失という問題なんだから。したがってアングラの持ちえた意味をいまの時点で読み返すことができる。あそこにも専門家だけじゃない、非専門家にも共有できる問題があったんだ。

山元　今度行ってみて気がついたのは、フィリピンでも、六〇年代の後半、初期のアングラと同時期の反帝国主義闘争の中で高まってきた運動は、次の時期でいったん退潮してる。それをいかにのりこえるかってことから次の七〇年代の闘争が提起されてる。

堀田　いま海ちゃんが言った幅を抱えこみつつ、演劇を通して伝統へ到達する方法論として、A・T・Fの会議では、山形とか盛岡とかの農村に対してどうアプローチできるかって問題が提起されてる。

山元　それも向こうにあるものを切ってしまって、そこに新しいものを持ちこむってことじゃなく、僕らの気のつかないところでささやかでも自分たちのものをつくりだそうとしてる人たちがいるんだってことを、発見していく作業でなくちゃいけない。同時に、A・T・Fにはいろんな国の人間が集まってくるから、僕たちの中にあるものでまだ僕たちが気づいてないものを提出する必要があるだろう。彼らも何かを持ってくる。それを向き合わせてやる必要があるんじゃないかって意見が会議の中で強くなってきてる。

津野　中曽根（康弘）がアメリカに持っていったお土産みたいにデッチあげるわけにいかないんだから、実際にやってることや、やってきたことを提出するしかない。こちらの提出したものを彼らがどう使うかは向こうの問題だけどね。少なくとも僕らは、日本におけるアンダーグラウンド演劇とは何だったのか、公有地問題はアジアの拡がりの中でどういう意味をもつのか、といったことを整理して示す必要がある。

山元　堀田たちの「民衆演劇ワークショップ会議」もそうだね。短い経歴だけど、これまで積み重ねてきたものを整理して出す。そうじゃなくて、もう一度経験してみるとか学んでみるっていう受動的な形になるとつまらない。ＰＥＴＡも最初の段階では、いままで自分たちが積極的につくりあげてきた方法にある種の自信があるから、Ａ・Ｔ・Ｆを日本でやる場合も自分たちがヴィジョンを出さなきゃならないって考えていた。この号（『評議会通信』29号、一九八三年）に載ってるマニーの原稿もそのための草稿として書かれたきらいがある。だけど今回行って話すうちに、日本でやる場合は日本人がイニシアティブをとってやるのが一番いいっていうふうに意見が変わってきた。もともとはＰＥＴＡの経験から始まったＡ・Ｔ・Ｆだけど、今度は僕らでできるプランを彼らに提出しなきゃならない。そして、一年に一回なり隔年なりにやっていく時、先につないでいく関係をどうつくるのか、それはこんどのＡ・Ｔ・Ｆに来た人間との間で大きな問題になるだろう。

久保　と同時に、この間『月刊社会党』（日本社会党）で、労働者の文化運動の特集をやったね。日本には国民文化会議とかいろんな形で文化運動の経験がある。そういうものの現実をキチンと把握して、戦後の日本の労働者文化運動や演劇運動はどこに問題があって、現にどういう状態にあるのか把握していく作業も必要だ。たぶんその両方がこの先必要なんだ。

（一九八三年『評議会通信』）

〈論考〉

ワークショップとは何か

——集団創造の方法と論理

われわれが「ワークショップ」とよびならわしている集団創造の方法がある。適切な訳語がいまだに作られないまま、「ワークショップ」と言い続けているが、初めて聞く人たちには相当な抵抗があるようだ。われわれ自身、要約して説明することに少々困難を感じており、「まず体験してみませんか。そうすれば分かりますよ」などと、下手なセールスマンの口上のようなことを言ったりする。それというのも、この「ワークショップ」という一つの語に、さまざまに多重的な意味を担わせてしまっているからなのだ。

もともと、workshop という英語自体が、多重的な意味をもつ単語である。『岩波新英和辞典』には次のように書かれている。

WORKSHOP

（1）仕事〔作業〕場

（2）（文芸作品などの）制作場所〔方法〕

（3）（特定分野の）研究〔講習〕集会。ワークショップ

われわれの「ワークショップ」も、右に訳出されているすべての意味を含んでいる。さらに、われわれに固有の意味がこれに加わる。辞書にならって、それらを派生した順に挙げ

てみよう。

ワークショップ

（イ）（フィリピン教育演劇協会ＰＥＴＡが創出、発展させてきた）綜合演劇芸術ワークショップ〔その方法、またはカリキュラム〕

（ロ）（（イ）の方法を）普及、伝達するための講習会〔合宿〕

（ハ）（特定の目的――劇づくり、表現力の発見や養成、集団内のコミュニケーションの活性化、集団の形成、教育の研究等――のために）（イ）の方法を応用して行なういろいろな試み〔教室〕

（ニ）（ロ）（ハ）での体験を演劇以外のさまざまな創造活動の中で生かして、新しい集団作業のスタイルと人間関係をつくりだしていくこと

われわれが、いささかもどかしげに口にする「ワークショップ」には、実にこれだけの意味がこめられているのだ。

日本での「ワークショップ運動」の出発点となった（イ）のＰＥＴＡのワークショップは、一方通行的に、演劇の知識や芸術の概念を伝達してきた近代芸術運動とは異質のものである。自発性を前提とする、相互主体的な関係の中で行なわれる「劇づくり」の共同作業なのだ。

しかし、もちろんこの相互主体的な関係が、始めから理想的に存在するわけがない。とすれば、この相互主体的な人間関係をつくりだすことが、まず、この「劇づくり」の最初の目的になる。ということは、ここに参加してくる者が、彼自身の内発性を自発的に発揮できるように、作業の全体が組み立てられていなければならないということだ。この組み立ての中心になるのが、「演劇は、誰もが、自分の目的に沿ってたやすく使いこなせる、す

ぐれた表現のメディアである」という考え方である。そして、この考え方を実証し、かつ基礎的な即興演劇のつくり方を獲得していくプロセスが、相互主体的な関係を形成することの重要さを認識する糸口になる。

　このように、ワークショップの目的と方法の各部分部分が、互いに密接な関連性をもちながら、しかも全体として、「社会関係の変革を促す、芸術運動」へと統一されていくという、有機的な全体的方法論が、ＰＥＴＡのワークショップ運動なのである。われわれの説明がもどかしくなるのも、無理はあるまい。

　では、この有機的な全体的方法論とは実際どのようなものであるのか。

PETAの綜合演劇芸術ワークショップ

　ＰＥＴＡとは、フィリピン教育演劇協会(Philippine Educational Theater Association)の頭文字を合わせた略称である。一九六七年に設立されたこの劇団は、マニラ市を本拠にしている。

　ＰＥＴＡは設立当初から、その重要かつ遠大な目標として「『フィリピン民族演劇』の創出」を掲げている。長い間の植民地支配によって根こそぎにされた民族的文化の伝統の空白に、演劇の新しい伝統を育て、花咲かせようという計画である。全く白紙のような民族演劇に、固有のスタイルと哲学を確立するにはどうしたらよいのか。その一つの回答が、フィリピン民衆の一人ひとりを新たなる伝統の創始者として位置づける、ということだった。このことによって、西欧的な演劇教育を受けた専門家がフィリピンを素材に西欧的な思想と手法で似非《エセ》民族演劇をデッチ上げてしまうという罠から、みずからを救うことになる。

　しかし、新しい運動の担い手であるべきフィリピンの民衆は、新植民地主義の支配の下で貧困にあえぎ、暴力的な支配的文化に引き廻され、「沈黙の文化」に身を没したまま浮かび上がることもできないでいる。とすれば、「沈黙の文化」の殻をやぶり、自分こそが文化的主体であることを民衆自身に気づいてもらう必要がある。そのための方法が「綜合演劇芸術ワークショップ」であり、その推進・実行機関が、ＣＩＴＡＳＡ（東南アジア中央演劇研究所）なのである。だから、このワークショップは頼まれればどこへでも出かける。これが、三日ないし五日の日程で行なわれる「地方ワークショップ」とよばれるＰＥＴＡ―ＣＩＴＡＳＡの出張プログラムだ。二人から三人のＰＥＴＡのメンバーが一組になり、小さな村へ、山の中の教会へ、浜辺の水上集落へと出かけていく。二、三〇人の農民、教会活動家、協同組合員、労働者などがそれぞれの場所に集まっている。

　即興劇づくりの方法や演劇ゲームからなるカリキュラムは、待ちうけるグループがどのような目的にこのワークショップを役立てようとしているかに対応して準備される。演劇の専門家をめざすのか、地域社会や団体の教育・学習のためか、単なるリクリエーションとして行なうのか。あるいは山の村か、工場街か、スラム街か。どんな問題が起きているのか。生活はどうか。それらはおもむく土地によってちがってくる。

　ワークショップの内容となる歌や踊りや民話、政治や経済の問題は、すべてが参加する人びと自身に関わるものでなければならない。一人ひとりの民衆が持つ「沈黙の文化」は、ほかのどこでもなく、彼ら自身の暮らしのなかに深く横たわっているからなのだ。

　こうした道具立てのなかでワークショップが始まり、ＰＥＴＡの進行役《ファシリテーター》が周到に準備したゲームや美術工作や音づくりの作業が進む。やがて参加者の話す母語（＝方言）は輝きを増し、共同体に伝わる豊饒《ほうじょう》な時の記憶は、太陽に鞣《なめ》された彼らの褐色の皮膚を黄金色に変える。彼らは自分自身を知り、自分を囲む環境に新たな視線を向け、自分と関わる他の人びととの結びつきを発見する。

PETAサマーワークショップ

ＰＥＴＡは、毎年四月から六月にかけての夏休み期間（フィリピンではこの時期が真夏である）に、六週間のサマーワークショップをマニラにおいて開催している。これは、ＰＥＴＡが主催する最大規模のワークショップである。その目的は、「フィリピン民族演劇の創出」という大目標の実現のために、一人でも多くの「演劇活動家」を養成しようという点にある。全国各地の地域演劇グループや教会組織、農民組織、学校などから代表が集まってくる。代表は、その所属するグループが金を出し合って送り出す例が多く、ほとんどが前述の「地方ワークショップ」に参加している。ＰＥＴＡのメンバーになるにも、このサマーワークショップに参加してＰＥＴＡの演劇の基礎を学ぶ必要があるほどだ。

そこで、ＰＥＴＡワークショップの全体を俯瞰《ふかん》する意味から、このサマーワークショップ全体の方法と構造を検証してみることにしよう。

ＰＥＴＡサマーワークショップは、大きく三つの段階に分けられる。

第一段階——綜合芸術ワークショップ（三週間）
第二段階——地域コミュニティにおもむいての実地訓練（一週間）
第三段階——舞台作品上演までの演劇実習（三週間）

参加者は、この七週間のプロセスを経験することで、みずからの属する集団、あるいは地域コミュニティにおいて、十分役立ちうるだけの創造的即興劇のつくり方と、上演の方法のすべてを学ぶことができるようになっている。より具体的に言えば、芸術的側面においては、その基礎的な要素のすべてを五つの異なるメディア——演劇づくり、文章づくり、音づくり、身体運動、美術工作——のそれぞれの分野において学ぶことができる。同時に、こうした基礎学習と訓練を通して、想像力、独創性、そして何よりも共同体において演劇芸術活動をする上での自信がもてるようになる。

また、このプロセスは、参加者がフィリピンの社会的現実、ひいては第三世界に共通する政治的、経済的、歴史的現実にたいして、より広い鮮明な視野を獲得できるチャンスともなっている。その結果、フィリピン人としての、あるいは第三世界の人間としての文化的アイデンティティが明確にされていく。

さらに、さまざまな共同作業の連続である七週間のワークショップのなかで、参加者は、開放的な態度、積極的に発言する姿勢、他者を理解する力や心づかいなどが、集団の力を高めるうえで必須のものであることを学ぶ。それは、参加者個人の人間的成長を意味する。そうした個人にささえられた正しい人間関係が、その人びとの属する集団の質を豊かにするのであり、同時に、集団の共同作業の体験を通じてこそ、こうした正しい人間関係のあり方が育まれるのである。

相互主体的な関係、あるいは水平な関係とは、まず、集団内の個々がお互いの仕事や態度、協力関係などについて、個的な屈折や心理的なひきつりをもつことなしに、批判や助言をし合える関係のことである。さらには、個々が、他者にたいして感じる怒りや賞賛などの感情を、年齢や地位や性の差などとは無関係に率直に表出し合えるような開かれた関係のことでもある。これは、集団による共同作業の経験を注意深く積み上げていくことでしか形成できないものである。

では、ＰＥＴＡサマーワークショップにおける集団の共同作業はどのような積み上げられ方をするのか。

すでに述べたように、サマーワークショップの七週間は三つの段階に分かれている。だが、これまで述べてきたようなことのすべては、準備と初発の段階でこそもっとも緻密《ちみつ》であるのが当然だ。そこでわれわれは、第一段階――綜合芸術ワークショップに焦点をあて、検証の作業を進めてみよう。

綜合芸術ワークショップ

これは、三週間の日程で行なう第一段階のワークショップである。ここでの主眼は、「創造的即興劇の原理と実際」を参加者に紹介することである。そのための素材は、フィリピンの社会的、文化的、歴史的現実に求める。しかも、ここで扱う表現のジャンルは、「演劇」だけにとらわれるものではない。

劇づくり
美術工作
創作音楽
作文・作詩
身体運動
集団づくり

これらが、かならず二つ以上組み合わさって一つの作業を形成する。学習対象は、

芸術の基礎知識
演劇の要素
表現の構成原理
即興劇のさまざまな材料
劇の形式
演技と演出の原則
表現者の社会性
劇づくりにおける集団のダイナミズム
フィリピン社会の現状

などである。これらの学習内容は、各表現

ジャンルの手法を複合的に組み合わせた共同作業として、また、PETAの進行役《ファシリテーター》が行なう「まとめ」として提示されるものだ。ただ、この「まとめ」の提示は、かならず、参加者が共同作業を完了し、自分たちの作業を振りかえり、自発的に評価し終えた段階で行なわれるのが原則である。それは、自発的な教育ということになれていない参加者たちが、自分たちの共同作業の最大目標はこれらの知識の獲得である、と思いこんでしまうことをふせぐためである。

ところで、私は、サマーワークショップのプロセス全体が最終的にめざすのは、要約すれば

①共同体演劇に必要な基礎技術の獲得
②フィリピン人としての文化的アイデンティティの確立
③民衆の自発的創造力に寄与する、水平な人間関係づくりの意識化

であるとすでに指摘した。この三点は、実は、PETAのすべてのワークショップ活動に共通する大原則なのである。いわば、金太郎飴のように、ワークショップのどの部分を取っても、また、どんな形態のワークショップであっても、この三点が根本的な目的性としてかならず顔を出す。

この三点は、ここではまず、ワークショップ参加者たちが獲得すべき目標として示されている。が同時に、ワークショップを運営するPETAの進行役《ファシリテーター》たちにとっては、運営の重要な指針であり、自分たちが指導したワークショップの達成度を、振りかえって自己評価をするための基準でもある。

PETAは、PETAが、新しき演劇芸術の主体として名ざしたフィリピンの民衆にたいして、彼らの自発的な教育過程の「絶えざる出発点」を、この三点に凝縮してさし示している。そして、この「絶えざる出発点」と

しての三点は、「フィリピン民族演劇の創出」という芸術運動を担う演劇専門家たちに、民衆の自発的な教育過程への介入を指示するとともに、彼らが介入すべき限界をも同時に示している。

芸術家自身の自己教育（＝変革）は、芸術家自身が自発的に行なわねばならない。その「絶えざる出発点」を提示してくれるのは、民衆である。PETAは、その上演する作品が「真のフィリピン演劇」であるかどうかを規定する指針を民衆に求める。

真にフィリピン演劇とよべるものは、フィリピン人の生活、歴史的体験、文化、社会的政治的そして経済的現実を「反映」し、フィリピン人の「最大多数」（＝民衆）の「要求」を表現化したものに限られる。

PETAは、その上演、制作する作品に、この規準を厳格に適用している。

とすれば、演劇専門家による民衆の自発的な教育過程への介入とは、この「真のフィリピン演劇の基準」を、ワークショップ参加者にとっての「演劇的な出発点」として設定することである。また、その介入の限界点とは、参加者の自発性や独創性の妨げになるようなモデルを、強引に提示しすぎてはならないということである。この、一見して矛盾する二つの要求を、演劇専門家である進行役《ファシリテーター》は、微妙に統一していかなければならない。

「民衆の自発的な教育過程の出発点を創出するには、まず外部注入的な教育が必要だ」というこのアイロニーは、一人PETAにかぎらず、ワークショップ運動の普及と伝達を目的とするワークショップにはつきものの、アキレスのかかとなのである。

実際、進行役が敏感なよい芸術家であるほど、あるいは熱心な献身的な教師であればあるほど、このアイロニーは現実的な問題となる。この矛盾の解決は、相互主体的な関係を、進行役《ファシリテーター》を含めたその集団がどこまで獲得しうるかにかかっている。それは、「生徒の心の準備が整えば、おのずと教師が現われる」(藤本和子著『塩を食う女たち』岩波書店)という、アメリカの黒人のおばあさんの格言に現われているような民衆の知恵と能力を最大限に信ずることなのだと思う。もとより、一人進行役《ファシリテーター》だけの問題に帰せられることではない。

サマーワークショップの第一段階に話をもどそう。

参加者は、この三週間に、三つのちがった劇形式を体験する。それらは、

第一週——ドゥラ・トゥラ(＝詩劇)
(DULA-TULA)
第二週——歴史取材劇
(DOCUMENTALO-HISTORIKAL)
第三週——実験演劇
(DULANG EKSPERIMENTAL)

である。それぞれの劇形式の学習を通して、ＰＥＴＡが参加者に伝達しようと企図するものは、それぞれ次のような事柄である。

aドゥラ・トゥラ

題材——人間とそれをとりまく環境
表現要素——空間、線、動き
演劇要素——テーマ、状況設定、キャラクター、舞台設定
主要課題——開放と集中力

ドゥラ(DULA)が劇、トゥラ(TULA)が詩を意味するタガログ語である。だから、ドゥラ・トゥラとは、詩による構成劇、のことである。一つの叙事詩をつくり、その詩の朗読に合わせて、内容をマイムや寸劇として表現し、全体として一本の構成劇に仕立てあげる、もっとも素朴な劇形式である。

だが、ＰＥＴＡはその素朴さゆえにドゥ

ラ・トゥラを共同体演劇（＝民衆演劇）の、もっとも中心的な演劇様式として重視する。即興性と簡単さ。単純さゆえの無限の可能性。共同体の人びとは、ドゥラ・トゥラによって自分たちの問題を、自分たちのことばで、直接的に表現できる。第一週は、参加者同士の集団形成と、このドゥラ・トゥラづくりに主眼がおかれる。

参加者は、マニラ市内のさまざまな場所へ取材に出かける——観察。スラム、工場、ホテル、市場、そして路上。また、そこで出会ったさまざまな人たち。参加者は、自分たちが見たものを詩にあらわす——詩づくり。個々の詩を集団の詩にまとめあげる——テーマの発見、集団詩。詩を読み、シーンに分け——状況設定、そのシーンに登場する人間たちと空間の再現——キャラクター、舞台設定。そして、マイムや寸劇による人びとの活動の再現——即興演技、集団演出。そして、マニラの民衆の生活を描写した一つの作品ができあがる。

このドゥラ・トゥラにおいては、大げさな小道具や装置は、いっさい使わない。すべて、自分たちの身体、手近にあるもの、みんなで作ったもの（例えば一枚の模造紙に描いた背景画など）によって舞台を構成する。この観察からドゥラ・トゥラづくりへのプロセスによって、参加者たちは、自分たちのつくるべき演劇の素材は、もっとも身近な場所である、フィリピン民衆の生活のなかにあるということを、認識する。実際にある場所へ行き、見る、ということは、その場に存在する諸矛盾を見ることであり、集団で見たということが、劇づくりのための討論を、観念的な是非を論じる空虚な討論ではなく、互いの認識を深め合うような手ごたえのある、建設的なものにしていくのだ。

この観察行動にかぎらず、ワークショップのなかで行なわれるすべてのゲームや作業は、最終的に一つの劇をつくり、上演するという目的性がおかれることで、空虚で観念的な作業になることから逃れている。

　ところで、この最初の一週間でもっとも重要だと思われる作業は、参加者同士の相互認識と集団づくりのプロセスである。共通の背景のない、バラバラの参加者集団を、今後の七週間の自己教育的な過程に耐える集団的主体につくりかえなければならないのだ。もちろん、そのすべてがこの一週間で行なわれるわけではない。が、参加者が十分に開放された状態になれるだけの集団性は、早急に形成される必要がある。というより、開放的な集団性が、すべての共同作業の前提だ。第一日、二日と集中的に行なわれるさまざまなゲームは、この親密化のプロセスを実に効果的に行なう精密な構成になっている。

　それを少し考察しよう。

①ジップ・ザップ（ZIP ZAP）
②離婚ゲーム
（DIKIT KUWAN HIWALAY）
③早並び競争（HUMANAY AYUNSA）
④ロングスト・ライン
（PINAKAMAHABANG LINYA）
⑤ネーム・チェイン（KADENA NG MGA PANGALAN）
⑥ギブ・ミー・ア・シェイプ（GIVE ME A SHAPE）
⑦ギブ・ミー・ア・スペース（GIVE ME A SPACE）

　これらのゲームは、第一日目の半日を使って、たてつづけに行なわれるものだ。

「ジップ・ザップ」というゲームは、見知らぬ者同士が名前を知り合うためのゲームである。丸く輪になる。オニが一人の人を指さして「ジップ」あるいは「ザップ」と言う。「ジップ」と言われたら右隣の人の名を、「ザップ」と言われたら左隣の人の名を即座に答えなければならない。「ジップ・ザップ」と号令がかかったら、輪をくずして新たに並びなおす。答えられない時は、その人がオニになる。これを、全員がそれぞれの名前をおぼえるところまで行なう。

「離婚ゲーム」は、参加者のためらいや恥じらいを取り去るためのゲームである。二人一組をつくる。初めは、なるべく自分が知らない相手と組むようにさせる。進行役《ファシリテーター》が、「頭と頭をくっつけて」とか、「右手と右手、左のひざを右のひざに」とか、指示する。参加者は、その通りに、お互いの身体の部分をくっつけ合わねばならない。「離婚だあ！」という号令で、新しいパートナーを見つける。進行役《ファシリテーター》も加わる。そこで、一人だけ相手のいない人がでてくる。今度は、その人がオニになり、指示を出す。おもしろい形になるように、指示を出す方も、出された方も工夫するとよい。

「早並び競争」は、さらにお互いをよく知りあうためのゲームである。参加者全体を二つのグループに分ける。進行役《ファシリテーター》が、列を作る順番を指示する。たとえば、「次に言うものの順に早く並んでください。〝身長〟の〝小さい方から大きい方〟」という具合である。ほかに、誕生日（一月から一二月）、足のサイズ、年齢、髪の長さ、声の大きさなどの順に並ばせる。二つのグループのうち、早く、正確に並んだほうが勝ち。

「ロンゲスト・ライン」は、その名の通り、できるだけ長い列をつくり、長い方が勝つゲームだ。列を延ばすために、その時自分が身につけているもの（ハンカチ、ベルト、シャツ、靴等々）を使ってよい。これは、チームのために、どれだけわれを忘れて熱中できるかをためすゲームである。進行役《ファシリテーター》にとっては、熱中タイプの参加者とシニカルな参加者を、それとなく知っておく機会ともなる。

「ネーム・チェイン」は、これから共同作業をする仲間たちの名前を、完全におぼえるためのゲームだ。丸く輪になってすわる。最初の人が自分の名前を言う。二番目は、まず最初の人の名を言ってから、自分の名前を言う。三番目の人は、一番目、二番目の人の名を言ってから自分の名を言う。こんな具合に名前をつなげていく。確実に全員の名前を記憶する方法である。

これらは、第一に、楽しいゲームである。しかし楽しいだけでなく、意図的に構成された目的性が背景にある。ゲームのルールが、見知らぬ人のことを自発的に知ろうと努力させるようになっている。しかも、身体をふれ合うこと、集団的に競争させることで、ゲームによってひきおこされた、個々の仲間たちにたいする興味は、最後に、名前として凝縮されて定着する。

この次にくるプロセスは、当然、さらに深くお互いを知ることである。

「これが私です」というゲームがある。白い一枚の紙を参加者に配る。参加者は、この紙を、ちぎったり、折ったり、絵をつけたりして、一つの「形」にまとめる。この「形」は、その作り手をなんらかの意味で表現するものでなければならない。その人の長所や欠点、夢、性格などのどれか、あるいは全部を表現する「形」が、一枚の紙にたくされている。

各自がこの「形」をつくり終えたら、全体を三つか四つのサブ・グループに分ける。サブ・グループのなかで、適当な相手を見つけてペアを組む。各自のつくった「形」を前にだし、ゆったりとすわり、お互いに向き合う。どちらが先に聞き手になるかを決める。聞き手は、制限時間五分間で、相手の「形」から読み取った内容を、相手に話す。話された方は、同意や訂正を明確にして、聞き手が自分の人物像を描きだすのをたすける。時間がきたら交代。

こうして描いたパートナーの人物像を、サブ・グループのなかで発表する。発表する時は、パートナーの肩に手をおき、自分がそのパートナー自身になったつもりで、一人称で話す。つまり、「私がなぜこの『形』をつくったかというと、私は……」という具合に相手になりかわって自己紹介をするわけだ。サブ・グループの全員が終ったら、各自の「形」を一枚の大きな紙に共同でコラージュする。サブ・グループの性格を表現するコラージュができる。今度は、それを全体で発表し合う。

　これは、非言語的な表現（紙でつくる「形」）を用いて、考えや感情がお互いに伝え合えるということを知る、最初の契機となる。一般に、自分自身について語るということは難しい。主観的な自画像を、主観的な言語で説明することの独善性を断ち切る。今後のワークショップのプロセスのなかで起きてほしい主体の変革のためには、このことが必要だ。と同時に、中立的な他人からの評価（＝フィードバック）は、自己の存在意義を客観的に自覚させ、参加者のいきいきとした活動力の源泉になる。ＰＥＴＡのサマーワークショップでは、この作業にかぎらず、自己を表出させる場合には、非言語的な媒介を設定することで、他者からのフィードバックを容易にするとともに、自己憐憫や自己卑下等の屈折した自己表現を極力避けるようにして、水平な人間関係の創出を助けている。

　同様の注意深い配慮は、グループ分けをする場合などにも生きている。進行役は、たとえば、「１－２－３、１－２－３」と、端から順に番号を言わせ、１と言った人たちを１の組、２の人たちを２の組というように機械的に分けるやり方をする。これは、グループ内の人の組み合わせなどを進行役が権威的に決定したりすることで、個人に対する外的な、抑圧的な評価を暗黙のうちに示すようなことにならないためである。共同作業のグループでは、外部からの性格づけ、評価づけなどからは自由であるべきなのだ。

　さて、これらのゲームのしめくくりになる

のが、「ギブ・ミー・ア・シェイプ」(give me a shape)「ギブ・ミー・ア・スペース」(give me a space) である。これらは、参加者たちが身体だけを使い、集団でものの形や空間を表現するゲームである。たとえば「タイプライター」「水牛」などのような題が出され、一〇カウントのうちで参加者たちが、身体を寄せ合って、その形をできるだけ正確に再現する。このゲームを通して、参加者たちは「形」とは何か、「空間」とは何か、ということを文字通り、身体でおぼえこむのだ。と同時に、人間の身体を使って、ものの形を表出することができる、という思いもかけぬ発見は、表現と表現手段、あるいは表現の行為などに対して、参加者たちが抱いていた、固定的な観念を打ち砕き、表現することの自由さを印象づける働きをもつことになる。参加者が、即興性ということの面白さや意味を知るのも、このゲームによってである。

ドゥラ・トゥラの表現は、この身体の復権なくしては成立しない。

b歴史取材劇

題材――フィリピン的価値観と歴史

表現要素――色彩、質感、リズム

演劇要素――対立（＝葛藤）、登場人物、筋

主要課題――史料の調査と選別

c実験演劇――仮面劇・マイム・人形劇・影絵劇

題材――現代フィリピン社会における、各階層の生活状況

学習対象――表現の構成原理の意識的な応用

主要課題――熟達と応用

これらが、第二週、第三週における学習目標である。

第二週の歴史取材劇づくりのプロセスは、

明らかに「フィリピン人としての文化的アイデンティティの確立」をめざしたものである。

参加者たちは、ここでは、街に出て行くのではなく、図書館や博物館へ出かける。詩をつくるかわりに、共同で史料の調査と選別・収集を行なう。

古い着物や、簡単な素材が集められ、ある時代のある空間を再現してみる作業がある。学習と認識のプロセスは、徹底して唯物的である。古いセピア色の写真を見ながら、その写真の情景を、手に入る限りの材料で再現する。その空間に生きたであろう人物を想定し、その人物になってみる。こうしたアプローチのうえに、歴史のダイナミズムを再現する必須の演劇的課題として、「対立」という概念が導入される。

「対立」とは、二つの異なる力のぶつかり合いである。この二つの力の、どちらが引き、どちらが押すのか、どちらが勝ち、どちらが負けるのか、その展開がドラマの筋《プロット》であり、歴史の流れである。どちらの力に勝たせるかによって、ドラマは明確な立場——メッセージを持つ。

このことも、ゲームを通して導かれる。

綱引きや、防御と攻撃に分かれてのぶつかり合いゲームを集団で行なう——物理的な力の「対立」。即興的に、口げんかをする、ののしり合う。それを、一対一、一対二、二対三と順次増やしていく。その後は、一つのキャラクターをもつ人物になった者同士が、その設定のなかで即興的に対立を発展させてみる——ことばによる「対立」。そして「対立」からクライマックスへと続く連続的な発展が、ドラマにすぐれた緊張を生むことを知る。これは、集団の中における正統な「対立」が、集団の力学を生み、その矛盾の解決が集団の質的な成長を生むという、集団づくりの原理へと展開する。相互主体的な人間関係とは、相互の対立点を、鋭敏に、正確に感得し、互いの精神において激化し、永続的に発展させてゆける関係のことでもある。

くりかえせば、演劇的な「対立ゲーム」から出発して、さらに、集団の中における「対立」の本質的展開の重要性を知るところまでたどりつこうとするのである。そして、ここで培われた、ニセの「対立」と真の「対立」を見分ける参加者たちの感性は、フィリピンの歴史的諸力の再構成の作業においても発揮され、新しい歴史的即興劇を生み出す力となるのだ。

第三週の実験演劇のプロセスは、一週目、二週目と形成されてきた基礎的な「演劇力」に、さらにさまざまな創造的可能性を付加するためのプロセスである。つまり、現在のフィリピン社会状況のもとに生きる、民衆の諸階層——漁民、農民、労働者、失業者、貧民等——の現実の姿を、現実的な政治的、文化的諸制約を引き受けたところで表現する、そのための技術、その獲得が主要な課題である。

ここにおいても、まず実際の人びとをたずね、会い、話を聞き、見ることに劇づくりの基本が置かれている。そこで得たデータと、それを補足するスライド、ルポ、統計的資料等のデータを重ね、検討し、方針を決定したうえで、現実に上演可能な演劇のフォルムを創作するということだ。動物の世界の話にする。おとぎ話のスタイルを借りる。表現主義的な抽象性を主体にする。あるいは、ずばりアジプロ劇のスタイルになるかもしれない。とにかく、自分たちの必要と要求と条件を満足させる、劇スタイル、フォルムを創り出すことができなければ、意味がない。そのための基礎的な技術が提示されて、三週間の「綜合芸術ワークショップ」は終了する。

O—A—O・キット

以上が、PETA—CITASAワークショップ運動の方法と方法論的背景の紹介である。われわれがこれまで日本で実際に行なったワークショップは、すでに十数回を数える。しかし、そのほとんどが、一日か、あるいは二泊三日の体験である。ＰＥＴＡのサマーワークショップのドゥラ・トゥラを中心とする最初の一週間の内容を、ダイジェストし、コンパクトにしたものしか体験していないことになる。だが、それでも、なお、濃密なインパクトを参加した人たちに与えている。

民衆の自発的な教育過程に「絶えざる出発点」を与えるものとして、この第三世界の民衆のなかで育まれた方法は、きわめて確実な手ごたえと展望を与えてくれる。

ＰＥＴＡの方法論のなかに、民衆の自発的教育の過程には「自己の達成度の確実な評価をする」ことが、もっとも重要であるとする考えがある。「Ｏ―Ａ―Ｏ・キット」と呼ばれるものがそれである。

目的性（Orientational）――何のために、誰のために、自己のこの行為はあるのか

芸術性（Artistic）――創造性を十分に発揮できたか。どんな創造性が必要か

関係性（Organizational）――他の人たちとのあたたかい関係はつくれたか。相互主体的でありえたか

この三点において、みずからの行動、行為の目標をたて、事後の達成度を評価する。これが、「Ｏ―Ａ―Ｏ・キット」といわれる課題設定、あるいは自己点検、評価の原則である。ワークショップのすべての作業について、これは貫徹される。われわれは無目的に進むことはできないし、ふりかえることなしに、自分の成長を確認する方法はない。しかも、ほかの誰か、権威ある誰かによってそれをしてもらうのではなく、自由に、自発的に、みずから思考しつつそれができなければ、自分を自分の生きるこの世界の主体とするわけにはいかない。そうならないようにするには、自己の実存的な要求の根幹において、自己の

成長、到達度を知り、それを次の目標設定につなげる永続的な営為が必要なのだ。そのためには、相互主体的な関係からなる「集団」（＝階級）の創出がなければなるまい。われわれは、そのための〈O－A－O〉を早急につくりだす必要がある。

（一九八三年『新日本文学』）

第2部

民衆交易——いのち、暮らし、自然を守る

本書の骨格となるのがこの第2部。アジアの民衆演劇運動から国際緊急支援の運動へと活動の場を移した堀田は、日本各地の消費者運動・生協運動の仲間と交流する中で、さらに「〝こと〟から〝もの〟へ」と歩みを進めた。オルター・トレード・ジャパンの創業社長となって、バナナ、エビ、コーヒー、黒砂糖、カカオ等々の「民衆交易」に取り組んだ。その苦闘の足跡が記録されたテキスト群のほか、欧米のフェアトレードと民衆交易との異同について考えさせられる論考を収録した。

第5章 火中の栗

火中の栗を拾うことになった。

一二月一四・一五の両日、フィリピン問題連絡会議（ＪＣＰＣ）の呼びかけで開催された初の「フィリピン民衆運動に連帯する全国会議」は、来年のフィリピン闘争支援のための統一的な課題の一つとして「ネグロス問題」への取り組みを決め、新たに「日本ネグロス・キャンペーン委員会」（ＪＣＮＣ）を運動事務局として設置することにした。東京、名古屋、大阪の各団体が幹事団体となるが、全体プランの企画と進行を私が受け持つことになったのである。

「火中の栗を拾う」と言ったのは武藤一羊（アジア太平洋資料センター）さんである。

ここ一年「アフリカ救援キャンペーン」が大きな盛り上がりを見せた。武藤さんは、この現象には「自分たちの帝国主義的豊かさを自己確認し正当化しようとする日本人の心情が表れている」のだと言う。

だが、もし、ネグロス・キャンペーンにおいて「気持ちよく貧しい人びとを助けたい」ということの大衆現象を逆手に取れる「仕掛け」をわれわれがつくり出せれば、日本におけるフィリピン連帯運動も大きな成果を上げることができるのではないかとも言った。

つまり「ネグロス問題」に対するキャンペーンは、われわれの取り組み方によっては運動の大きな展開点になりうるかもしれないということである。これが「火中の栗……」であり、全国会議はすでに「拾うこと」に決め、私が「拾い方」を思案する責任を担うことになったわけである。

「火中の栗を拾う」などと言いすぎて、何か「アザトイことを派手にぶちあげる」と思われても困る。アザトサも仕掛けの中に含まれるかもしれないが、それが目的ではない。目的は、日本の多くの人びとに「ネグロス問題」を知らせ、その結果、人びとが動く。実際に動く。このことである。ここで人びとを動かすのはわれわれのつくる「仕掛け」ではない。「ネグロス問題」そのものが人びとを動かす。

「ネグロス問題」には、われわれの思想、行動、価値の基盤を揺さぶる衝撃力がある。

現象的に見れば、「ネグロス問題」とは「飢餓」であり「貧困」である。しかし、誰もがこれらの悲劇は「軍事化」と「人権蹂躙《じゅうりん》」による恐怖支配によってつくり出されたものであることを理解するだろう。さらにネグロス島を覆う封建的制度の存在もまた自明である。この制度とマルコスの独裁は相互に補完し合っている。しかし、いま、サカダたちを襲う「飢餓」は明らかにマルコスの失政が引きおこしたものだ。富の集中をやりすぎたマルコス一派に対して封建地主たちがヒステリーを起こした。犠牲を強いられるのは制度の最下層にいるサカダたちだ。豊かな大地を目の前にしながら、自分らのつつましい暮らしを支える作物を植えることができない。ほんのささやかに生きる権利を求めたサカダたちのデモは、軍隊の機関銃の一斉射撃によって血塗られ、エスカランテでは二七人が虐殺されて終った。

わが国の政府は、この失政と虐殺の張本人マルコス独裁政権に対して莫大な援助を行なってきている。「ネグロス問題」がアフリカ・キャンペーンと決定的に違うのは、第一に日本政府がこの問題に深くコミットしていることが丸見えであることだ。第二にサカダ難民が「飢餓」から救われるには、天からの恵みの雨などによるのではなく、制度を根本から打倒する以外にはないことが明白であることだ。

アフリカにおいてもことは同じだったはずだが、「気持ちよく貧しいものを助けたい」という普通の人びとの気持ちを尊重するマツリの主催者たちは「飢餓」だけを演出し、人びとは不快なおもいをせずに「慈善」を楽しんだ。

われわれはこの轍は踏むまい。われわれは「飢餓」に関する情報をキャンペーンするのではない。人びとに「ネグロス問題」が存在することをいつの間にか気づかせるのである。

さらに、なんとか多額の金銭を集めてネグロスの民衆に手渡さなければなるまい。精神的なだけでなく、具体的な支援が求められているのである。

ところで、日本の高度な消費経済社会の中では、人びとに許された自由は「消費者としての主体性」に関わる部分にわずかに存在するだけになってしまった。大多数の人びとにとっては、日常、自分が主体的に関われるものは「商品」の選択においてしかない。また、あの「グリコ・森永事件」は、いま一般の人びとに最も深く到達できるメディアは新聞や雑誌やテレビではなく「商品」であるということを立証した。

われわれは「ネグロス問題」が存在することを多くの人びとに直到するような仕方で、しかも彼らに主体的に気づいてもらおうと考えている。さらに、相当多額の金銭をもつくり出したいと思っている。となれば、どうやら、われわれは自分たちの手で「ネグロス問題」に関するヒット商品を作り出す必要があるようだ。自力更生である。「火中の栗……」たる所以である。

フィリピンの闘う民衆は、彼らの問題の真の解決は彼ら自身の自力更生によるものしかないのだと明確に主張している。そして、彼らはわれわれ自身にも自力更生をめざす闘いの創出を呼びかけている。

「ネグロス問題」は、どうやらわれわれ自身にとっての救援活動だという予感がする。

八〇年代の運動は、自力更生をめざすたくさんの小集団を生み出した。しかし、この状態を分裂、孤立と呼ぶのはもう止めてもよい頃である。むしろ、たくさんの運動の中心がそれぞれに自立の基礎を固め終ったと考えたい。われわれは、この多中心主義的な運動の現在を、一つの大きな有機体として感得できる鋭敏な皮膚を鍛えるためにそれぞれが知恵と工夫を出しあう必要がある。「ネグロス問題」はそのための大きなチャンスだと思える。

（一九八五年　『世界から通信』）

第6章 フィリピン「ODA」は飢餓と貧困を救っているか

――フィリピン・ネグロス島の現状から

いのち、暮らし、自然を守る

日本ネグロス・キャンペーン委員会（ＪＣＮＣ）は、一九八六年二月二五日、マルコス前大統領がマラカニアン宮殿を脱出したその日に、「フィリピン・ネグロス島の子どもたちに生きる力を与える『もうひとつの支援』を実現しよう」という目標を掲げて誕生した全国的な民際協力のネットワークである。「いのち、暮らし、自然を守る」という庶民共通の思いを、ネグロスをはじめとする第三世界の人びとと共に分かち合いたいと願う市民がそれぞれの自発的な意志でつながり、活動している。

フィリピンから芸術家を招いて全国一五の都市でミニ・コンサートを開催したり、各地でネグロス島の画家たちの作品を紹介する絵画展を開いたり、ネグロス現地を訪れ、飢餓と貧困の中で自助自立のために苦悩する現地の人びとと直接交流するツアーを実現したり等々、いわば手作りのキャンペーンと募金活動を行ない、日本とネグロス島の草の根の民衆同士が互いに顔の見える関係の中で「共助」しようと呼びかけてきたのである。こうした呼びかけに応えて、設立から現在までの二年間余に、日本全国の人びとから直接にJCNCに寄せられた浄財は一億二〇〇〇万円を超える金額となった。

この寄せられた基金は、現地の市民団体を通じてネグロス民衆の自助自立の活動に役立ててもらっている。例えば、八六年には九〇〇〇世帯の家族に一家族二五キロの米を配布する緊急救援を行なった。また、一件三〇万円から六〇万円の共同稲作や共同の家畜飼育、共同売店、共同水道の設置といった、ネグロスの民衆自身が計画し実現しようとしている総計三九のミニ・自立計画と呼ぶ自助努力の活動への資金贈与。さらに、ネグロスの民衆自身が建設、運営する「ツブラン（泉）研修農場」の建設協力。これは、JCNCが八・八七ヘクタールの土地の購入費を含む二一〇〇万円の資金を提供し、ネグロスの人びとが自力で建物や農地や灌漑設備の建設を行ない半年間で完成した。ここでは自給自足の食料生産を主眼とする有機農業の技術講習と研究、適正技術によるモデル農場づくりを日比の農業家の相互協力により実現していく計画である。

「援助」より「もう一つの支援」

ＪＣＮＣはもともと「対等な関係において相互に学び合う」という姿勢でフィリピンの人びとと交流してきた三四の市民団体が基になって形成されたものである。とくに当時のマルコス独裁政権による人権抑圧に抗議し、結果的に独裁政権を支えている日本のＯＤＡ（政府開発援助）に疑義を申し立てるという二点においてそれぞれが共通の基盤に立っていた。このような背景を持つＪＣＮＣは、当然「援助」ということばを使うことを嫌い、自分たちの活動を示すことばとして「もう一つの支援」ということばを選んだ。その後「マルコス疑惑」という形で日本のＯＤＡをめぐる疑惑が噴出し、マルコスが日本の商社から一五パーセントものリベートを取っていたことが「マルコス文書」と国内での税務調査からも明らかになった。だが「援助」をめぐる政府の秘密主義の壁は厚く、結局全体が解明されないままうやむやのうちに立ち消えになってしまった。しかし、二年間に一億二〇〇〇万円という募金が、発足したての民間団体であるＪＣＮＣに寄せられたということは、多くの国民が大企業や商社の経済活動と化したＯＤＡ、国や権力者同士が助け合う「援助」ではなく、「困った時はお互い様」という気持ちの上に成り立つ庶民同士の「もう一つの支援」の方を選び取ったということだと思う。

確かに、ＪＣＮＣの活動を通じてネグロスの民衆の貧困と飢餓の実情とその原因を深く知るにつれ、現在の日本のＯＤＡとはいったい誰と何を援助するためのものなのか？　という疑問はますます強くなってくるのである。

天災による飢餓は例外

ネグロスは緑の島である。市場には食料があふれている。ところがバコロド市内の国立病院の小児病棟には、平均体重の六割に満たない痩せこけた子どもたちが寝ている。ネグロスの六歳未満の子どもたちのうち七五パーセントが栄養失調であり、そのうち三五パーセントは重度の栄養失調状態だといわれている。この大半はサトウキビ労働者や零細な漁民やスラムの住民の子どもたちであり、全島緑にあふれる島の中でひっそりと飢えているのである。人間が飢餓におちいるのには二つの簡単な理由がある。一つは食料となるものを買う金がないという場合。もう一つは、食料を手に入れる手段となる土地や道具や技術がないという場合である。天災による飢饉というのはこの二つの理由の上にダメ押しとしてのしかかってくるにすぎない。アフリカの飢餓も自然の猛威だけが原因ではない。ネグロスの場合を見るとそのへんのことがよく理解できる。

ネグロス島はサトウキビの単作栽培の島であり、全島をおおう緑は大半がサトウキビである。このサトウキビは一〇〇年ほど前にイギリス人によってこの島に持ち込まれた。イギリス人は同時に「アシェンダ」と呼ばれる大土地所有に基づく荘園制度を持ち込んだ。これはイギリスが西インド諸島の植民地で黒人奴隷を労働力として使うことで開発した制度である。一九世紀に奴隷制が廃止されてからもこの制度は植民地労働者を奴隷並みの賃金で働かせることで生き延びてきた。この封建的なシステムはネグロス島にも引き継がれている。サトウキビのアシェンダ（荘園）で働く人びとは、曾祖父や祖父の代から地主の建てた小屋に住み、サトウキビの刈り取りと積み出しと植えつけの仕事に従事してきた。サトウキビの成育には一〇ヶ月近くかかる。だからこれらの仕事は一〇月から翌年四月までの半年間しかない。後の半年はキビの成長を待つだけで仕事もなく収入もない。彼らはこの期間を「死の季節」と呼ぶ。仕事は「パキアオ」という下請け制度で行なわれ、一ヘクタールのサトウキビを刈り取って幾ら、一トンのキビを積み込んで幾らという計算になる。サトウキビ労働者の平均日給は一六ペソから二〇ペソ（一ペソは七円）にすぎない。農業労働者の最低賃金は日給四七ペソと定められている。しかし、この最賃を守る地主はわずか五パーセントにすぎない。売る物といえば労働力のみ、生活に必要な物はすべて金を出して買う。彼らの小屋には農具すらない、キビを刈り取る山刀があるだけだ。

「貧困ライン」なるもの

平均的な六人家族が一日を暮らすのに必要なカロリーから計算した食料品の値段に衣服費と住居費を加えたものを「貧困ライン」という。フィリピンの経済開発局(NEDA)の試算では、一日一六一ペソが必要だという。彼らの日給の一〇倍、最低賃金の三倍である。

仕事のない半年間、労働者は地主から米を前借りする。その代金は次の労働の賃金から支払う。仕事がない間は土地を耕して作物を作ればいいのにと思うのだが、自由に耕せる土地は彼らにはない。ネグロスの土地寡占状況は想像を絶する。二七万ヘクタールのサトウキビの全耕地面積の六〇パーセントがわずか三〇〇家族によって所有されている。ネグロス全島で土地登記をしている地主の総数は二万三〇〇〇人ほど、島人口の一パーセントにすぎない。親代々の低賃金と借金による貧困。土地も農具も農業技術もない生活。彼らは飢餓の二つの条件を「見事に」満たしている。

一九八四年ごろから砂糖の国際価格が暴落した。それまで一ポンド二〇セントだった砂糖が三〜六セントにまで下がったのである。一ポンドあたり一二セントの生産コストがかかるという。完全な産業の崩壊である。かつて、特恵的な輸入割当制によってアメリカに輸出してきた砂糖はネグロス島の大地主たちを「砂糖貴族」と呼ばせるほどに富ませてきた。しかし、一九七四年にこの特恵条約が切れるとマルコス体制の下で砂糖公社による専売制が敷かれ、腐敗と汚職の温床となり、またマルコス派と砂糖貴族たちの政争が続き、この島の砂糖産業は屋台骨まで腐っていた。だからこのショックを吸収しきれず、四〇パーセントのサトウキビ畑がそのまま空き地として放置されることになった。放置されたのは土地ばかりではない。親代々その土地に生きてきた労働者たちも放置されたのである。ダメ押しの「天災」である。その結果、十数万の労働者が職を失い、それに数倍するその家族たちがさらなる飢えと貧困に苦しむことになったのである。

「持てる者」と「持たざる者」

フィリピンでは「持てる者」と「持たざる者」の格差がすべてに極端である。現在、フィリピン人の七五パーセントは「貧困ライン」以下の生活を強いられているという。大多数がネグロスの砂糖労働者や漁民やスラム住民のような「貧困ライン」の三分の一ほどの収入しかない人びとである。一方、地主たちは数百ヘクタールの土地を持つ。一人で二千数百ヘクタールを所有する人もいる。失業した労働者たちが広大な空き地の中に取り残される。土地を耕して作物を作ればとりあえず生きる糧が手に入る。しかし、そのまま土地を取られてしまうことを恐れて地主は土地を貸そうとはしない。彼らは満足な農具もなく、技術もなく、土地もない。広大な農地の中で人が飢える。まさに「構造的暴力」というしかあるまい。この「構造的暴力」は彼らの集落から始まり、南北格差という世界的な経済構造まで、二重三重に積み重なっている。本来、この格差をなくすために「南」から提案されたのが「援助」だったはずである。だが「国益優先」と「既得権確保・現状維持」という「持てる者」たちのエゴはますますその格差を大きくしてきたにすぎない。

いまこの「構造的暴力」の中で、ネグロスの民衆が唯一の希望としているのが「土地改革」である。アキノ政権はピープルズ・パワーが生み出した「革命政権」だったはずだが、立法府には選挙をする金のある地主や地方名士からなる「旧体制」がそのまま居残ってしまった。

「土地改革法案」を審議制定するフィリピン議会の議員は九九パーセントまでが地主・実業家である。現実の法案審議も「持てる者」がどこまで現状を維持してゆけるかという意見だけが目立つ。また、いわゆる「二月革命」以後、自らが政治的キャスティングボードたりうるという勝手な自覚を持ってしまった軍がいる。軍人に対する給与引き上げと一人一〇〇〇ペソの年末ボーナスは多発したクーデター騒ぎの後、アキノ大統領によってすんなりと認められた。銃の力である。

だが、「持たざる者」は人口の八割を占める多数派ではあるが、政治的、経済的、社会的には全く何の力もない。とくにネグロスの失業したサトウキビ労働者や漁具もない零細な漁民たちや働く場所を求めて都市に出てきてスラムに住む都市の貧民たちには、彼らに対する援助を求めるオフィシャルな手段も方法もない。

外債二八〇億ドルを抱えるフィリピン政府には行政サービスを行なう予算もない。私たちの現地の相手であるNRRC（ネグロス救援復興センター）に福祉省の役人が「予算がないので福祉省のプロジェクトの一部を肩代わりしてくれ」と頼みに来たという、笑えない話がある。

ベーシック・ヒューマン・ニーズ（BHN）に応える援助をというなら、こうした人びとの要求に応えるシステムと熱意を持たない限り本当の援助とはいえまい。大多数の日本人は、一般的にこのような人びとを援助することが「ODA－援助」だと思っているはずである。

「国際福祉援助」の確立を

日本国内では「自然を破壊し大企業だけが儲かる開発よりも福祉予算の充実が大事だ」という意見を素直に聞くことができる。とすれば「政府開発援助」という言い方に対して「国際福祉援助」という考え方も成り立つべきである。またODAが現地要請主義をとるため、プロジェクトの欲しい日本の商社が被援助国側の代理人としてプロジェクト立案から要請、プロジェクト実施までを代行しているのなら、被援助国の社会的弱者の側に立ち、彼らの要求を聞き、プロジェクトにまとめ、実施まで行なう代理人を養成し「国際福祉援助」を実現する体制もあってしかるべきだろう。実際、「構造的な暴力」を徐々にであれ改革していけるのは、構造の底辺で本当にその改革を望んでいる彼ら以外にはないだろう。また、そうした自覚をもつ彼らは、自ら学び、手をつなぎ、力を合わせていける状況を生み出そうと努力している。

「自分たちの考える進歩、自分たちが必要とする開発がある。先進国の援助は、制度的に乞食を生み出し、自然を破壊し、文化を滅ぼすことにつながる」と彼らは言う。だから、国と国ではなく、民衆と民衆のつながりが必要なのである。

一兆円にのぼるODA予算を行政府が独断独占するのは専横である。日本の納税者の民意と援助される側の国民の真の民意が反映できる援助システムが必要だと思う。例えば、一兆円にのぼるODA予算を各政党の得票率に従って振り分け、各政党は独自の調査研究と政治姿勢によりその予算額に見合う援助計画を立案し、国会討議を経て採択し、それを担当省庁あるいはNGOに回し実行させるというのはどうだろうか。NGOとは非政府組織のことである。各政党もその範疇に入るはずである。

国益と外交に振り回されない「援助」、第三世界の民衆と日本の民衆を結び付けようとする「援助」がいま必要とされている。

（一九八八年『公明』）

第7章

台所からアジアが見える草の根輸入貿易

一九八九年六月二九日、神戸港にはるばるフィリピン・ネグロス島から運ばれてきた一〇トンの無農薬・自然栽培のバナナが陸揚げされた。草の根輸入によるフィリピン・ネグロス島産バナナの第二便である。いま日本には同じフィリピンから年間六二万トン以上(一九八九年)ものミンダナオ島産の多国籍企業ブランドのバナナが輸入されている。その巨大な量にくらべてこれはわずかに一〇トンにすぎない。まさに大海の一滴である。しかしこの一〇トンのバナナの輸入成功は、海を越えて多くの人びとが「希望の連鎖」で互いに結び合い始めた証左なのである。お互いの暮らしを「一つのもの」として考え始めた、その第一歩なのである。

フィリピン・ネグロス島から「無農薬・自然栽培のバナナを輸入しよう」という話が最初に持ち上がったのは、八八年の七月だった。第一便の一〇トンが輸入されたのは八九年の二月だが、最初の話から数えれば今度の第二便の入港まで、丸一年かかったことになる。

これだけの時間がかかって、しかもわずかに二〇トンの輸入である。草の根輸入の草の根たる所以《ゆえん》であるが、それにはやはりそれなりの理由がある。その理由の説明を通して、なぜ「無農薬バナナ」の「草の根輸入」なのかを説明していこうと思う。

緑豊かなネグロス島で何が起きたか

フィリピン中部にあるネグロス島は、長年、フィリピンの主要輸出産品である砂糖の生産地として知られてきた。ネグロス島だけでフィリピン産砂糖の六〇パーセントを産出し、島全体がサトウキビ産業に依存することで成り立ってきた。ところが、八〇年代半ばに国際的な砂糖価格の暴落が起き、農園主は砂糖の作付けをひかえ、多数の農園労働者が職を失い、島全体が貧困と飢餓に襲われることになったのである。飢餓と貧困に拍車をかけたのは、この島のサトウキビ産業の顕著な特徴である半封建的な大土地所有制であった。人口のわずか二、三パーセントの人間がほとんどの耕作地、土地を所有し、残りはその土地で働く土地なしの労働者にすぎない。自ら耕して食料を自給する土地を持たない大多数の民衆は、唯一の仕事である砂糖産業が崩壊すると、たちまちその日の食事にこと欠くありさまとなった。

ネグロス島には緑したたる広大な大地がある。ところがその大地は、その土地を耕しその土地に住む人びとの暮らしを支えるさまざまな農作物を育むのではなく、先進国に輸出され外貨を稼ぐための熱帯農産物（サトウキビ）を生産する土地なのである。そこにあるのは「農業」ではなく「産業」であり、「農民」ではなく「農業労働者」なのである。彼らは小作農ですらない。この底辺の人びと、つまり人口の七〇パーセント以上を占める大多数の人びとにとって、この親代々連綿と続く慢性的貧困と飢餓から抜け出す道は「土地改革」による農地の適正な分配と、自給のための農業の振興と活性化しかないのである。

「土地改革」はアキノ政権登場の最大の公約だった。八七年二月にアキノ新政権の下で批准された新憲法には、「農地改革の実施」が定められ、人びとは大きな希望を抱いた。アキノ大統領は七月になってようやく「包括的農地改革計画」（CARP）を発表し、議会に提案した。しかし、農地の保有限度、地主への補償、改革実施の際の優先順位などの「改革」の本質を左右する詳細の決定は、フィリピン議会に委ねられてしまった。こうした過程に、土地なし農民たちは土地改革の実現に対する希望を失っていった。というのは、新憲法下の総選挙で形成されたフィリピン議会は、上下両院ともほとんどが地主エリート階層出身者によって占められていたからである。議会では、ネグロス州選出議員をはじめとする大地主層の強硬な抵抗があり、本来議会上程後九〇日で法案制定に至るはずが、審議だけで一年を費やしたばかりでなく、結局、できあがった法案は「抜け穴」だらけの地主層に有利な法案になってしまったのである。それが八八年六月一〇日にアキノ大統領の署名をもって公布された「包括的農地改革法」[*1]（CARL）である。

曰く、「地主の農地保有限度は五ヘクタールまでとする。が、一五歳以上で農業経営に従事するその子どもには一人あたり三ヘクタールの所有を認める」。子どもが五人いれば、地主家族の保有面積は二〇ヘクタールとなる。フィリピンの家族は大家族である。子どもの数も多い。さらに養子縁組という方法もある。子どもはいくらでも増やすことができる。分配する土地がなくなるまで子どもを増やせばよい。さらに、この農地改革は段階的に実施される。まず、公布から四年以内に、米、トウモロコシの小作地、全体休耕地と耕作放棄地、地主の自発的提供地、差し押さえ農地など。第二の段階として、公有農地と五〇ヘクタール以上の私有農地が対象となる。第三の段階として、二四ヘクタール以上五〇ヘクタール以下の私有地が、法案発効後四年目から三年以内に完了。二四ヘクタール以下の土地は六年目から改革を実施し四年以内に完了。エビ養殖池、畜産等商業的農場については、法案発効後一〇年目以降に収用・分配の対象とすることになっている。事実、ネグロスの地主たちはサトウキビ畑を次々にエビ養殖池に転換している。

しかも、地主たちは農地改革で失うことになる土地に「適正な価格」での補償を受けることができる。一方、土地の分配を受ける農民たちは、フィリピン土地銀行に対し、年利六パーセントの三〇年賦償還で地価を返済しなければならない。有償の土地分配である。土地資本が金融資本に変わるという話で、土地改革によって貧富の差が解消されるわけではない。

「親代々の貧困と労苦は、土地代を払ってもおつりがくる。土地は無償で分配すべきだ」。農民たちの偽らざる気持ちである。

八九年五月、日本が「リクルート・スキャンダル」で揺れていた頃、フィリピンでは農地改革省の「土地ころがし・スキャンダル」が新聞を賑わしていた。農地改革省の役人が過剰地価を承知で、一企業からその企業が元の地主から転売を受けた価格の十数倍の値段で、農地改革用の土地を買い上げたのである。この異常な高値は、そのままだったら分配を受ける農民たちが払わされることになってしまう。この醜聞は幸い公になった。日本での対比多国間援助の協議が始まる直前、アキノ政権はさすがに農地改革大臣の首をすげかえたのである。

さらに、二八〇〇億ドルにのぼるフィリピンの累積債務の問題は、国家の政策策定の選択の幅をせばめている。このため、民衆の願う自給農業の振興開発の道も政策的にはかえりみられないままである。

第三世界に対して債権者を代表する世界銀行、国際通貨基金（IMF）は、累積債務返済に役立つ政策の推進を強力に望んでいる。フィリピンにも、外貨を稼ぐ輸出志向型農業や外国資本による労働集約型輸出産業の導入を推奨する。「底辺民衆の自立よりも、まず上手に借金を返しなさい」という方針である。世銀はアキノ政権に対して「労働者に今後五年間にわたってストライキ権を放棄させよ」と勧告し、アキノはそれに従う姿勢を明示している。また農業においても、外国資本の導入を進め、経営を多国籍アグリビジネスにまかせ、輸出換金作物の大農場生産によって競争力のある産業に育成しようという構想が語られている。

あふれる国内難民

まさに、このような制度的構造的な「八方ふさがり」の中で、ネグロス島の民衆に代表される多くのフィリピン大衆はそれぞれの自立の道をさぐらねばならないのである。

彼らはこの「八方ふさがり」を「不正義・不平等」と受け止めざるを得ない。こうした民衆の潜勢的な不満のエネルギーは共産党・新人民軍の武装闘争を支える原動力にもなっている。アキノ政権は「対共産ゲリラ全面戦争」を政策化した。消費ブームに沸く首都マニラを一歩離れた、ヴィサヤ、ミンダナオ、ルソン北部等の地方では、二五万人のフィリピン政府軍が強力な軍事作戦を展開している。これは、ゲリラの泳ぐ「人民の海」を干し上げようという作戦である。直接の的はゲリラでなく、民衆である。砲爆撃により民衆を強制疎開させ、選別し、武器を持たせ、ゲリラに対する民兵に仕立てる。徹底した反共宣伝を軍が行ない、反共自警団や地主の私兵が横行し、武器があふれる暴力的な日常が定着する。農村は働き手を失い疲弊する。農作物の不足が起き、物価が高騰する。「反政府勢力の一掃」はアキノ政権の主要な課題である。いまや、すべての民衆を一掃しかねない勢いである。

ネグロス島では八九年四月、三万五〇〇〇人という史上空前の強制立ち退きによる避難民が発生した。これらの人びとは突然の砲爆撃にさらされ、家を焼かれ、畑を失い、身一つで土地を捨てざるを得なかったのである。長年切り開いてきた畑にも戻れず、生計の保障もなく、茫然と日を過ごしている。

しかし、このような状況であればこそ、ネグロス民衆の自立への希求はむしろ高まるばかりなのである。人口の六〇パーセント以上を占める貧困層の自立こそ、ネグロスのみならずフィリピンの抱える諸問題への根本的な解決の第一歩だと思えるからだ。

日本ネグロス・キャンペーン委員会が生まれる

八六年、日本ネグロス・キャンペーン委員会（ＪＣＮＣ）[*2]が設立され、当時最も深刻な砂糖危機による減反・失業・貧困に苦しんでいたネグロス島の民衆に対して、日本の市民が直接、支援と協力を行なおうという呼びかけがなされた。予想を越える大きな反響があり、日本ネグロス・キャンペーン委員会は多くの人びととの支援に支えられて、現地ネグロス島の市民団体や教会や労働組合に対する直接的な支援活動を展開することができた。日本ネグロス・キャンペーン委員会は当初、いわゆる「緊急救援」として医薬品や食料衣類の直接配給を活動の中心にすえたが、現地の民衆団体は配給される食料に依存する生活ではなく、自分自身の手で生きる糧を生み出すための「自力回復計画」の導入を訴え、地主から借りたわずかな土地で行なう「共同耕作」や「自主開墾」による農地の獲得や「共同家畜飼育」「共同売店」など、ネグロス島の民衆が自ら提案する「小規模自立計画」への支援の必要性を強く主張した。

四八件におよぶこうした小規模自立計画が資金支援を受け実施された。これらの資金で、無一物の農業労働者や小農民が種もみを買い、農機具を手に入れ、肥料を作って共同で借地や荒れ地の開墾を行なった。あるいは米、油、食料品などを共同購入し、市価より安い価格で村民が買える「売店」を開いたりした。一九八六年後半から始まったこうした小規模計画は、最初の資金を元に継続的に実施している成功例もあるが、八七年後半から激しくなったネグロス全島にわたる軍事作戦の影響を受けて中止を余儀なくされるところもあり、すべてが順調に推移しているわけではない。しかし、自分たち自身の力で生産活動を行なうという体験は、農園で「働かせてもらう」だけだった人びとに、自力で生きることへの展望を垣間見させる試みとして貴重な経験の蓄積となった。

と同時に、こうした自立計画を自らの手で進める中で、彼らは農業に対する技術の欠落、知識の欠如、管理運営の未熟という自分たち自身の抱える問題を改めて確認、点検することが可能になったのである。

大地と引き裂かれた人たち

ネグロス島のサトウキビ産業の仕事はきわめて分業化された仕事である。これはサトウキビという植物の性質が決定づけたものでもある。サトウキビは九ヶ月から一二ヶ月で成熟するが、成熟したサトウキビは糖度が一番高くなる時に素早く刈り取り、すぐ製糖工場に運んで糖蜜をしぼり、粗糖にしてしまわないと発酵して使いものにならなくなる。そこで、サトウキビの成熟する季節になると、ひたすらサトウキビを刈り取り、運び、製糖するという作業が繰り返される。だから、サトウキビ労働者の仕事は、一日中広大な畑の固いサトウキビを「エスパディン」という山刀で切り倒し、細い足場を上ってトラックに積み上げる作業の繰り返しである。農民ではなく、労働者である所以だ。しかも、極端な低賃金である。一日収入が二〇から三〇ペソ（一四〇から二一〇円／八九年）というのが相場だ。日本の大学生のバイト時給の三分の一以下に過ぎない。

しかも、サトウキビは成育に一定の雨量を必要とするので、乾期の間に植え付けをすませて雨期に十分成育するようにしなければならない。だから、乾期には刈り取りと植え付けが同時に進行し大量の労働力を必要とするが、雨期にはサトウキビの成育を待つだけであり、反対に大量の労働力が余ることになる。労働者たちは雨期の、とくに六、七、八月を「死の季節」と呼んでいる。この間、彼らの収入は途絶える。地主に前借りする米代が唯一の収入になる。地主に依存する以外には生きる道がない。この島にはサトウキビ産業以外に働く場所はないのである。

ほぼ一世紀にわたってこの島に定着した「サトウキビ単一栽培産業」の持つ性格は、この島の農業と民衆の生活意識に多大な影響をおよぼしている。例えば、自主耕作を始めた労働者たちの畑が雑草だらけになる。労働者たちは親代々「地主の土地に生えるものは、草一本手をつけるな」とたたきこまれてきた。自分たちの畑（一時的な借地ではあるが）に雑草が茂っても、つい手が出ないのである。労働組合の農業普及員たちは「これは自分らの食べる米だ。雑草は稲の養分を吸い取ってしまうぞ。抜かなければだめだ」と声をからして指導したという。

また、開拓農民たちの農法もきわめて後進的である。「カイギン」とよばれる焼き畑農業が主流である。国有地である山の斜面の草を焼き払い、土に棒で穴をあけ、そこにトウモロコシの種を落とす。それだけである。植えてただ育つのを待つサトウキビ農法と同じである。土と人との交流がない。土を慈しむ農業はサトウキビ畑からは生まれない。土地は不在地主か大地主のもの、収穫した作物は粗糖として外国に売られ、利益は一部の人を潤し、自分らは貧困にあえぐ。土と土に働く者との間には深い亀裂がある。この亀裂を埋めなければ、たとえ「土地改革」があったとしても、民衆自身、自分の土地を生かせぬままに終るかもしれない。

ツブラン研修農場を作る

そこで、労働者、農民のための「農業研修センター」の必要性が浮上してきた。「民衆の技術の交流、研修と学習、自立農業のモデルづくり」という目的を実現するために、八七年五月、日本ネグロス・キャンペーン委員会からの資金支援によって「ツブラン研修農場」という研修農場が建設された。ここでは「小さな者たちが生きるための農業」をテーマに化学肥料や機械に頼らない低コストの自然農法の確立をめざして、与えられた環境の中でできるだけの生産を行なうための農法の研修と研究が行なわれつつある。日本の有機農法や適正技術なども紹介され、農民、技術者の交流も行なわれるようになった。

自分たちの農業を学ぶ彼らは真剣である。事実、すぐ土と融合し始める。労働者や小農民の中にも優れた農業技術が埋もれている。農民同士の交流がそうした貴重な知恵と蓄積を引き出す。ここで研修した人びとが自分の村に帰り、村の共同耕作地作りを進める主体になる。土地が公に自分たちのものとなるまでは、見捨てられた斜面や荒れ地を耕して自給自立の農業を続けるしかない。打ち棄てられていた斜面地が小さな段々畑の稲田になる。水牛がないために、ある村では大人三人が水牛用の犂《すき》を引いて荒れ地を耕し、田植えをしたという。

日本ネグロス・キャンペーン委員会はこのような自主耕作に不可欠な水牛をネグロス各地におくるために、八八年には「水牛キャンペーン」を全国的に展開し、二〇〇頭を超える分の基金を集め、現地の団体を通じて順次配付してきている。

市場も流通も少数者の手に

しかし、ネグロス民衆の自立の努力の前にたちふさがる問題は「土地の独占」「農業資本の独占」だけではないのである。「市場の独占」「流通の独占」という問題も日常的な大きな問題としてたちふさがっている。

ネグロスの零細農民にとって、自分たちの農作物を市場に出す方法は二つしかない。一つは、自分たちでかついで、近くの村や町のパレンケ（市場）に持ち込み自分で店を拡げ買い手を待つことである。もう一つは、仲買人に一括して売り渡す方法である。

野菜や豆類や果物などの場合は、日常食料であるから、もしパレンケが歩いて行ける距離にあれば直売することもできる。しかし、その量は人が担いで最低四キロから八キロの道のりを歩けるほどの量に限られる。もしこれが、タバコやコーヒー豆、アバカ、木炭、バナナなどの商品作物になると、山奥の村から大量の産物を運び出して大きな町まで運ばなければ商品化はできない。結局、輸送手段を持って村にやってくる仲買人に売り渡す以外に方法はないことになる。輸送手段も輸送経費もないという農民の弱みを知っている仲買人の方は、ただ同然に買いたたいていく。

仲買人は高利貸しでもある。作付け資金や病気の治療代などの臨時出費を高利で農民に貸し付ける。収穫した農産物がこの借金の金利や元金として持っていかれてしまう場合もある。借金に縛られ、高値を付ける別の仲買人に自分の作物を売り渡すこともできない。また、農産物が豊作でだぶついたりすれば、遠隔地ではガソリン代の元も取れなくなるとして仲買人も来なくなる。山奥には芋や豆やバナナを貯蔵しておく設備もない。都市の貧困層の飢餓にも拘わらず、山奥では収穫された作物が腐りかけのまま放置されるということがしばしば起きる。

ここにも、資本と流通手段を所有する者だけが利益を独占する「八方ふさがり」的構造が強固に存在している。これは零細な漁民の漁獲物の流通においても同様である。

現在のところ、サトウキビ労働者は労働賃金が唯一の収入であり、米はもとよりほとんどの日用品を現金で買い入れなければならない「消費者」である。だから、いわゆる「生産者」としてこの「市場と流通の独占」による被害を直接的に受けるのは、海抜三〇〇〜

四〇〇メートルから上のサトウキビ畑にもならない丘陵山間部の公有地で、焼き畑農業を営む零細な開拓農民たちが主である。しかし、もし労働者たちが土地分配を受け自立農業を営むようになれば、これはすぐ彼らの問題になってくる。

例えば、貧困と飢餓に苦しむ零細底辺層の農民、漁民、労働者にとりあえずの飢餓と栄養失調状態をカバーする食料、医薬品を与える「緊急救援」が行なわれる。さらに自給農業や収入向上計画を実施する「自力回復計画」が導入される。同時に、零細な生産性を最大限まで高めるための「農業技術研修・基礎経営講習」が研修農場において行なわれるとする。そして、これらの支援を通じて彼らの基礎的な自給農業が確立し、とりあえずの飢餓が克服できるようになるとすれば、次に必要となるのが現金収入の確保である。何らかの換金作物を栽培して市場に出すことにより、衣料・生活必需品・教育などの費用を捻出しなければならない。しかし、それが旧態依然の仲買人による搾取的な流通システムによってなされるのであれば、ここまでの民衆の努力は水泡に帰してしまうことになる。

ネグロスでは、労働者、零細民の子弟のほとんどが小学校すら満足に通えない状況にある。「せめて小学校四年までは子どもを学校に行かせたい。年に一度は新しい衣服を家族に着せたい。せめて一日に二回は満足な食事を与えたい」。ネグロスの母親たちに共通の願望である。このささやかな願望を実現するには、搾取的な既存のシステムにかわる「もう一つの市場・流通システムの確立」がどうしても必要となる。

ネグロス、日本型産直と出会う

さて、われわれのバナナである。

われわれのバナナは、この「もう一つのシステム」の確立に直接関係する試みなのである。この試みがネグロスにおいて具体的な形に発展するためには、ネグロスの人びとの自分らの自立を阻む「八方ふさがり」的構造に何とか風穴を開けたいという熱意と、日本の市民たちの「ネグロス民衆の自立への思いを支えてみよう」という、ささやかな、しかし確固とした決意とが必要だったのである。

話は一九八六年一〇月にさかのぼる。

この時、神戸港と石垣島の間を往復する「ばななぼうと」という草の根市民団体による洋上イベントが開催された。このイベントを主催したのは、公害や原発の問題に取り組みながら、安全な食品の自給をめざして独自の有機・無農薬食品の共同購入を行なっているいくつかの草の根消費者団体である。この「ばななぼうと」には全国から一七五団体、五二名が乗船した。もともとの狙いが全国の草の根運動のネットワーク形成にあったからである。この他に石垣島・白保のサンゴを守る人びととの交流や、徳之島で国産バナナを再生しようとしている生産者との交流が主なテーマだった。もう一つのテーマとして第三世界との交流が掲げられ、ネグロスの代表も招待を受け参加した。

ネグロス代表は、島の状況を報告するとともに「自立のための草の根貿易」の提案を行なった。これは、ネグロスの民衆自立のための基金を生み出す一つの方法として、「マスコバド糖」と呼ばれる伝統的な手作りのキビ砂糖を日本の消費者に直接輸入してもらえないか、という呼びかけだった。徳島暮らしをよくする会、共生社生協、中部リサイクル運動市民の会の三者がこれに応じ、日本ネグロス・キャンペーン委員会とともに実験的な「草の根輸入」に勇気をもって取り組むことを表明してくれた。大きな収穫だった。

もう一つ収穫があった。それは「産地提携型」の新しい日本の消費者運動との出会いである。いわゆる「産直運動」である。消費者自身が生産者と直接関係をつくり、生産者と協同で消費者自身の納得のいく商品を作り、予約共同購入による無店舗販売によって地域に自主的な流通ネットワークを形成する。この「自主生産・自主流通」の消費者運動との出会いに、ネグロスの代表は大きなインパクトを受けた。

ネグロス型産直づくり

一九八六年一二月、「民衆のための市場・流通サービス機能の確立」を目的とする民衆交易事業のセンターとして「オルター・トレード社」がネグロス島バコロド市に設立された。

この民衆のための交易センターの活動の目的は、第一にネグロス島内の産直サービスである。中間の流通過程を飛ばし、生産者と消費者に少しでも多くの利益をもたらそうというのである。第二に、ネグロス島内の各地にどんな民衆産物があるかを調査し、島内外の適正な市場あるいは買い手をさがし、生産者の代わりに交渉し、生産者が「適正な」代価を得られるようにするという役割である。

しかし、もとより無一文からの出発である。トラックもない、倉庫もない、資金もない、のないないづくしである。最初で最大の課題は自立運営資金の蓄積であった。

マスコバド糖、神戸に上陸

「マスコバド糖」の草の根貿易は、この自立基金の蓄積という彼らの基本的な目的を支援するために開始されたといえる。日本の草の根団体とネグロスとの間に「マスコバド糖一キロ、二〇〇円」という価格が設定された。うち五〇円は、この自立基金の蓄積ならびに民衆諸団体の生活向上プログラムに活用される基金となった。

「マスコバド糖」とは、近代的製糖工場が登場する以前に行なわれていた製糖法によって作られる含蜜糖である。一九一〇年以前にはほとんどのアシェンダ（サトウキビ荘園）にマスコバド作りの作業場があったという。現在では、わずかに二軒が残るだけであった。「マスコバド糖」はサトウキビを絞り、汁を煮詰め、攪拌《かくはん》して粉末にするだけの手作りの黒砂糖である。オルター・トレード社は、零細地主からサトウキビを買い付け、トラックを雇って作業場に運び、製糖してもらい、バコロド市に運び、スラムのお母さんたちに袋詰めと箱詰めをしてもらい、マニラに運び、日本に向けて輸出したのである。

砂糖の袋詰め・箱詰めの作業は、スラムの住民互助会が人員を割り振り、失業者ばかりで低収入に苦しむ彼らの臨時収入源としての機能を果たすことになった。

八七年三月、マスコバド糖一〇トンが初めて神戸に陸揚げされた。その後八月に二〇トン、一一月に二〇トンの計五〇トンのマスコバド糖が輸入され各地でさまざまな人びとによってネグロスの名前と共に購入されていった。

さらに同年、ヨーロッパの市民団体が日本に次いで「マスコバド糖」の輸入を開始した。日本よりも格段に砂糖の消費量の多い彼らは、後発にもかかわらず、日本の倍量を輸入してくれた。この二つのグループによる「マスコバド糖」の輸入によって得た利益で、八八年には自前の「マスコバド糖・製糖作業場」をネグロス島・サンエンリケ町に完成させるにいたった。自前の製糖工場を持てたことにより「マスコバド糖」の品質管理が容易になり、きわめて良質の製品が輸出できるようになった。それまでは、日欧の消費者はかなりの異物混入に悩まされながら「マスコバド糖」を使用していたのである。品質の向上は同時に、「マスコバド糖」の定期輸入化につながり、日本が年間一二〇トン、ヨーロッパが年間二四〇トンの輸入を行なうことになったのである。

生協運動とネグロス民衆運動の交流

この「マスコバド糖」は、もう一つの重要な出会いを生み出した。それは、日本の生活協同組合運動とネグロスの民衆運動との出会いである。

マスコバド糖の草の根輸入を最初から勇気をもって支持してくれた日本の消費者運動団体の一つに、共生社生協があった。共生社生協は、北九州、熊本を中心に六万人の組合員から構成され、地域に根ざした共同購買運動を展開していた。共生社は、マスコバド糖の購入を組合員に呼びかけるにあたり、まずネグロス島の状況を知ることから始めた。九州各地の地域生協で、スライドを通してネグロス島の報告を聞く集まりが実施された。

続いて八七年九月には、一〇人ずつ、二回にわけて組合員、理事によるネグロス現地訪問が行なわれた。日本ネグロス・キャンペーン委員会は、ネグロス支援活動の一つとして「現地へ行く、直接見る、地域で動く」という試みを実施していた。いわゆる「エクスポージャー・ツアー」（現地体験旅行）である。共生社の訪問団も、一週間にわたってネグロス各地を訪れ、サトウキビ労働者の家に泊り、彼らの生活を実際に体験するとともに、困難の中で自立をめざして懸命に生きようとする彼らの姿をつぶさに見た。

低賃金、劣悪な住環境、守られぬ人権、収奪される自然、奪われる人間の生命。

ネグロスを訪れた生協組合員の大半は家庭の主婦であった。日本の日常とのあまりの落差に、みんな一様に大きな衝撃を受けたようだった。と同時に、その困難と貧しさの中で、人間としての尊厳を求めて生き抜いているネグロスの人びとのしなやかな明るさに触れ、彼らの人間的な結びつきの豊かさに驚き、貧しい人びとが語る「協同」ということばのもつ清新な力にあらためて共感したのである。それは同時に「人間の真の豊かさとは何か？」という、自らへの厳しい問い掛けを余儀なくするものでもあった。

誰のための「いのち、暮らし、自然」か

「いのち、暮らし、自然を守る」というのが、彼ら生協の基本のテーマである。ネグロスとの出会いの後、それまで主語もなく語られてきた「いのち、暮らし、自然」が、一体「誰」の「いのち、暮らし、自然」なのかと、あらためて問われるようになったのである。日本の私たちだけのそれらが守られればいいのか？　地域生協は地域の組合員だけのものなのか？　この深い問題意識は、その後の彼らの生協運動に引き継がれることになった。

共生社生協の中に「ネグロス・キャンペーン事務局」が結成され、報告会やカンパ活動が活発に行なわれ、大きな力を結集したのである。

一九八八年三月、共生社生協連合と福岡地区生協連合が合併し、新たに「生協連合グリーンコープ」[*3]が結成された。

結成直前の八八年二月、福岡地区生協連合の人びとがネグロスを初めて訪問した。福岡地区生協連合には、八六年九月に、当時日本ネグロス・キャンペーン委員会の招きを受けてネグロス島の実情とともに「農業研修センター設立」の必要性を訴えるために来日していた、ネグロス島のサトウキビ労働者組合（NFSW）のサージ書記長[*4]（当時）が交流のために立ち寄っている。それ以来の「ネグロス」だった。生協連合グリーンコープの新設にあたり、共生社生協の人たちが「ネグロス」を通して投げ掛けてきた問題意識を実地に共有するのが一つの目的だった。

この訪問団は、地域生協の専従役員を中心としたグループだった。役員といっても、みんな実際に地域の組合員や農村の生産者たちと共に生協づくりをしてきた人たちである。実際の経験に裏付けされた質問や討議が活発に行なわれた。この交流で話題になったのは、民衆の流通機関でありながら自前のトラックがないのは致命的であるという指摘であった。また、民衆のための金融サービス機能の必要性も指摘された。どちらも「民衆のための市場・流通サービス」を行なうためには不可欠の要素である。日本側はスペイン・モンドラゴンの信用協同組合による市民的自立社会の例を紹介した。民衆一人ひとりの自立を民衆自身が技術的に経済的に支えることのできる「民衆経済活動の理念と夢」が語られた。

そして、ネグロス側の目下の問題は明らかである。必要不可欠なものを手に入れるための資金をどうするかということだった。この問題の現実的な解決は、ネグロスのオルター・トレード社の唯一の商品である「マスコバド糖」の継続的、定期的輸入実現による収入確保だった。そこで、定期輸入の大きな障害であった「異物混入」の問題が討議された。先に述べた「マスコバド糖の品質の改善」はこの専門家グループのネグロス訪問によって具体化したのである。提案は、「製糖作業場の屋根を高くし、風通しをよくする。同時に、開け放しだった工場を壁で囲み、ほこりの流入を防ぎ、すべてのプロセスに濾過《ろか》の金網を入れる。固まりを選別し、キメ細かな製品にする」というものだった。

ネグロス側はさっそく改善に取りかかることになった。

日本側は、継続・定期輸入を可能にするため組合員に討議してもらうよう提案することをネグロス側に約束した。一夜民泊し交流した漁村で「すぐ沿岸まで来て、魚をねこそぎにしていく日本の漁船のことをどう思うか？　日比友好通商航海条約がそれを許しているのを知っているか？」と問い詰められたことが、日本で消費者運動を長い間やってきた彼らにはなんとも言えぬ衝撃だったようだ。こうした経験が生協の中に戻されていった。

新たに結成された生協連合グリーンコープは、第一回総会で「アジア・第三世界への連帯」を目標の一つに掲げ、とくに、「ネグロスとの連帯を通して、第三世界への理解と連帯を確立する」ことを決議した。このような経過の中で、マスコバド糖の定期輸入も確定され、八八年七月には、生協連合グリーンコープの代表がネグロスを再度訪問し「年間一二〇トンを七回に分けて定期輸入すること」を取り決めたのである。

身体によいのがおいしいバナナ

基盤はできた。相互の熱意と決意がようやく全体の形を現し始めたのである。「ネグロスからバナナを輸入しよう」というアイデアは、この基盤があって初めて生まれてきたものだった。

バナナを輸入しようというのは、ある意味では自然の流れだった。

草の根貿易商品第一号の「マスコバド糖」は、サトウキビから手作りされる含蜜糖であり化学的な処理をしない自然の商品である。大規模な製糖工場で結晶化・精製される純粋の白砂糖とは違う。だから、甘さを控え目にする食生活が一般化し、純粋のカロリー源でしかない白砂糖はできるだけ使わないようにして健康を守ろうという意識が高まる中で、ミネラル類の豊富な「マスコバド糖」はとりあえず受け入れられ使われている。しかし、たとえ自然の「マスコバド糖」でも糖類の消費を大々的に訴えていくことははばかられる。

また、ネグロスにおける「サトウキビ」は、長い間、一部の人間を富ませ底辺の人びとを苦しめてきた「植民地農産物」である。ネグロスの人びとにとっての自立とは「サトウキビからの解放」にほかならない。「マスコバド糖」は皮肉な商品なのである。理念的には「マスコバド糖」を作らないですむようになりたいのである。

一方、ネグロスのバナナは、これまで経済的にしいたげられかえりみられることもなかった作物である。自家消費以外には、仲買人だけが儲かるシステムで流通してきた。しかし、フィリピンならどこの家にも二、三本のバナナが植えられていることから分かるように、バナナは育てやすく、手が掛からず、誰にでもできる作物でもある。なにしろフィリピンはバナナの原産地である。現在でもネグロスの山間部には、実の中に黒い種子の詰まったアケビのような原種に近いバナナが自生しているほどだ。

もし、このバナナが草の根貿易で日本の消費者に直接送れるようになれば、ずいぶん多くの人びとが関与できることになる。しかも、産直が可能になるだけで利益はこれまでの倍になる。事実、ネグロスのオルター・トレード社は、すでに「サバ種」という甘味が少なくて芋のように澱粉が多い種類のバナナを、ネグロスからマニラのバナナケチャップ工場に売る産直ルートを開拓しており、その経験からだけでも生産者にこれまでの一・五倍の利益をもたらせることが分かっていた。

日本側にも、バナナは意義のある産物だった。

八〇年代に入り、安いフィリピン産のバナナが市場に大量に出廻ることが定着する中で、例えば『バナナと日本人』(鶴見良行著・岩波新書)という、バナナ・プランテーションの実態を報告し、日本人の消費動向と多国籍企業による経済活動が、第三世界に対する環境破壊的人権軽視型の「開発」を仲立ちとして、深く結ばれていることを明らかにする著作などが出版された。これを契機に、環境問題や人権問題に関心と関わりをもつ市民の間では「バナナを食べない」ことが当たり前のことになっていった。当然、農薬や食品添加物に対して強い反対意見を持つ生協連合グリーンコープの組合員たちの間には、農薬が大量に使われていたり、労働者の人権を軽視して安く作られているプランテーション・バナナを食べない人びとが多かった。しかし、バナナそのものは「完全栄養食品」と呼ばれるほど、バランスの取れた食べやすい果実であり、とくに乳幼児に対する栄養補給食品としては魅力的な食品である。「無農薬のバナナがあったらねえ……」というのは組合員たちのいつわらざる気持ちだった。「もし、無農薬のバナナが輸入できれば……」。現在大量に出廻っている多国籍企業のバナナと対比させつつ、私たち自身の食生活を取り囲む「開発輸入」型の経済システムがより具体的に理解できるようになる。バナナは「食品」であると同時に「教材」にもなるのでは、という予感もあった。

ネグロスと私たち双方のこんな思いが「草の根貿易によるバナナ輸入の実験をやってみよう」という合意となって結実したのである。八八年七月のことだった。

さまざまな種類のバナナがテーブルの上に並べられた。「サバ」「トゥルダン」「ラカタン」「ムラド」「セニョリータ」そして「バランゴン」。すべてネグロスの市場から買ってきたバナナの品種見本である。その時現地を訪れていた生協連合グリーンコープの代表が一本一本味わった後「バランゴン」を輸出実験用のバナナとして選び出した。「バランゴン」は甘味だけでなく酸味もある風味ゆたかな品種である。市場では緑色のまま売られている。フィリピンではあまり一般的ではなく、ネグロス島とパナイ島で珍重される品種だという。ネグロス島では山間部で多く作られている（この選択が正しかったことは、後に、日本に到着したバランゴンを試食したこの道三〇年のバナナ業者が「これほどの風味とコクのあるバナナは珍しい」と太鼓判を押したことで証明された）。

プランテーション・バナナに抗して

八七年九月には、生協の農産物担当の専門家がネグロスを訪れ、実際のバナナ輸入の基本的なプロセスの検討と確認を行なった。彼はまず、日本のバナナ輸入業者や青果会社や船会社をめぐり、綿密な聞き取り調査をした。

どこでも聞かされた話は「バナナ輸入はほんとに難しい」ということばかりだった。「素人がやるのは不可能ではないか」とまで言われたという。実際、日本へのプランテーション・バナナの大量輸入は、大資本のアグリビジネスが専門に開発した大規模なバナナ・プランテーションの農園設備と管理・作業システムと専用のバナナ船を運搬に使うということで可能になっている。それでもひどい時には三〇パーセントぐらいが熟してしまうこともあるという。

何が難しいのかというと、まずバナナがきわめて熟しやすいデリケートな果実であるということだ。バナナは成熟する過程で自らエチレンガスを排出する。同時にエチレンガスはバナナが熟成を始める引き金にもなる。狭い船倉に大量のバナナを積み込むと、どれか早めに熟し始めたバナナが出すエチレンガスが影響し、他のバナナの追熟も始まってしまう。そして七日後に日本に着いた時にはバナナ全部がすっかり黄色に熟していた、ということになる。ところが、日本の植物防疫法では「日本に輸入されるバナナは未成熟であること」という絶対条件がつけられている。黄色に熟したバナナは輸入できない。なぜなら、成熟したバナナは実がやわらかくミバエや他の害虫類の卵、幼虫の混入が考えられるからである。黄色いバナナが陸上で熟したか船倉で熟したかを見分けることは難しい。だから、港に着いた時点で成熟しているやわらかいバナナはすべて廃棄処分となる。あるいは、虫の混入の発生程度によって「青酸ガス」か「臭化メチルガス」による燻蒸《くんじょう》を受けて入荷が許可される。

多国籍企業はこの難しいバナナ輸入を成功させるために、最低条件として以下のような原則で輸出を行なっている。「同じ成熟度のバナナを集めること」「バナナは刈り取ってから二四時間以内に一三・五度から一五度の温度に冷蔵すること」「この温度のままで日本まで運ぶこと」。これは、多国籍企業が開発したノウハウである。同時にミンダナオ島のバナナ・プランテーションでは、この条件を満たすようにすべての仕組みが作り上げられている。バナナの成熟度をそろえるために専門の労働者が毎日農園中を歩いては、バナナの成長具合を示す色付きのテープを幹に巻いて歩く。刈り取られたバナナは三〇分以内に選別され、計量、箱詰めされる。船はバナナ専用の冷蔵船である。港は農園から二時間以内にある。港までの道路は立派なコンクリート舗装である。これらはすべて「輸入されるバナナは未成熟でなければならない」という絶対条件をクリアするためなのである。

さて、これだけの「最低条件」をネグロスの人びとは実現できるのだろうか？　生協の農産物担当の彼は、つくづくため息をついてしまったのである。

「それはとても挑戦的な話……です」

彼が「バナナ輸出の最低条件」の説明を終えると、ネグロス・オルター・トレード社のスタッフは感にたえぬという調子でこう言った。

確かにこれは「挑戦的な」話なのである。

生協の彼と共に見てまわったネグロス島のバナナの畑は、どれも山か丘陵地帯の斜面地を開拓したものだった。ネグロス島で道路というと全周六〇〇キロほどの島の周囲をぐるりと海岸沿いに走るハイウェイと、西側と東側をつなぐ横断ルートが二本あるだけだ。ネグロスの土地の値段はハイウェイからの距離で決まる。ハイウェイに近いほど地価が高い。バナナの産地に通じる道はハイウェイからさらに内陸に入って行く農道に毛の生えたような石ころ道である。しかも、車が入れるのはそこまで、ほんとのバナナの畑には車が止まったところからさらに歩いていくか、水牛の引くソリに頼って行くしかない。

「バナナの冷蔵」も考えものだ。「冷蔵する」には電気がいる。電気はバコロド市のような都市部にしかない。だが、「一三・五度から一五度」に調整できる冷蔵設備はどこを捜してもない。あるのは日本向けのエビを冷凍する設備か製氷設備だけである。たかが、バナナである。刈り取りから二四時間以内に冷蔵すること自体「驚天動地」のできごとではないか。また「冷蔵」したままどうやってマニラまで運び、日本まで運ぶのか？ バナナの熟度の問題もある。ネグロスのバナナは生活に溶け込んだ伝統的な地場作物である。農民はほぼ完熟に近い状態で刈り取り、出荷する。しかし、遠く日本に運ぶためには七〇パーセント程度の熟度で刈り取ってもらわなければならない。農民からすれば「そんな未熟なものを日本の人たちにやるのは失礼だ」ということになる。そこをなんとか誤解のないように理解してもらえるものかどうか。いざ、バナナを日本に送るとなるとこれだけの難問が山積みになったのである。

「バナナ大作戦」にむけて

基本的な問題はバナナの「輸送」である。
第一に産地からの積み出し、第二にネグロスからマニラへの輸送、そしてフィリピンから日本への輸送である。さらに輸送にともなう「冷蔵」の問題である。これ以外の問題は、オルター・トレード社のスタッフとバナナ生産者との間で解決されるはずである。農民たちはバナナと共に暮らしている。細かいバナナの生態などを含め、彼らの知恵を借りるしか方法はない。

生協の担当者とネグロスのスタッフと共に、マニラとネグロスの海運会社をたずね歩いた。バナナを輸送できる冷蔵コンテナ船を探すためである。一〇トンのバナナを日本に輸出するには四〇フィートコンテナと呼ばれる冷蔵コンテナが必要である。バナナを運ぶためにはさらにそのコンテナに通風設備がついていなければならない。大きな会社ではすべて予約済みでコンテナを回せないとか、小さな会社にはそんな最新設備はないとか、なかなか船の手配もつきにくい。ネグロスからマニラまでの輸送はどうやら「空輸」によるしか方法はないようだった。フィリピンから日本への国際海運にしても冷蔵コンテナの予約が確定しない。実際にバナナが日本に無事届くかどうかをテストするにも船がなければやりようがない。船の確保ができるまで、他にやるべきことをチェックし、可能性をさぐることになった。

ネグロスのオルター・トレード社の代表スタッフは建築士である。「刈り取りから冷蔵までを二四時間」という作業の進行表は彼が作成することになった。できあがった作業進行予定表は壮観だった。

まず「バナナの刈り取り」には一五人の農民があたる。刈り取ったバナナを「水牛ソリまで運ぶ」人間が三〇人。一〇台の水牛ソリが用意され二人ずつ人間がついて、山路を二時間でトラックの待つ「山のふもとまで運ぶ」。ソリは三往復する。下りてきたバナナを「房に切り分ける」人間が三人。切ったバナナの房を「トラックに積み込む」人間が六人。朝六時から刈り取りを始め、トラックの積み込みが完了するのが夕方の四時。そしてトラックはバコロド市まで四時間で「バナナを運ぶ」。バコロド市のオルター・トレード社の一階がバナナの箱詰め作業場になる。これまで「マスコバド糖」の袋詰めと箱詰めをやってきたスラム住民の互助会が、バナナの箱詰め作業も担当することになった。バコロドに着いたバナナはまず「選別・房分け」され「水洗い」、「乾燥・拭き取り」され「計量」、「箱詰め」される。この全工程に六七人。二交代の徹夜作業になる。延べにすると一八〇人ほどの人間が関わる大作戦である。

農民たちからも必要な情報が寄せられた。バナナが刈り取られてから日本に到着するまで七日から一二日を要する。この日数の間「未成熟」のままであるためには、いつ、どの時点でバナナを収穫すべきか、ということが大問題だった。農民たちの情報は「熟度七〇パーセントというと、バナナの花を摘んでから三ヶ月目ぐらいだ」ということだった。「バナナは植えてから九ヶ月で実が完熟する。花が開いて房ができて、六段ぐらいになったところで花を摘む。そこから四ヶ月で完熟だから、三ヶ月目ぐらいが七割のでき」というわけである。そこでバナナを摘果するのは「三ヶ月と一週間前後」ということに決めることができた。これなら刈り取った後で二週間から三週間の追熟期間があるということになる。

「みんな面白がってるよ。こんなワクワクする話はないって……」。農民たちと話した時の様子をスタッフの一人が報告した。「自分らのバナナが日本まで行くなんて、育ててる本人がこのネグロス島から一歩も外へ出たことがないのに、すごい話だ」「俺たちだけでこんだけのことがやれたら大したもんだ……」。農民たちは興奮していたという。

ネグロス島は前に述べたように、現在でも大土地所有制に基づく封建的な気風の強いところである。地主たちは「アモ」（御主人様）と呼ばれ、労働者や小作人の生殺与奪の権を持っているかのように振る舞う。そうした階級の人びとは、労働者や農民のことを「無知で怠け者で、なんでも地主に頼ればいいと思っている駄目なやつらだ」「地主がいなければお前らには何もできない」と公言してはばからない。こうした風土の中で農民労働者が組合をつくり、力を合わせ自力更生をめざすためには、並大抵ではない努力と創意と工夫が必要となる。まさにこの「バナナ大作戦」は、始まりから終りまで自力でなし遂げなければならない、初めての大事業の機会なのである。誰もが興奮したはずである。それは文字通り「挑戦的」な出来事だった。

ネグロスからマニラへの輸送はやはり「空輸」しかないという結論になった。ネグロス島には冷蔵コンテナを所有する船会社がないのである。島内で、切り取ったバナナを二四時間以内に冷蔵することは不可能である。箱詰めが終ったものをマニラに「空輸」して外国航路の船の冷蔵コンテナに直接積み替えるしか方法はない。そこで「刈り取りから冷蔵まで三六時間」という設定でバナナ作戦を実験してみることになった。飛行機は民間会社のチャーター輸送機を使うことにする。チャーター料はバナナの値段より高くなる。しかし、とりあえず実験ということで試してみることにした。この輸送機には一〇トンを一度に積むことができるのである。開始の時期は、オルター・トレード社が事務所の一階をバナナの箱詰めができるように改装できたら、ということになった。国際航路の冷蔵コンテナもどうやらそれまでに確保できそうであった。

バナナ山に大砲

八八年一一月末、いよいよ第一回の実験が実施されることになった。

バナナは、ネグロス島中部のカンラオンという火山の山麓にある開拓農民の村から摘みだすことになった。村人たちとの打ち合わせもすべて終り、トラックの手配もついた。バナナの箱詰めに従事するバコロド市のスラムのメンバーたちも、何回かのリハーサルをやったという。その日、早朝からバナナの切り出しが始まった。午後四時にはまず三・五トンのバナナが第一便のトラックでバコロド市に到着し、早速箱詰めの作業が始まり、夜八時には無事箱詰めが終った。後は次のトラックの到着を待つばかりである。翌早朝には、マニラから来るチャーター機に積み込みが始められるだろうと考えていた。しかし、その後に来るはずのトラックが一向に到着しない。時間は刻々と過ぎていく。夜一〇時過ぎてやっと報せが来た。悪い知らせだった。その午後バナナ村の付近で突然軍事作戦が始まったという。切り取り作業をしていたバナナ畑にも弾丸が飛び込んでくるようになり、農民たちはバナナを放り出して逃げるしかなかったという。バナナを積んだトラックも軍事作戦の為に検問所に禁足され、すべての積荷を下ろして検査を受けていて、残りのバナナを運んでこれるのは翌日昼ごろになるという報せだった。たとえバナナを空輸しても、国際航路の出港には間に合わない。こうして第一回目の実験はあえなく中止となったのである。

中止の報せを受けて、日本では生活連合グリーンコープの組合員たちに回覧板が回された。軍事作戦によりバナナの積み出しが中止になった経緯が、回覧板を通じて一六万世帯に知らされたのである。組合員たちの「無農薬バナナ」にかける期待は大きかった。全部で九・五トンの注文が来ていた。みんな、この中止の経緯に驚き、残念がった。「フィリピンでは戦争をやっているのか……」「アキノさんになって平和だとばっかり思ってたのに……」。バナナの回覧板は、こうして新聞の外国報道面で読む記事よりももっと生々しく、組合員たちの台所に飛び込んでいったのである。

買い付け担当者が駆け落ち

八九年の一月半ばに行なった第二回目の失敗は、もっと人間的な失敗だった。

今度は前回の失敗に懲りて、バナナの産地を一ヶ所に頼らず四ヶ所に分散した。A地区からの二トンは予定通り到着し、すぐ箱詰めに回された。C地区のバナナ三トンも無事着いた。前回のカンラオン地区からの六トンが到着すればすべてオーケーである。今回は駄目押しにB地区から四トンが届くはずであった。ところがこの二台がなかなか来ないのである。夜には来る、夜中には着く、早朝には大丈夫といって徹夜で待ち続けたのだが来ない。これまでの五トンをとにかく定期国内航空便でマニラに運び、必死で次の到着を待ったが、とうとう時間切れになってしまった。またも失敗である。カンラオンからのトラックは二四時間遅れで到着した。山道で故障し、修理に手間取りこんな結果になったという。相当にガタのきた年代物のトラックである。こんなトラックしか雇えなかった不幸と諦めざるをえない。しかし、B地区からはトラックすら来ないのである。B地区にバナナ手配に送られたのはスタッフ代表の建築士君の近所に住む青年で、彼が弟のように面倒を見ていた青年だった。建築士君は見るも気の毒なほどに責任を感じており、様子を見に飛び出していった。数時間後、彼は青ざめた顔で戻ってきた。みんなは最悪の事態を予想して固《かた》唾《ず》を飲んだ。ネグロスにはいたるところで自警団が銃を持って徘徊している。そんな連中に捕まって殺された例もある。しかし、B地区は比較的静かな地域だ。建築士君は一言吐き出すようにこう言った。「あの野郎、駆け落ちしやがった」。固唾を飲んで見守っていたわれわれは、意外なことの成り行きに安心すると同時に唖然とするばかりだった。

ことの成り行きはこうである。建築士君は青年に、農民に渡すバナナの代金を持たせ、トラックの手配を任せB地区に送り出した。農民にはバナナと引換えに現金を渡さなくてはならない。その日の暮らしに困っている農民は、現金取引でなければ作物を売らない。安くても他に持っていけばいくらかの現金になる。だからバナナはすべてその場の支払いで精算される。当然青年も四トン分のバナナの代金約五〇〇〇ペソを持たされた。これは彼の半年分の収入である。建築士君は、前回青年に一万ペソを預けている。その時はしっかり仕事をしてきたのである。しかも長い付き合いである。信用していた。ところが、青年は今回ばかりは少し血が騒いだのである。B地区に行ってみると、農民たちはバナナを切り取る準備をして待っていたが青年は現れなかったのだという。建築士君は青年の母親のところに行ってみた。母親はオロオロするばかりで青年の行き先を知らない。もしやと思い青年の恋人の家に行ってみると、どうやらその娘さんも昨日から行方知れずだという。こういう場合の結論は一つしかない。半年分の収入に匹敵する現金を手にした青年は、それで一旗上げるつもりになってしまったのである。娘さんも貧しいネグロス島からどこか他のところへ行きたくなったのかもしれない。マニラまでの船賃は二人で三〇〇ペソほどである。マニラのスラムに間借りすれば月八〇〇から一〇〇〇ペソ。五〇〇〇ペソあれば二ヶ月は暮らせる。その間に何か仕事が見つかるだろうというわけだ。こうしてきわめてネグロス島的な事件もあって見事に第二回の輸出も失敗してしまったのである。もちろん最大の原因は自前のトラックを持たないがために、無理のきかない運送屋に輸送を委託しなくてはならなかったことにあったのだ。

　一週間後に再度輸出に挑戦し、三度目の正直で第一回のバナナ輸入の実験はどうやら成功した。八九年二月である。こうして月一回の定期輸入のメドがたち、株式会社オルター・トレード・ジャパンが八九年一〇月二〇日、正式に発足した。株主はグリーンコープ、生活クラブ生協、首都圏コープ事業連合など生協グループと、日本ネグロス・キャンペーン委員会、アジア太平洋資料センターなど市民組織や個人である。まさに市民資本による株式会社であった。その後、有機農産物の産直事業体である、らでぃっしゅぼーやの参加を得て、次第に取り扱い量も増えていく。

すべての仕組みが民衆を排除

しかし、やはり当初は部分的には失敗が目立った。送られてきた九・五トンのうち二トンがすでに相当追熟しており、傷みもひどく、黒くなった小さなバナナばかりが目立ったのである。組合員の反応も正直だった。やっと届いたネグロスのバナナをいとおしんでくださる人が多かったが、三〇パーセントの人は値段の高さと傷みのひどさにガッカリしたという感想を寄せた。値段は一キロ五六〇円。市販のバナナの二・五倍の値段である。

この部分的な失敗はバナナの輸送方法の荒さと、地域によるバナナの品質のバラツキに原因があった。村自体がある程度まとまっていて、農民たちの自主的な参加が可能な地域からのバナナは質がよいのだが、数量を確保するためには仲買人を通して買わなければならない地域もある。というのは、山岳部のバナナ畑のある農民たちの地域は軍によって「ゲリラ活動地帯」と目されており、軍の封鎖や検問、自警団のパトロール、さらには一回目のような軍事作戦の発生なども起こりうる地域である。前回バナナ畑にまで弾丸が飛んできたのは、それまでその地域のバナナを一手に買い取っていた仲買人が、われわれに嫉妬して軍に嫌がらせをさせたのだということが分かったのである。仲買人は大体が地元の地主か資本家である。軍にも顔がきく。そこで、彼らとの無用の摩擦を避けるためには、農民と直接買取の話をし、これまでより三〇から四〇パーセント高い価格で買い取ることを決めた後で、その価格を農民に支払うことを条件に仲買人に一定の手数料を払ってバナナを集荷してもらわなければならないという地域も出てきたのである。こうしたことがバナナの質を悪くする原因の一つになった。さらに、段ボール箱の品質の悪さや運び出しの際の無理な扱いなどがバナナを傷ませる原因となっていた。

これらの問題を解決した上で、第二回目の輸入実験を行なうことになったのである。第二回の輸入に成功するまで、ネグロスの仲間たちといろいろな苦労を重ねることになった。最大の苦労はフィリピン社会における「インフラストラクチャー」の不足である。これは基盤となる道路や通信施設の欠如にもっともよく表れている。「バナナ大作戦」のような実験を実際に体験すると、この点が否応なく理解できる。要するにただの民衆が経済活動に参入できるような「公益性」と「大衆性」を持った「通信・運輸手段」が全く整備されていないのである。

先に書いたようにミンダナオ島の多国籍企業のバナナ・プランテーションは専用のセメント舗装の道路を持ち、港湾設備を備え、専用の海運機能を持っている。そのための公共投資が海外援助資金などによって行なわれているのである。農産物を輸出し、一定の外貨を稼ぐ巨大産業だからである。しかし、一方で一万ヘクタールものバナナ農園には毎日気の遠くなるような量の農薬が散布されている。その総量に支払う外貨も相当に巨大な額にのぼるだろう。バナナの輸出だけが経済行為ではなく、バナナ・プランテーションで使用する農薬の販売も実に巨大な経済行為なのである。農薬会社も、外国資本か多国籍企業の独占である。

フィリピン社会に還元されるものは、非常に低い労働者の賃金と外債返済に充てられる外貨収入の一部だけである。引換えに広大な自然の大地がバナナに覆われ、バナナを覆う農薬で汚染されていく。バナナ産業に関わらない人びとにはなんら還元されない閉鎖的で独善的な経済活動なのである。自国資本の産業である海運業にしても、内国航路は先の大量遭難を出した客船の沈没事故が雄弁に物語るように、安全性をかえりみない、公益性より私企業としての収益だけをめざす無残な状態である。もちろん、ネグロスのサトウキビ産業もその一つである。土地や資本を独占するエリート層は人口の六パーセントにすぎない。しかし、マルコス元大統領が海外に持ち出した巨額のドル資産がフィリピン国の外債総額の五〇パーセントにもあたることに見られるように、エリート層は自らの一族の利益追求と保持に懸命である。こうした構造の中で、フィリピン民衆が自力で経済活動を起こし、立派に実現していくためには共に支え合う仲間が絶対に必要である。信用協同組合や生産者組合、出荷組合のような公益性と大衆性を持った民衆経済活動が発展する必然性はこの点からも明らかなのである。

第二回目の輸入が成功した中で、ネグロスでは大きな収穫があった。それは、新しいバナナ村の出現である。

ネグロス・オルター・トレード社は、旧来の地主・仲買人に支配される地域をさけ、できるだけ農民自身の自発的な組織化がなされているバナナの産地をさがし、提携し、ネットワークをつくり、安定的なバナナ供給をめざしてきた。その中で、東ネグロス州のある村が、とても魅力的なバナナ村として浮上してきたのである。

それは、ドマゲッティ市の近郊の山の中腹に位置する戸数三〇〇世帯の開拓村である。その村は入植してすでに四〇年がたつ古い村である。村人は「焼畑農業」によって高い山の中腹に拡がる斜面を切り開き、トウモロコシやバナナやマニラ麻の原料のアバカを栽培してきた。この村の特徴は、伝統的な「結《ゆい》」制度が未だに残っているところにある。フィリピンの農村では「バヤニハン」とよばれる相互扶助制度、つまり「結」が存在してきた。しかし、ネグロス島はほとんどがサトウキビの農園となり、農業労働者化され、こうした農村共同体としてのシステムは崩壊してきた。伝統的な共同体にかわって七〇年以後「キリスト教基礎共同体」や「労働組合」が民衆の団結と相互扶助システムとして形成されてきてはいる。しかしこのような共同体は、地主や軍によって弾圧されたり攻撃されたりしている。フィリピン社会の現状維持を願う彼らにとって、民衆がこのような共同体として自立し対抗してくることは恐怖なのである。また、社会的な共同体であるこれらの新しい単位には、「生産を共有する文化」がまだ育ちきれていない。もともと生産手段から疎外されている例が多いからでもある。

しかし、この新しいバナナ村は、セブアノ語で「ブルホン」と呼ばれる「結」制度を現実のものとして残している。彼らは毎週「月・水・金」と村の誰かの畑を共同で耕し、残りの日々を自分の畑の仕事に使う。そして女たちがやはり共同の「かつぎ屋グループ」を形成して、換金作物であるバナナを町まで売りに行くという生活を続けてきている。

しかし、町に売りに出た女たちはいつも街頭での販売を取り締まる警官と追い掛けごっこを余儀なくされてきた。彼女たちは、ネグロス・オルター・トレード社がバナナを買い取る話を提案した時、「これで警官に追い掛けられないですむ」と正直に本当に喜んだという。この村には古くから「バランゴン」種のバナナが栽培されてきた。もちろん無農薬の自然栽培である。急な斜面に無造作にたくさんのバナナが植えられている。彼女たちは「日本にブルガンを送る東ネグロスの女たちの会」という共同出荷組合を形成した。ブルガンとはバランゴンのセブアノ語である。東ネグロスではセブアノ語が話されている。この「女たちの会」と日本の生協の女たちの間で「バナナ」を仲立ちとする固い結びつきができたのである。もし、バナナの定期購入が続いていけば、彼女たちの出荷組合には組合利益が積み立てられていくだろう。ネグロス・オルター・トレード社の担当者は、ドマゲッティ市の農業普及員や農業技師を組織し、この組合をベースにこの村の農業開発を自発的に進めていきたいと計画している。急勾配の山の斜面に直接作物を植えている現在の素朴な農業から、斜面を段々畑に改良して農地を平面にし、バナナや牧草を間作とするトウモロコシ農業を定着できたらと考えている。高地であるから家畜飼育などに適している。肉牛の飼育を始めれば新たな現金収入の道も開ける。一〇年計画を村人たちと共同で立案し、日本とのバナナの草の根貿易によって実現できるようにと考えている。

この村はいわばネグロス島全体にとってのパイロット・プロジェクトになろうとしている。フィリピンの女と日本の女が手を結び「いのち、暮らし、自然」を共に守れる協同が育まれるとしたら、地球全体にとっての大きな財産になっていくことだろう。

「無農薬バナナ」の草の根貿易はただの「おいしいもの輸入」ではない。

バナナそのもののおいしさより、未来を自分たちの手で共につくりだす実感と共同の喜びを実感し、私たちみんなを「一つのもの」と感じることのできるおいしさを味わうことが目的なのである。

一人ひとりの手で、一人ひとりの平和と正義と喜びを生み出す活動を、市民たちが自分自身で始めようとしているのである。

アジアを台所に持ち込み、台所からアジアを見る、それが草の根貿易なのである。

（一九八九年『公明』）

＊1　包括的農地改革法（Comprehensive Agrarian Reform Law）
フィリピンではいまに至るも農地改革がなされておらず、農地の圧倒的部分は一にぎりの地主の手にある。農民は常に農地改革を掲げて運動に取り組んできたが、その目的はまだ達成されていない。民主政権の旗印の下に誕生したアキノ政権に人びとは期待したが、政権担当二年後の一九八八年六月一〇日に成立した包括的農地改革法は、議会の多数を占める地主勢力の利害を色濃く反映したものとなった。しかも、その実施は政府のサボタージュで大きく遅れている。

＊2　日本ネグロス・キャンペーン委員会（ＪＣＮＣ）
フィリピン・ネグロス島の飢餓と貧困によって困窮している人びとの自立を支援するＮＧＯ（非営利団体）として一九八六年二月発足。一にぎりの地主がほとんどの農地を所有し、サトウキビ単作農業を営むネグロス島は、一九八〇年代半ばの国際砂糖価格の暴落による砂糖産業の崩壊によって、多くの労働者が失職し生活の基盤を消失、人びとは飢餓に襲われた。その時期ＪＣＮＣは飢餓への緊急救援から始まり、ネグロスの人びとが自分たちで生活をたてる復興プロジェクトや、農業研修の支援へと長期的な視野に立ってネグロスの人びとと一緒に考え働いてきた。さらに八〇年代末には農民の生産物を流通させる新しい仕組み、草の根民衆交易（オルター・トレード）を結実させる。現在は耕す土地を獲得するとともに、経済・環境的に持続循環する農業をつくり上げる活動に取り組んでいる。

＊3　生活協同組合連合グリーンコープ事業連合
九州地方各地で共同購入や農家との産直運動、環境問題や平和問題などの消費者運動に取り組む生

協が集まってできた連合組織。一九八八年三月の創立以来、「人と人」「自然と人」「女と男」「南と北」の四つの共生を運動の原点にすえて取り組んでいる。具体的な課題の一つとして「アジア・第三世界との連帯」をめざし、ネグロスとの関係強化に努める。毎年「ネグロス・クリスマスカンパ活動」に取り組むなど、日本ネグロス・キャンペーン委員会の支援活動を支えている。八九年のバランゴンバナナのテスト輸入の段階から関わり、マスコバド糖の輸入とあわせて民衆交易を確立するとともに共同購入による日常的な支援活動として取り組んでいる。展開エリアは、広島、山口、九州全県（宮崎、沖縄除く）。会員生協組合員数二五万五〇〇〇人（九四年八月現在）。

＊4

サージ・チェルニギン氏（故人）

一九三五年一二月一九日生まれ。父親は、ロシア革命で亡命しフィリピンに移り住んだロシア人で、砂糖農園の管理人だった。農園主の援助でマニラのアラネタ大学農学部を卒業後、故郷に戻り農園で管理人となる。六〇年代の初め、改革的な教会の活動を通して砂糖労働者の生活向上をめざす活動に参加。一九七六年から全国砂糖労働者組合（ＮＦＳＷ）で働き、労働者の組織化・教育活動を行なう。一九八五年書記長就任。八六年にはＪＣＮＣの招きで初めて来日。八八年からＮＦＳＷ副議長を務めた。九四年一〇月、心臓発作により急逝。享年五八。

第8章　八〇〇〇年後に芽生えた種子

バナナの「種子」を見たことのある日本人は少ないだろう。

いま、普通に食べるバナナは、栄養たっぷりの果肉だけが詰まった「種なしバナナ」である。バナナを輪切りにすると中心に三個の茶色の点からなる星形がある。あれがバナナの種子の名残である。

種なしのバナナを作るというのは、何万本というバナナの中から、花粉がつかなくても雌しべの子房が発達して果実ができる株を発見し、それを大事に守り、引き継ぎ、育てあげたということだ。「栽培」の始まりである。それは、紀元前五〇〇〇年頃にすでに始まっていたという。バナナはもっとも古い農耕作物の一つなのである。

ところで、ネグロス島の山の中には黒い種子がびっしり詰まった、長さ一〇センチ程度の小さな砲弾形のバナナが現存している。

ネグロスバナナの出荷のために山を訪れた私は、「猿しか食わない」とみんなにからかわれながら、この原生種のバナナを食べさせてもらったことがある。

噛むと口いっぱいにバナナの香りと味がひろがる。同時に、口いっぱいの黒い大粒の種も残る。まるで種を食べているようなものである。「種なしバナナ」がいかに素晴らしい果物であるかが実感できる。

バナナの原産地はマライ半島を中心とする東南アジアだと考えられている。そこから世界に拡がったのだ。実に種なしバナナを幾世代にもわたって作りあげた古代東南アジア人の営みの素晴らしさを思わないではいられない。学名を「ムサ・アクミナータ」というこのネグロスの砲弾形「種入りバナナ」はその一つの歴史的証左なのである。

自立のための民衆貿易

バナナ原産地であるフィリピンでは、バナナはもっとも手と金のかからない作物である。誰か知人から苗をもらってきて土に植えるだけでよい。九ヶ月後には実がなり、その時には新しい脇芽が二本芽生えている。後はネズミ算式に増え続ける。うっかりすると山全体がバナナに覆われてしまう場合もある。

オルター・トレード・ジャパン（ATJ）が、草の根産直としてネグロス島の民衆から輸入しているバナナ（バランゴン種）は、貧しい開拓農民やサトウキビ労働者たちが、地主の目の届かない土地や、自分たちが焼き畑農業で切り開いてきた山の斜面等に植えているバナナである。

いま、ＡＴＪと九州の生協連合グリーンコープを中心とする「バナナの草の根貿易」の実践では、これまでの仲買人の買値の三倍から五倍の値を生産者に支払っている。

この価格は、実際のネグロス島のバナナの小売価格から運賃と現地の民衆貿易団体の最小の利益とを差し引いた価格である。いわば流通合理化による産直価格を生産者に還元したものである。

積み出しはフィエスタ

毎月、バナナの日本への出荷の日になるとバナナ産地全体が燃え上がるように活気にあふれる。生産者は、二時間の山道を天秤棒にかついだり、水牛の引くソリに載せたりして自慢のバナナを集荷場所に運びだす。集荷場所ではＢＣＣ（キリスト教基礎共同体）の地域の役員が品質チェックをし、合格したものの本数を数え、その場で現金を渡す。

オルター・トレード社のトラックが時間に合わせて集荷に来る。バナナは教会の庭に作られた「パッキング工場」と呼ばれる竹で作られたささやかな作業場に持ち込まれる。各地域からＢＣＣの母親グループが組織した作業班が五〇人ずつ、八時間交代制で、バナナの選別、水洗い、箱詰めを行なう。母親たちには時間給が支払われる。箱詰めされたバナナはバコロド市に運ばれ飛行機に積まれて、マニラで冷蔵され、輸出される。

ＢＣＣという、教会を中心とする民衆団体がこのバナナの産直に直接携わるようになって地域全体に大きな活気がみなぎるようになった。この地域だけでもＢＣＣのメンバーは一万五〇〇〇人はいる。この人びとにとってバナナの輸出は、彼らが初めて経験する彼ら自身の経済的事業活動なのである。彼らにとって自主運営の経験はフィエスタ（祭）しかない。そうした意味では、バナナ輸出は毎月フィエスタがあるような、うれしい興奮する作業なのだ。

遠い山の上から八歳と一〇歳の少年たちが父親の後について、細い肩に四〇キロ近いバナナを天秤棒に振り分けて運んでくる。四〇分の道のりである。急な斜面をこの重い荷物を担って走り下りる。やっと荷を下ろした少年たちはフーフー荒い息を吐き、こめかみに汗を浮かべ、上気した顔でしばし呆然と立ちつくす。彼らの貧弱な体格のどこにこれだけの力があるのか。ただ、彼らの足裏だけは幅広で剛直な裸足なのである。小型の砲弾形種入りバナナ「ムサ・アクミナータ」を思わせるではないか。

この人びとにとってバナナは元手いらずの換金作物であり、一年を通して着実な収穫の上がる作物である。もし、彼らが日本への輸出作業の経験を通して、仲買人や旧来の地元流通資本の支配を断ち切る自主流通事業を確立できれば、この少年たちも、小学校を卒業できるようになるかもしれない。母親たちは年に一度は新品のシャツを買ってやれるようになるかもしれない。

八〇〇〇年の時間を経て、新しいバナナの種子がもたらされたと考えたい。民衆の事業はまだ始まったばかりである。しかし、種有りバナナを種なしバナナに育てあげた古代人の悠久の時間を思えば、われわれにやってできないことはないだろう。

そう、バナナの種子が見たければネグロス島に来ればよい。

（一九九〇年『世界から』）

第9章

バナナの民衆交易を生んだ本

名著『バナナと日本人』（鶴見良行著・岩波新書）の初版は、一九八二年八月に発刊されている。以来、二四年の月日が流れたことになる。

実は、株式会社オルター・トレード・ジャパン（ATJ）の母胎であるNGO、日本ネグロス・キャンペーン委員会（JCNC）が、典型的なサトウキビ・プランテーションの島フィリピン・ネグロス島で、サトウキビ産業の崩壊の中で苦しむ零細農業労働者たちとその子どもたちの自立を支援するために発足したのが八六年二月である。そこからでもすでに二〇年が経過している。そして、そのJCNCが、九州のグリーンコープ生協と共同で開始したのが、「ネグロスの地場バナナの輸入」である。その最初の地場バナナ「バランゴン」が初めて神戸港に入荷したのが八九年二月。それが日本で最初の市民バナナの輸入だった。威張るわけではないが、このバナナは、世界で初めて国際流通に供された、零細農民が地場栽培するフィリピン原産の山バナナなのである。しかも、日本の市民が手がけた「産直バナナ」でもある。そして、『バナナと日本人』という本がなければ、この市民バナナの誕生はありえなかっただろう。

身近な暮らし、モノの向こうに世界を見出す視座の確立

いま、日本人が消費している食料を確保するためには、日本の耕地面積の四倍の土地を必要とするらしい。つまり、われわれのコンビニライフは、国外の農地を買い占めることで成立している。本書の中では、バナナビジネスを独占する、ドール、チキータ、デルモンテの三社が、どのようにバナナ・プランテーション用の栽培農地を手に入れていくかが、克明な調査の下に詳述されている。本書は、日本人が毎日生きていくためにどれほど海外の人びとの暮らしや自然やいのちを代償としているかということを、初めて具体的に明らかにした著作である。経済学的な擬似モデルや政治思想的な観念として世界を理解するのではなく、自分の毎日の暮らしの中にあるきわめて身近なものに「世界」が凝縮されていることを、現場をたずね、人びとと交わり、調査をすることで発見する。そのような手法、というか、世界を理解する技術というものを私たちに徹底して教えてくれた、最初の著作が『バナナと日本人』である。

当時は東西冷戦の構図の中で、善玉と悪玉を決定し、政治的思想の構図に基づいて現実

を規定し、敵か味方かという二元論だけで簡単に世界を理解すればよいとする風潮が顕著だった。そのような日本の社会運動や政治運動、フィリピンの左翼主導の、マルコス独裁への抵抗運動に対しても、著者の鶴見さんは「忘れられている人たちや、取り残されている人たち」の視点に立って世界を見直していく必要がある、ということを常に訴えていた、その集大成が本書なのであった。

たとえば本書では、「プランテーション農業」というものを、歴史的に検証しながら、その残酷な内実が植民地支配という負の遺産から出発していることを実証し、そのような農業様式が、自然と人間とその地域の文化というものを、根こそぎに破壊していく実態を克明に記録している。消費者である日本人にとっては「たかが、バナナ」であるが、生産地のフィリピン人、しかも、そのもっとも底辺に追いやられてしまった少数民族の人たちにとっては、いのちと自然と暮らしを脅かす「怪力魔神」なのである。バナナ・プランテーションで働く労働者にとっても、また、小規模農園を経営する農民にとっても、バナナ産業を牛耳る米国籍アグリビジネスの「分断し、統治する」という徹底した経済支配は、彼らの人間としての尊厳を奪い、ただの産業構造の一部品に過ぎないものにしてしまうシステムであることが、実証的に論述される。

プランテーションとは、ただか、ただ同然に安く広い土地を手に入れ、単一の輸出用商品作物を、低賃金の労働力を導入して、その土地の生態系を資本主義的効率性の見地から徹底的に利用する、収奪と搾取に基づく経済原理である。一六世紀のオランダ東インド会社によるジャワ島支配、一七、一八世紀のイギリスによるインド支配、南東アジア支配、一九世紀末の米国のユナイテッド・フルーツ社による中米バナナ農園、綿花農園の支配と続く「世界資本主義経済」の原型であり、現在のグローバリズム経済の基本的構造でもある。日本の台湾支配や朝鮮支配も当然忘れてはならない。

生産／消費における「自由」とは

『バナナと日本人』は、モヤモヤとしか理解できない現在の「グローバル経済システム」を、具体的な仕組みとして理解する上で、もっとも明瞭な実例を提供してくれている。鶴見さんのことばを借りれば、それは、「生産の自由と選択が奪われ、消費の自由が強制された経済の仕組み」（二六四頁）なのである。

さて、消費大国日本に生きる私たちには、どれほどに消費の自由があるのだろうか？普通の日本人が消費しているバナナは、九〇パーセント以上がドール、チキータ、デルモンテによって、フィリピン・ミンダナオ島で生産される「キャベンデシュ」という品種のものである。どのブランドを選ぼうがまるで同じなのだ。この頃は、さらにうまいキャベンデシュバナナをめざして、標高八〇〇メートル以上で栽培されるハイランドバナナなるものを差別化商品として売り出し始めている。その結果、ミンダナオのダバオ市では水道の水源地域に、プランテーションが使用する農薬が浸透し始め、市民の健康が脅かされる事態になっている。また、山岳地域の自然林が根こそぎにされ始め、バナナ・プランテーションが山腹を覆い始めている。これも、日本人がおいしいバナナを求め始めたからだという。低地のバナナは安売り用、あるいは中国市場に出荷され、高地育ちの甘いバナナが日本市場に集中する。そんな実態があるのだ。

実は、日本の食は量的には膨大だが、その食を生産する企業は寡占化が進んでいる。ブランド名は違うが実際には同じ親会社が、いくつもの子会社を支配し、食のジャンルのすべてを独占し始めている。巨大多国籍企業に支配、独占される私たちの食料供給と農業生産という構図ができあがりつつある。その最初の兆候を、二〇年前に明確に捉え、明らかにしたのが本書なのである。

私たちが市民バナナとして地場栽培のバランゴン(ブングラン)種を一七年前から、プランテーションではなく、零細な開拓農民たちと協働して輸入しているのは、いのち、自然、暮らしを守るためには、北と南の市民同士が連帯協働しなければならないのだと、本書から学んだからである。

生産する自由、消費する自由を本当に実現したいのなら、まず、本書を読んでみてはどうだろうか。心からそう思う。

（二〇〇六年『月刊オルタ』）

第10章

バナナ病害から学ぶべきこと

——ネグロス島バナナプロジェクトの中間総括

はじめに

われわれがネグロス島バランゴンバナナの民衆交易を本格的に始めたのは一九八九年後半からである。ラ・グランハ地域は、八九年一一月のテスト出荷以来、このバナナプロジェクトの中心的な産地として重要な役割を果たしてきた。ラ・グランハの特筆すべき点は、バランゴンの収穫から出荷までを生産者民衆が直接実行した初めての産地という点にある。九〇年の一月から一〇月まで、ラ・グランハはまさにバランゴンブームに沸いた。毎月二〇トンのバランゴンの出荷がほぼ一年間続いたのである。

九〇年一一月の台風ルピンによってバナナが全滅するという不運がこの地域を襲った。

この時もラ・グランハは新たな注目の的となった。台風被害からの復興に対して「自立開発五ヶ年計画」が立案され、緊急支援、リハビリテーション、そして社会経済生活の再建という統合的な地域開発計画が実行される地域となったからである。日本の消費者も、大きな支援と連帯を常にこの地域に対して送り続けてきている。

九二年からは、回復したバランゴンの出荷が再開された。台風被害の後に作付け面積が拡がったこともあり、ラ・グランハは毎月四〇～六〇トンのバランゴンを出荷する大産地となった。さらに九二年七月には、バランゴン生産者協会（ＢＧＡ）が設立され、民衆自身の手で生産、出荷、そして地域開発を進める基盤も整ったのである。九二年から九三年の二年間は毎月順調なバランゴンの出荷が続き、各生産者の家計収入も一挙に三～四倍となった。「一日三回の十分な食事がしたい」という五ヶ年計画の目標の一つは早くも実現したのである。設立当初は二七三世帯だったＢＧＡ会員も現在では六五一世帯（九五年一月）に増えている。

しかし、この経済的な発展は、九三年三月に初めて報告されたバナナの病害と虫害の発生という異常事態によってもろくも中断することとなった。九三年中はそれでもバランゴンは毎月出荷されていた。しかし、病気の蔓延《まんえん》に対して有効な対策が行なわれないままの出荷だった。その結果、九四年三月に劇的な出荷量の減少が起きた。また、植物学の専門家による警告を受け、初めて事態の深刻さが認識されることとなった。

われわれは、九三年四月の現地視察以来、バナナ病害の発生に非常なショックを受け、消費者としての責任から、病害対策を独自に立案し、数度にわたり農業専門家の派遣や、その指導による病害対策方法の実験などを繰り返し行なってきた。しかし、これらの試みは日本側の孤立した試みの連続でしかなく、ネグロス側と連携連帯した根本的な対策とはなりえていなかった。われわれも事態の重大さを本当に認識してはいなかったのである。

病害対策の拙劣さと遅延の結果、九四年三月には「病気の被害がラ・グランハ全地域に拡がっており、特に被害のひどい地域ではバナナはほぼ全滅」という結果報告を受けることになってしまった。われわれは大きな誤りを犯したといえる。

病気はなぜ発生したのか

バランゴン産地は、カンラオン火山の西側山麓に位置し、カンラオン火山国立公園の一部を占めている。この西側山麓の約一五〇〇ヘクタールほどの地域に一二の村落が点在し、焼き畑農業を営んできた。かつて、この地域にはうっそうとした熱帯雨林があったと思われるが、一九四五年から五五年の間に米国系の木材会社による伐採が進み、標高六〇〇メートルまでの地域ではほとんど伐採後の二次林か草原となってしまった。また標高四〇〇メートル以下の地域は、サトウキビ輸出の最盛期（六〇年～七〇年）にサトウキビ・プランテーションとなり、その後は放棄されたという荒れ地が多い。村人はこれらの草原地域に住みつき、焼き畑農業を進めてきた。

略奪農業の歴史

村人たちは生きるために、カンラオン火山が数千年にわたって蓄積してきた肥沃な土壌に依存して芋、生姜、トウモロコシ、コーヒー、バナナを栽培し、さらに木材の切り出しと炭焼などを生業にしてきた。

彼らが行なってきた農業は、ネグロス島に一〇〇年前から持ち込まれたサトウキビ農園の略奪農法をモデルにしたきわめて単純な「焼き畑農業」であった。斜面に繁茂するコゴンというかたい草を焼き、その後に開かれたむきだしの土壌に作物のタネをまき、収穫を待つ。雨期の強い雨により、表土は流され、収穫後の作物は立ち枯れたまま焼かれる。強烈な陽光をさえぎる樹木は全くないまま、土壌の有機質は太陽に分解されつくし、かたい粘土のような表土になる。この繰り返しは、カンラオン山の肥沃土の蓄積をまたたくまに消費しつくしたと思われる。

バナナは、かつてトウモロコシや芋類を植えていたが強烈な雨によって表土が流失しそれらが作れなくなった斜面に、しかたなく植えられてきた作物だった。あるいは、当時主要な換金作物だったコーヒーの木を保護する日陰として植えられた二次的な作物だった。それでも、フィリピン原産のバナナは、痩せた土壌の上で、豊富な雨量と陽光にささえられてしっかりと繁茂してきたのである。

ところで、われわれがバランゴンバナナの輸入を始めたことが、台風ルピン以後のバナナ産地に、全体的なバランゴン作付け面積の拡大と生産量の増大を急速に促すことになったのである。かつて、地域全体で三〇万本ほどだったバランゴンの栽培本数は、輸出が増加するにつれ、約六〇万本まで倍増したものと推定される。

自然の循環はこれを許容できなかったのである。

バランゴンの輸出は有機質とミネラルの輸出

農業は自然を相手とする営みではあるが、自然そのものではない。

自然は多様性そのものである。自然は、単一の種が同じところに密生する状態を生み出すことはない。しかるに、農業は一ヶ所に特定の種を計画的に多量に生産する行為である。そしてその収穫物を消費あるいは販売して人間の利益とするものである。この営みは、かならず土壌に蓄積された腐葉土や虫の死骸、バクテリアなどの有機質とあらゆるミネラル類を収奪し、消費することをともなう。農業は、かならず土壌の弱体化と欠乏を生むのである。

栄養分析表によると、一番顕著なバナナの成分として「カリウム」が一〇〇グラムあたり三九〇ミリグラム含有されている。重量あたり〇・三九パーセントが「カリウム」ということになる。われわれは最盛期に、月量六〇トンをラ・グランハ地区から輸入していた。これは「カリウム」を毎月二三四キロ輸入していたということになる。有機質についていえば、ほぼバナナの重量と同じ六〇トンを輸入してきた。

この間バナナ産地では、この流出分に見合う有機質の補充は全くなされなかった。

ラ・グランハ地区の村人は、バナナにかぎらずあらゆる農作物に対して「植えて、育って、収穫する」だけの農業を親代々続けている。村人の主食は米である。バナナやトウモロコシを売って米を「買う」ことが、彼らの自給であった。

地球上の生命存在の自然な共生と循環は、最初の環としての土壌、第二の環としての植物、第三の環としての動物や人間があり、これらが、水によって宇宙的な浄化循環システムにつながり、その永続性が保証されている。

しかし、第一の環である土壌が弱体化し欠乏していくことで、植物に重大な影響が起こる。ひいては、そこに暮らす人間や動物にも影響が及ぶことになる。

バランゴンバナナの病虫害は、収奪型の農業による土壌破壊によって必然的に引き起こされた人災だったのである。

病気から何を学ぶのか

正直に言おう。私たちはバナナプロジェクトを「収入向上プロジェクト」として位置づけてしまっていた。

私たちは「ネグロス農民の自立」を大きな目標としてバナナ輸入プロジェクトを実行してきた。自立基金はまさにそのことをめざしてバナナの価格に付与された日本の消費者の善意であった。しかし、私たちは「自立」ということを、たった一つ「経済的な自立」に限定して考えてしまっていたのではないか。それは、五ヶ年計画の達成目標にも明らかである。

①一日三食のまともな食事ができる。
②一年に三着のまともな衣類を手に入れる。
③子どもたちを高校まで行かせたい。
④病気になったら、医者にかかれるようにする。
⑤しっかりした丈夫な家を建てたい。

これらの目標は現金収入が向上すれば、なんとか達成できる目標である。事実、九二年から九三年にかけて、村人は①②③をほぼ達成することができた。

だが、今回のバナナの病害事件から私たちがこれまでめざしていた「自立」は、本当の意味での自立ではなかったことが明らかになったようだ。

三つの自立

中村尚司氏（注）によれば、地域の自立には三つのレベルがあるという。

第一に、自給自足としての自立である。

第二に、資源や生産物の配分に関する自己決定権としての自立である。

第三に、経済過程のみを重視する現行の社会システムからの自立である。

生活の本拠としての地域の自立をはかるためには、地域の生命系の自立と循環が不可欠である。自給自足というのは、経済的な自給能力のみではなく、地域の生命系の維持と再生産のシステムを確立することでなければならないようだ。

つまり、農業を産業として理解するだけではなく、地域の生命系の循環を維持する再生産システムとして考える力が必要なのである。

「使ったり、奪ったりしたものはかならず返す」。この当たり前の原則を実現するために私たちは二〇円の自立基金を付与してきたのである。自立基金は、収奪した有機質をラ・グランハの土壌に返還するために利用される必要がある。

さらに、農民は自らが生産する米を食べられるようにすべきである。米を購入するだけでは農業生産の循環が成立しない。米を買うための現金収入を主体に農業を考えてしまうからである。

しかし、このような原則や方針を実行するためには、第二の自立である地域の自己決定権が重要になる。多様な欲求を持つ個別農家を、地域の循環に統合的に組み入れていく組織性と活動原則があれば、収奪による土壌の弱体化を、悠久の自然の循環に代わって短期間に補正し正常な状態を維持することが可能となる。土壌に堆肥を戻していく人間の集団的な努力が保証されるからだ。

そして、第三の自立として規定されているのは、まさに私たちが目標とするオルタナティブ社会の確立ということになる。バナナ輸入は、産消提携による再生産価格の保証という意味で、現行の経済過程に影響を受けにくい価格保証システムを提供している。しかし、これは全体的なオルタナティブの一部をなす機能であるにすぎない。私たちは生命系の循環を中心に、経済に全く新しい意味を与え、人間の暮らしが豊かな包括的な意味を持つオルタ社会の実現を究極的にめざすものである。

このように見てくると、私たちの不幸な経験としてのバナナの病虫害の発生によって、以下のことが明らかになってきたといえよう。

①これまでのバナナプロジェクトは経済的視点に偏っていた。
②自立についての定義が明確でなかった。
③プロジェクトのめざす成果は、生産者や消費者の地域においてこそ真に評価され、享受されることが必要だと痛感した。
④この三年間でラ・グランハ地域にバランゴン生産者協会（ＢＧＡ）という生産者／農民の協同組合が成立し、成長してきたことは、このプロジェクトの最大の成果である。

私たちの不十分さが、バナナの病虫害という人災を招いてしまったが、この災害を是正し、新たな地域自立を推進する主体として、現在のＢＧＡは見事に成長してきている。いま、ＢＧＡは農民組合として自立しようとしている。

これからの課題

これからの課題は、私たちATJ（オルター・トレード・ジャパン）、JCNC（日本ネグロス・キャンペーン委員会）や現地ネグロスのNGO諸団体が、地域自立の第一の主体として浮上してきたBGAの諸君を、本当の意味で支えていかなければならないということである。

私たちの側に、BGAを第一の主体と認識し、それを支えきる自信と能力を身につけることが必要である。私たちには、第二、第三の主体として、BGAが必要とする技術や農業経営上の情報や知識を、彼らが必要とする時に、必要なだけ、鮮度の高い、具体的な情報として提供できる能力が求められている。

また、BGAの活動を受け止め、それを他の地域や社会全体の中に媒介し、伝達し、循環させることも要求されている。その活動の一環としてオルター・トレードが機能するだろう。

私たちは、このように現在のバナナ病虫害を総括し、私たちがさらに成長し、BGAの村づくり、地域の自立の確立が本当に成功するように支援し続けたいと願うものです。

（一九九四年『ATJ NEWS』）

中村尚司（なかむらひさし）
一九六一―八四年アジア経済研究所勤務。現在、龍谷大学経済学部教授。京都大学東南アジア研究センター客員教授。専攻は南アジア研究、エントロピー論、地域経済論。著書『豊かなアジア、貧しい日本』（学陽書房、一九八九年）、『地域自立の経済学』（日本評論社、一九九三年）、『人びとのアジア』（岩波書店、一九九四年）ほか。

第11章

大地と光とバナナと豚と

――「カネシゲ・ファーム」のこと

九三年の四月にＢＭ技術協会の秋田忠彦理事長と事務局員の二人所帯が、突然ＡＴＪ（オルター・トレード・ジャパン）の事務所の片隅に間借りすることになった。

仕掛け人はもちろん兼重（正次）さんである。「もちろん」と言ったのは、ＢＭＷ技術というものが何物であるのか、協会とは何であるのか、当時私たちは全く知らなかったし、あまり知ろうとも思っていなかったからである。

兼重さんは、「そのうちＡＴＪにとって必要になるのさ……」と言ったきりだった。「東京に出てくるのはＢＭとＡＴＪの用事だけだから、二つが同じところにいてくれると便利だしね」と冗談とも本気ともつかないようなことを理由に、ＢＭ技術協会の引っ越しは完了したのである。

それから一年半、ＡＴＪとＢＭ技術協会は大家と間借り人という関係を基盤に、なんとなく親しい付き合いをするようになっていった。

九三年の六月に、兼重さんと私はネグロス島のバナナ産地の民家を泊り歩いた。バナナ病害の状況を詳しく視察するためである。当時、バナナ産地の一部にウィルス性の萎縮病とクキゾウムシによる虫害が発生し始めていた。視察後の総括会議で、兼重さんから歴史的な名言が発せられた。「クキゾウムシも悲しいのですよ。山が裸になり、草も木もなく、バナナしか頼るところがないのだからね。虫のせいじゃない、人間のせいなんです」。

これ以後「クキゾウムシも悲しい」という語句は、私たちやネグロスの人たちの合い言葉となり「自然の循環」というものを基礎とした農業の概念の大切さと、循環を実現するための開発発展の方向というものが真剣に学習検討されるようになった。この中から、ネグロスの真の農業自立をめざして「民衆農業創造計画21」（PAP21）が日本ネグロス・キャンペーン委員会とRUA（むらとまちのオルタ計画）とネグロスの民衆団体との間で検討されるようになっていった。兼重さんは、その委員会の一人として重要な役を果たしてくださったのである。

九四年の四月、兼重さんと私は再びバナナ産地のバランゴン生産者協会（BGA）の農家を泊り歩き、村の人びとと膝詰めで話し合った。

この時、バナナの病害はさらに広範囲に拡がり四つの村ではすでにバナナは全滅していた。兼重さんは、村の人たちに実に具体的な質問を次々と問いかけ、彼らの暮らしのたて方や農業や自然観というものをつぶさに取材した。

この時の視察を元に、兼重さんは養豚事業を基礎とするバナナ村の農業の立て直しを考え始めたのである。

その後、グリーンコープ連合の宮崎利明農産部長と白州郷牧場の椎名盛男さんにバナナ産地を訪問してもらい、今後のバナナ産地のあり方や、農業のあり方について厳しい意見と方策を提示してもらった。これも、兼重さんの尽力である。この時、兼重さんは「いよいよ、ＡＴＪ自身が農業をやることになったな……」と、そのことがさもうれしそうに、私に語りかけたのである。

やがて、間借り人であったＢＭ技術協会の秋田理事長にも、バナナ村における養豚事業の可能性を検討してもらうためにネグロスへ行っていただくことになった。秋田さんとＢＭＷ技術はこの時、ただの間借り人から、ＡＴＪとネグロスにとって大事な協働者となったのである。

こうして、いつの間にか、私たちはＢＭＷ技術が「自然の循環」を実現するためのとても大事な技術であることを、兼重さんから学ばされることになったのである。まさに兼重さんが予言したように、ＢＭＷ技術は「ＡＴＪにとって必要」な技術となったのである。

こんな流れのなかで、バナナ産地の連作障害を克服するための具体的な方法として、「BMWネグロス養豚・堆肥センターの建設」という計画が、ATJの長期的な課題の一つとして役員会で討議され、実行されることになった。バナナの消費者の代わりに、ネグロスで豚を飼い、その糞尿をBMW技術で処理してバナナ山に返していこうという計画である。これによって、国境を越えた生産者と消費者の自然循環が成立する。

私たちは、九五年の二月からバナナ産地のそばに適切な土地を探し始めた。そして五月、バナナ産地の近くのハギミット地区に五ヘクタールの土地が手に入った。六月からは、ATJから宇野が現地駐在員となり、農場の建設のために現地法人をつくり、BGAの人びとと協力して活動を開始し始めたのである。

計画は、五ヘクタールの農場に最初三〇〇頭の豚を飼育し、最終的には九〇〇〜一〇〇〇頭の豚を飼おうというものである。その糞尿をBMW処理して、生物活性水や液肥としてBGA組合員の農業とバナナ生産に利用していくものである。

予算は二二〇〇万円。基本的には、最初の三年間で、飼育した豚をネグロスの市場に販売してこの資金を回収する仕組みである。資金の回収が終われば、施設全体をBGAに適切な価格で売却し、BGA自身で維持、運営してもらう予定である。この農場からの収益は、BGAが農業協同組合として活動していくための重要な資金となるはずである。また、ここではＢＭＷ技術が熱帯地域の有機農業確立に有効性を持つかどうか、貧しい農民たちにとって有効な技術となるかどうかが、同時にテストされ研究されていく。もし、ＢＭＷ技術の優位性が確認できれば第三世界のすべての貧しい小農民たちにとって、本当に大きな宝になるだろう。民衆の手による初めての「緑の革命」が実現するかもしれないのである。

私たちは、いま、この農場を「ＢＭＷコンポストセンター」と呼んでいる。しかし、これまで述べたように、この農場ができることになった背景には兼重さんの大きな力が働いている。そして、アジアの小農民たちが、楽々と自分自身のために有機農業を実現できるようになることが、兼重さんの語られなかった夢であることを、私たちは強く意識している。そこで、現在建設中のこの農場が、初期の計画通りの姿で活動を開始するようになる来年一月頃には、兼重さんを偲んで、この農場に「カネシゲ・ファーム」という名前をつけたいと考えている。ネグロスの人びとも大賛成だという。きっと、たくさんの人びとが集まってくれるだろう。

みんなで兼重さんの夢を大きく育てていきたいと願っている（兼重正次さんは、一九九五年八月三〇日、四七歳の若さで急逝。惜別合掌）。

（一九九五年　『あゆみ　兼重正次活動の軌跡』）

第12章 兼重正次さんのことば

「ことから、ものへ」ということばを初めて兼重さんの口から聞いたのは、ネグロスから帰国する飛行機の中だった。一九八八年の六月のことである。

八八年の三月にグリーンコープ連合が設立されたばかりだった。兼重さんはネグロスと新生グリーンコープ連合との関係を明確に位置づけるために、当時まだＪＣＮＣ（日本ネグロス・キャンペーン委員会）の事務局長だった私と二人で、二度目のネグロス訪問を行なったのである。共生社連合と福岡地区連が連帯合併して生まれたグリーンコープ連合は、その設立総会のスローガンの一つに、堂々と「ネグロスとの連帯」をうたっていた。兼重さんは新生グリーンコープの副会長として、この「ネグロスとの連帯」を実質化する方法を探っておられたのだと思う。ネグロスでは、当時、唯一の草の根交易品であったマスコバド糖の品質向上のための方策を提起し、同時に、グリーンコープからの新たな提起として

「民衆バナナ」の輸出の可能性について、現地のスタッフと突っ込んだ討議をしたのである。

兼重さんはネグロス島で穫れる七種類のバナナを目の前に山と積んで、しばらく、黙々とそれらを食べ続けた。そして、「ウン、これだね！」と最後に確かめるようにもう一口食べると「バランゴン種」のバナナを選び出した。「このバナナだけ適度の酸味があるね。他は、甘さだけだ。日本人の味覚は、酸味が決め手なんだよ」と、きわめて確信に満ちて決定を下したのである。その後で、彼はネグロスのスタッフたちに「ご苦労ですけど、このバナナを日本の消費者のために輸出することはできませんか？　日本の消費者にとって、無農薬の民衆バナナというものは大変に素晴らしいものなのです。子どもを持つ母親にとってこれほど安心な食べ物はないでしょう。とても役に立つのです。連帯が本当に成立するためには、連帯することが双方の当事者にとって実際に役に立つことが必要だと思います。私たちはネグロスを支援します。ネグロスも私たちを支援してください」と、頭を下げた。彼のことばを通訳しながら、私はなぜ彼がこんなにもあらたまったように真剣な物言いをするのか、実はよく分かっていなかった。帰国の飛行機の中で、私はその疑問を口にした。

「ことから、ものへ、ということなんだよ」と、兼重さんはややはにかんだような口調で話し始めた。「僕はものを作る人間なんだ。透徹した思想や観念というものは厳然としてあると思う。でも、それはあるだけだ。信じることはできるし、繰り返し語ることも、信条として叫ぶこともできる。しかし、それでは動かない。僕らのような有象無象《うぞうむぞう》の人間は、それだけでは動けない。思想や観念の指し示す〝こと〟があるとしたらそれを〝もの〟に転化してみようとすることで、次にやるべきことや、誰と何をするべきか、どう動くべきかが初めて分かるようになる。誰もが自分なりの参加ができることを保証する。それが〝もの〟を作ることの根底にあることなんだ」

「バナナはおそろしく難しい商品だよ。ネグロスと連帯するという〝こと〟を、〝もの〟へ転化するには、ちょうど相応しい難しさかもしらんね……」と、ちょいと挑発的なまなざしで私のほうを見たのである。

「輸入の仕組みをしっかりつくらにゃいかん」という話がこの直後に続いた。

株式会社オルター・トレード・ジャパン（ＡＴＪ）は、この時、すでに彼の構想の中にあったのである。八八年の一〇月にはグリーンコープの天野保章さんがネグロスを訪れ、私やネグロスのスタッフとともにバランゴンを輸出するための地道な基礎づくりをしてくれた。その後、八八年一二月にＡＴＪ設立準備会をたちあげ、八九年四月の第一回目の輸入、同九月の定期輸入の開始、一〇月のＡＴＪ正式発足まで、私たちは兼重さんの「ことから、ものへ」向かう情熱と揺るぎない原則とに支えられ、指導されて、ついにバランゴンバナナの輸入を定期化することができるようになった。ATJの活動は、兼重さんの「ことから、ものへ」ということばに始まったといえる。だが、兼重さんの素晴らしさは、このことばの中だけにあるのではなく、「もの」を作るときの彼の原則にこそあったと思う。

「誰もが分け隔てなく参加できる」「独占や私物化は許さない」「ものを作るには十分な時間が必要だ」

兼重さんは、これらのことを生のことばとして口にすることはなかった。彼自身の生き方として、日常の態度として、揺るぎなく十全に表現し続けていた。

兼重さんをこんなにも突然に失ってしまった現在、私たちは「ことから、ものへ」という彼の信条をしっかりと受け継ぎ、いまだ途上にある「南北が連帯すること」を確実に「もの」に転化し続けていかねばならないと思う。

（一九九五年『ATJ NEWS』）

〈座談会〉
なぜ中・高生ネグロス体験ツアーなのか

兼重正次（グリーンコープ事業連合専務理事）
堀田正彦（株式会社オルター・トレード・ジャパン代表取締役）
大橋成子（株式会社オルター・トレード・ジャパン）
※フィリピン・ネグロス島バコロド市にて開催

ネグロスとの出会い

兼重　今日は本を発行するにあたって、みなさんにネグロス体験ツアーについて話をお聞きしたいと思います。まず、グリーンコープ、ATJ（オルター・トレード・ジャパン）、JCNC（日本ネグロス・キャンペーン委員会）とネグロスとの出会いのところから、堀田さんに語ってもらいましょうか。

堀田　生協との初めての出会いは一九八六年一〇月でした。ばななぼうとという企画がありまして、これにネグロスからアラン・シーさんという当時CDRC（市民災害復興センター）という団体の事務局長だった人と私が参加しました。これは有機農作物や安全な食品を扱う消費者団体や生産者の団体が企画したものです。とくに当時「徳島暮らしをよくする会」の代表だった西川榮郎さんが、そこでネグロスの手作り黒砂糖のマスコバド糖を日本の消費者で扱ってもらえるように、呼び掛けをしたらどうか、ということで参加したわけです。その船の中で共生社生協との直接的な出会いがあって、まあマスコバド糖を扱ってもいいよ、ネグロスと連帯しようということを確認できた。それが一番最初だったと思うんです。その後、同じく八六年の一一月だったと思うんですが、これは福岡地区連の方にサージ・チェルニギンさんというサトウキビ労働者組合の書記長さんと訪問して、ネグロスの話をさせてもらった。そこからネグロス・キャンペーン委員会と九州の生協との付き合いが始まったということなんですね。

兼重　時間的にはグリーンコープの結成の方が少しあとになるんですよね。グリーンコープ自体としていえば先程の出会いが双方にあって、その地区連と共生社が一緒になる過程の中で、もっと具体的に連帯を強めていくことは可能なのではないかとなった。むしろグリーンコープになることでそういうことが可能な条件ができてきたという経過がありますね。つまりネグロス民衆との連帯を進めるグリーンコープ自体の主体の形成みたいなのがあったと思いますね。

堀田　当然、グリーンコープに至る前に福岡地区連、それから共生社生協それぞれでのネグロスとの交流ツアーや連帯活動というのがあったわけですけど、実際グリーンコープの旗揚げの時に、創立集会のスローガンに「ネグロス島と連帯しよう」ということが入っていましたね。

兼重　そうですね。

中・高生ツアーが実現するまで

堀田　まあ生協のスローガンとしては珍しいスローガンですよね（笑）。中・高生ツアーを企画してきたのもこのスローガンからですよね。

兼重　そうですね。もともとは堀田さんの方というか、ＪＣＮＣの方で子どもたちが夏休みにネグロスに行ってたんですよね。

堀田　はい。高校生たちのツアーをやってました。

兼重　それを聞いてまして、これはよい企画だ。もちろん大人の連帯が中心になっているけど、やはりこれからの社会を考えた場合に子どもがどういうことを見ていくのか、どういう出会いをするのか、ということがどうしても大切なんじゃないかな。大人が余計なことを言わずに、子どもがよその国でどのようなことが起きているのかを見るのが、たいへん大事なんじゃないかと僕は思っていた。そういうのを堀田さんとの出会いの中で感じてたわけですよね。たぶんそれが具体的には村岡五十次さんと堀田さんの話の中で企画されるというふうになったと思うんですよ。当時、村岡さんが組織担当の常務理事でしたから、そういう計画を立てたと。

堀田　当時、ネグロス・キャンペーン委員会の活動方法が、最初にネグロス・コンサートをやって、フィリピンのことを文化を通して知ってもらう。そこで興味を持った人に今度は現地へ行ってもらう。行ってもらって感じたことを日本に帰って行動に移してもらうというやり方だった。だからツアーというものが重要な役割を果たしていました。なぜかというと、フィリピンの民衆運動が持っている教育力、教育する力というものを非常に強く感じてたんですね。これはただ現場を見に行って「ああ大変だなあ。可哀想だな」と言ってるんじゃあ日本人が変わるということができないわけです。フィリピンに行くとかなりの人が変わるわけだけど、変わる根底にあるのはやはり民衆運動そのものの中に、人間を意識化していきたい、もっと違う視点で見てもらいたいというふうな、見せていこう、知らせていこう、考えさせていこうという方向があったということですね。そして、フィリピンのむき出しの現実がある。それがとても、特に大人に対しては有効に働くわけですから、子どもにも——。

兼重　まあそれは別にして。では、要するに体験ツアーは具体的にどんなことをやっているのですか。一回目、二回目、三回目とちょっとずつ違うんですよね。

堀田　ええ、行っている子どもたちの年齢構成も違うし、地域も違うし、やっぱりそれなりに一、二、三とこちら側の考えも少しずつ固まってきたことがありますね。活動そのものについて言えば、きわめてこれは単純なことで、各地域から行きたいという希望者を募って、人数に限定がありますので一応選考して、その出発の前日に集まってもらってチーム作りを最初にやる。これは、見ず知らずの子どもたちがいきなり集まる訳ですから、七日間の旅をするためにはお互いをよく知っている必要がある。そこで、たんに自己紹介するだけではなくて、演劇ワークショップ——演劇を使ってコミュニケーションをはかる。そういう手法の一つなわけですけど、それを利用して四、五時間の短時間の中で子どもたちの仲間作りをしていく。そこでお互いの背景やお互いの考えていることを最低限分かり合う。それから名前を覚え合う。そういうことをして出発します。あとはスケジュールに従ってネグロス島のいろいろな地域、活動を見ていって、最後にマウント・カルメル学院の学校の子どもたちとの直接的な交流がある。そういうスケジュールですね。そのあとは無人島に行って泳いで発散して、それで帰ってくる。だいたい五泊六日ぐらいのスケジュールです。

兼重　だいたいそんな企画ですか。

堀田　企画っていっても何も意図するものはないんですよね。旅のスケジュールがあるだけなんです。そこをどう通過していくかということなんです。まわりの大人が何かいろんなことを子どもたちに言うわけではないんです。われわれは単に旅の安全と健康と、そういう身のまわりのことの世話をする。子どもたちがスケジュールを通過していく中で、どういうふうに子どもたち自身が変わっていき、何を発見し、何を語るのかということが、旅の企画そのものなんですね。

兼重　そういう自然体の企画なものだから、実はグリーンコープのレベルでも少し苦労がありまして、特に第一回目。親に尋ねられるのにね。

堀田　そんな危険なところに連れてってと。

兼重　そうそう、「安全ですか？」というのについては「いや、安全ではありません」という。企画してくれる人たち、もしくは現地の人たちがきちっと安全なように努力してくれます。でも最終的にやっぱり安全かどうかという問題は残ります。それでも子どもをそういうところに行かせることについて、よしとするかどうかはそのように考えていただきたいと。むしろ子どもたちを親から出す、といった親はある程度そういうことは承知の上でやってる。最初は理事会のところで「エッ、そんな企画して問題にならないの」とかいうことが出ましたね。「もう少し安全を保障して、子どものことを」というのが出ましたけど、「それは無理ですよ」という。

堀田　つきつめれば保障のしようはないですよね。

兼重　それはほかの旅とも同じになるんですよね。本質的には。

堀田　たしかに日本のニュースだけ読んでれば、ネグロス島でこんなことが起きた、フィリピンであんなことが起きたと心配になる気持ちは分かります。しかし、実はニュースというのは起きた事件を報道しているわけですよね。それは日本の普通の暮らしで分かると思うんですが、事件とは、どこかほかで常に起きてるものなんですよ。だから日本人は新聞やTVで、非常に凝縮されたいろんな事件のかたまりとしてフィリピンを見てしまってるわけだけど、フィリピンの中にも普通の暮らしがあるし、どこかよそで起きる事件というのもあるわけですよ。われわれが行くところはそういう場所であるというふうにだいたい説明をしてきてるんですが……。

日本で交通事故に遭う確率と、向こうで事件に遭う確率はほぼ等しいだろうと、そういう意味での安心感というのは、われわれツアーをやる側には基本的にありましたね。

兼重　企画する段階のレベルで、まあそういういろんな思いとかがあって来てるんですけど、オリエンテーションはさっきの内容以上にはないんですかね。

堀田　われわれは子どもたちにあまりその、既成概念というんですかね、出発前から何か、こういうふうに見てくるんだよ、みたいなものは入れないようにしてきたと思うんですよね。だから情報なんかは、旅の安全と生活に対しての情報に限定してきたというところがありまして、そういう意味ではオリエンテーションというのは仲間作りに力点を置いたオリエンテーションになっていますね。あとフィリピンの歴史というのは向こうに行ってからやりましょうね、という実に大雑把なもので、アヤラミュージアムという「ジオラマで見るフィリピンの歴史」という博物館がありまして。

兼重　私も一度見させてもらいました。

堀田　そこで駆け足でいろんなフィリピンの歴史を、スペインの植民地時代からこんにちに至るまでの歴史。その間には日本によるフィリピンの占領時代というのが入っています。日本軍がフィリピンを占領したなんていうのは日本の子どもは誰も知らないんですよね。そういうのを前もって説明しちゃうと体験する人たちは全然面白くないんで、いきなり現地へ行ってそういうものを見て、直接理解してもらうというのが基本的なねらいになって

ネグロス現地組織と日本ネグロス・キャンペーン委員会との関係

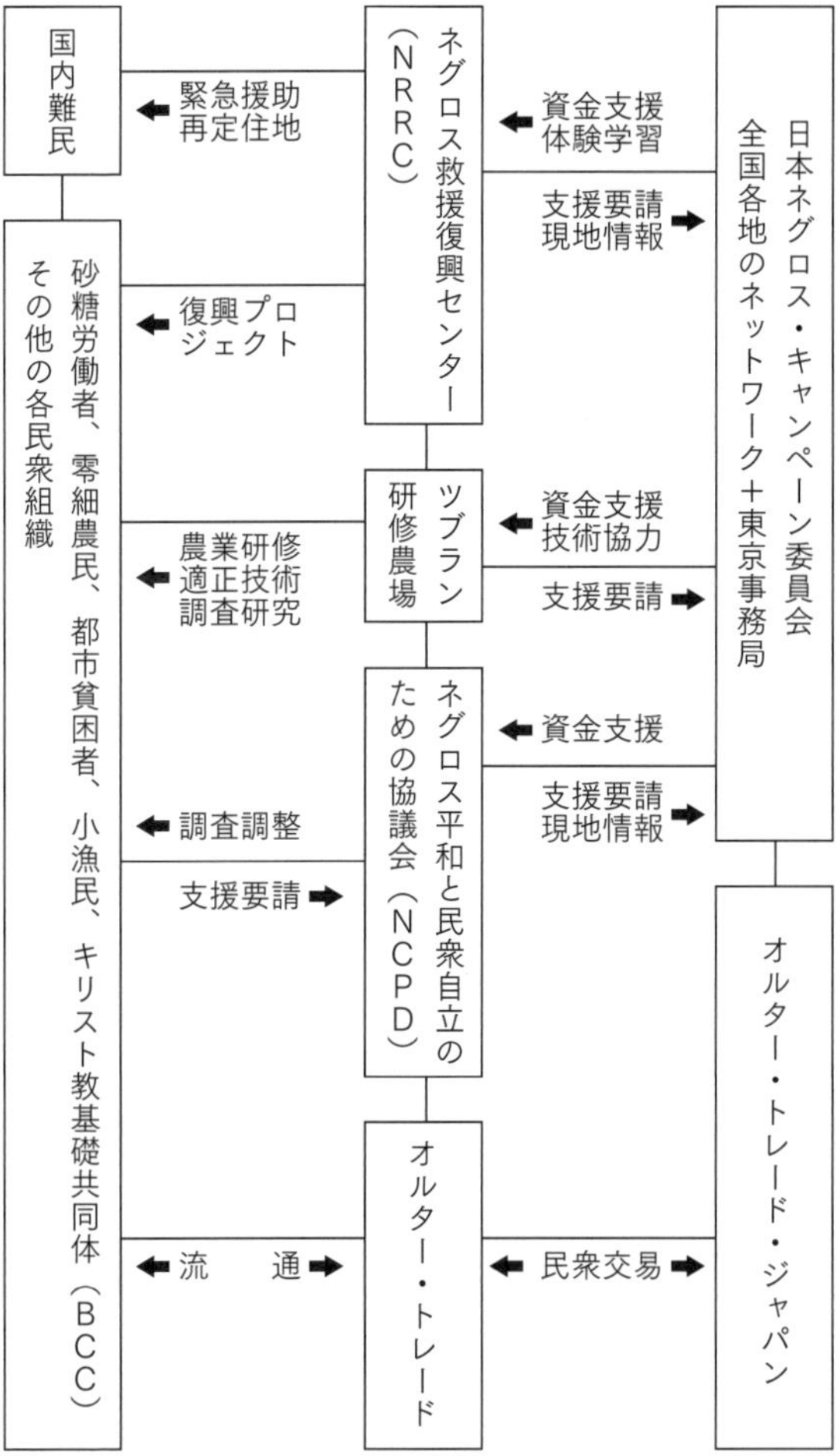

います。オリエンテーションではあまり喋りませんでした。

大橋　あとみんなのイメージを出してもらいました。フィリピンと聞いてどんなイメージを持ちますかと。

兼重　オリエンテーションの時にね。どんなイメージを持っているのかと。

大橋　みんなだいたい「貧しい」とか、「大変」とか、そういうイメージを持ってる子とか。あと食べ物のイメージで「バナナ」とか「パイナップル」とか、ばく然としています。それはそれで、じゃあ旅が終った後でそのイメージがどう変わって来るのか、というのが大切なわけで。

仲間の力

兼重　さっきの仲間作りですけど、僕が知ってる限りでは基本的にはそれがすごくうまくいったという印象を持っていますが、どうですか。

堀田　そうですね。うまくいったと思います。ツアーに参加する子どもたち自身も、お互い初めて知り合うわけですから、ずいぶん不安な気持ちだろうと思います。それがとにかく一晩で結構深く知り合うわけですから……。そんな経験は多分ないと思うんですよ。オリエンテーションでお互いのことを知り合い、一緒に旅をし、それで旅から帰ってきて、福岡空港でみんな泣いて泣いて、泣き別れをするという。旅の間の苦労も一緒の思いでするわけだし、そういった意味で子ども同士の繋がりというのが非常にうまくできたな、という気がしますね。どうですかね、見てて。

大橋　参加者はそれぞれ地域もバラバラだし、学校も違うわけでしょう。

兼重　同じ県下というのも一人か二人しかいないわけですよね。

大橋　私はどうしても女の子と一緒に寝たりとか、そういう世話をする場合が多いんですが、誰かがちょっと具合が悪くなったりすると、かならずその級長さんみたいな感じの人が二人か三人いるんですよね。それでもうみんなの世話をしたり、心配し廻ったりして、ほんとそこら辺はもう仲よくなりますね。

兼重　最初は結構、親に騙されて来た子がいたでしょ。その辺はどうだったたですか。

堀田　中学生たち、わりと年齢の低い子どもたちの場合にはまあ「親が行け、と言ったから来ました」という、そういうぶっきらぼうな連中が多いんですけどね。何しに来させられたかよく分からんという。それも人それぞれですけど、やっぱりやっていく中で何か「来てよかったな」という気持ちになっていくところを見ると、あれは仲間の力なんだろうな、やっぱり。一人で行ったんじゃあ、ああはならないと思う。

兼重　それがそのオリエンテーションでまず仲間作りができてるから、彼らも行く気持ちの支えになっているんですね。

大橋　それとやっぱりこっちの子どもと出会ったことでしょうね。

兼重　そうなんだね、子どもと出会ったというのが一番。

堀田　一回目、二回目、三回目とそれぞれみんな性格が違うんですよ。これはオリエンテーションの時に一番その時の性格というのが現れるわけです。それはまさに自分たちのいろんな日本での日常の中からぽっとツアーに来るわけですから、子どもたち同士、まず最初に出会うのは日本の日常なんですよね。

兼重　そうですよね。

堀田　まず、子どもたち同士の日本の日常がお互いに出会う。そうすると一番最初のツアーは中学生が何人か、高校生が何人かと、わりと縦割り社会があったわけですよね。世話する関係、世話される関係、それで中学生と高校三年生じゃあ意識にものすごい開きがあるわけね。これは非常に困ったなと思ったんだけど、仲間作りをしていくと、自然にリーダーが出てくる。リーダーになった人間はここで自然に面倒をみなければいけないという気持ちになってくる。そういう一つの社会づくりというものが非常に面白くできたなあと思うんです。二回目の時は、これはわりと都市部の参加者が多かった。年齢的にも高校一年と高校二年が中心だったんですね。割合ドライな感覚で来てる参加者が多かったですね。最初の発言で、「まあ夏休みだから、どこか旅行に行ってきなさいよと親に言われた」という感じで来てる子どもたちね。それがわりと二回目には多かった。それで「私たちはお金を払って参加しているのに……」というか、そこまでは言いませんけど、そういうつもりで来ている。だから生協の方はむしろ学習の機会ということで考えていると思うんですが、子どもの方はレジャーと考えてるとね。お互いの意識の違いみたいなのが最初のオリエンテーションで非常にはっきりした。それもまあオリエンテーションの中でそういうことは出てくるわけで、ああこれは困ったな、と思いつつも、じゃあそういうことに対応しながらやっていくしかないという、こっち側の覚悟ができる。だからオリエンテーションで、フィリピンのイメージというのを集団で絵づくりをしてもらうというのがあるんですけど、イメージとして持っているものを絵に描いてくださいと、その絵を全員でまとめて一つのフィリピンのイメージを作るということをやらせるわけだけど、やっぱり一回目は非常にばらつきがあってまとまらない。二回目はほとんどなんというか、きわめて投げやりな絵ですね、フィリピンについて私何も知りません、とかね。そういう自分たちの側のある種投げやりな気持ちがかなり投影されてたんですよ。三回目はかなり前もってみんな読んだり、見たりしている人たちが来てたという感じですね。だから一定の焦点を持ったイメージがかなりあったと思うんですよね。三回目になったらさすがに前回、前々回のいろんな反省もあって――。

兼重　それもだし、それはまさに日本の日常を引きずると言われたけど、やっぱりバナナのトレードとか、そういうことを通じて情報が日常に降りてきてたわけで、だから親もそういうことを子どもに話せるようになってたし、そのことがきっかけになってると思いますね。やっぱり一回目の時はまだバナナが運び込まれるかどうかの頃で――。

堀田　いやあったんですよ。ただ台風被害で来なかった時期があるし。

大橋　九一年だもの。

兼重　やっぱりそういう情報が。そして一回目をやるとかならずその後に報告会があって、それこそ地域の学校で取り上げてくれたり、組合員の人たちが子どもの報告会を地域で開いたり、そういうことがあったから、どんどん情報が積み上がっているということはあるんですよね。たぶんそれで三回目になるともっと高くなる。

堀田　そうですね。だからそれぞれの旅の面白い性格がオリエンテーションでは出てきたなあと思いますね。

兼重　三回目はどんなのに？

堀田　三回目は高校三年生が中心になって、しかも女性の方が多かったんですよね。男の子は二人だけだったんです。これは非常にしっかりとしたグループでしたね。……男性が少なかった分。

兼重　なんとなく情けないなあ（笑）。

堀田　そういうふうに言っちゃあなんなんですが。

兼重　ほんとそういうところありますよ、他の企画でもそうだもの。

堀田　やっぱりいまの高校三年生ぐらいの女子、女性というのは非常に腹が据わってるね。腹が据わってるというよりも、生き方に対して非常に自己決定権を持ってるよね。男の子よりも女の子の方が。

兼重　そう、それはもう一般的にそうですね、本当に。

堀田　そういう意味では自立していると思いますね。まあグループをつくってオリエンテーションをやっても、分からない馬鹿なことを言ったとしても、それを他の人がきちんとフォローするような関係というのがわりとすぐできる。お互いがフォローし合うような関係ね。それはまあ、ただ女性が多かったというのがあって僕はあまり突っ込んで関われなかった部分があるので、その辺は大橋さんの方から聞いた方がいいかと。

子どもであるということ

兼重　そうですね。どうだったですか。大橋さんは？

大橋　私は一回目と三回目に行って、その二回目は行ってないのですが。

兼重　じゃあ折角ですから、一回目の時からを。

大橋　そうですね。やっぱり一回目の方が私も初めてで、一九九一年からATJのツアーの仕事をしているものですから、ATJでの初めてのツアーがこの中・高生ツアーだった。それでたった一週間ぐらいで人がこんなに変わるのかな、という体験を、逆に私がさせてもらったという気持ちですね。例えば一日目とかオリエンテーションなんかでも、最初はみんな声が小さいのね。話すっていっても、こちらが聞いたことには話すんだけど一つのお話にならないわけ。だからどうして、こうして、と言わないとちゃんとした説明にならないんです。それが一週間ツアーをすると、自分のことばで、自分の考えで喋っていくというのがみんなできるようになって、最初の方は「エッ？」「エッ？」と聞かないと、名前を言うのも声が小さいんですよ。それがみんないろんなところへすっと立って喋れるようになる。いまでもよく覚えているんだけど、フィリピンの子どもとの交流ではいろんな質問が出てくるわけですよ。その一つひとつが日本の子どもにとってはいままで聞かれたこともない質問なんです。例えば「日本にはフィリピン人がたくさん行って、出稼ぎして、売春させられてると聞いてますけど、それをどう思いますか」というようなことを言われた時に、「ウッ！」と詰まってしまう。自分じゃそういうことを考えるような世界の中にいなかったわけですよ。

兼重　うん、そういうのを質問されるようなことは、日本の社会じゃあり得ない。

大橋　ほんと真っ赤になってね。どうやって答えたらいいか分からないんですね。それで「いや、僕は差別しない人間になりたいと思う」と、そういうことばで返っていくとか。あと「なんでみんな英語を喋れないんですか」なんて質問が出てくるわけですよ、高校生なのに。それなんかにはすごくショックだったみたいで。特に三回目の女の子たちは、いまさっき堀田さんが言ったようになんというかしっかりしていた。だいたいもう高校三年生というとみんな将来のことを考えざるを得ないし、大学なのか、どういうところに就職するのかしかまだ考えられないんだけど。こっちの子どもが誰でも「将来何したいの」という話になると、看護婦さんか学校の先生か何かになって親を助けて、家族の面倒をみたいというのが、どこでも出てくるんですよね。嫌らしくなく出てくる。去年の三回目の女の子たちが言ってたのでは、いままでこういう競争ばっかりの中で生きてるわけでしょ。人のことを考えて生きるということがほとんどなかった。ましてや親のためとか家族のためとか、そりゃあもう反抗の対象だったわけですよね。そういうことをこっちの人が言うその優しさに、みんな改めて自分のことを考えて、やっぱりこれから仕事を選ぶ、学校、大学を選ぶということ、それから何を勉強するのかという時に、そういうことを参考にしたいと言ってました。

堀田　この旅というのは日本の子どもたちにとっては、「家族」というものを知る旅なんですよ。

兼重　はあ、家族をね。うん。

堀田　日本の暮らしでいけば、いま一番欠けているのが家族です。

兼重　そうですね。

堀田　ネグロスの暮らしで唯一残っているのが家族なんです（笑）。あらゆるものを奪われているけれども、その中でしっかり残っているもの、特に貧しい人たちの中で唯一自分たちを支え合うものは家族なんです。その家族のない日本の子どもたちと家族しかないフィリピンの子どもたちが出会う、というのがこの旅だったという気がするんですね。

兼重　そういう意味じゃあやっぱり、いま日本の社会は繁栄しているけども、教育問題も含めて、まさに人間的な部分が欠落し、それこそ逃げ場としては学校の友だちしかないような、この中学生、高校生の生活の中で、そういうようなところに追いやっている教育の実態というのがあるでしょう。

堀田　そうですね。家族に出会う旅というのはどういうことかというと、家族の中には子どもの役割というのがかならずあるんですよ。フィリピンの社会の中では子どもというのは一つの大きな役割を持った存在なんですよ。ネグロス島で日本の子どもたちが出会うのは、まさに社会的な役割を担った子どもたちです。子どもは子どもとして自立しているわけなんです。それは子どもでなければできないことを、子どもはやってるわけなんです。日本の子どもは残念ながら「子どもだから」ということで差別されてるわけなんです。そのことの違いが一番大きいわけね。それがまあ、結論を言うようだけど、日本の子どもたちが変わっていく一つの大きなきっかけだと。

兼重　つまりそういうふうにフィリピンの子どもたちから影響を受けるということですね。それもまあ作為的にやったんじゃないわけで、出会えば自然にそういうことがお互い見えてくるという。やっぱり出会いの素晴らしさですね。

堀田　だからたしか一回目の鹿児島から来てた女の子だったけど、非常にいい文章を書いていましたけど。フィリピンの子どもたちと自分たちと何か違うと思ってたんだけど、人前で話す時にフィリピンの子どもたちは絶対に人に寄りかからない、自分たちで立って喋ると。日本の子どもたちは何か喋る時にどうしても人に寄りかかったり、モジモジしたりしてしか話さない。それがものすごく違う。姿勢が違う。そういうことを書いていた人がいましたけど。まさにわれわれから見てもその通りなんですよね。日本の子どもたちは、最初のオリエンテーションの時には本当に自分のことを話すだけでもすごく大変なんですよね。だから逆に言うとオリエンテーションでゲームをやったり、仕組みを作ったりして、楽に喋れるようにしてあげてるわけですよ。

そして、七日の旅を終って帰ってくると、みんなちゃんと一人ずつ意見を言うようになるわけです。それはまあフィリピンの子どもにきわめて影響されるんだろうし、やはり自分はこれではまずいのではないか、という自覚が生まれるんだと思います。

大橋　一回目のリーダーの山内君だっけ、最後は英語で一生懸命喋ろうとしたりして。

兼重　そういうことが、たった一週間でできちゃうんですよね。

大橋　そうです、できちゃうんですね。それがすごいところです。

兼重　なんで日本の教育の中では、ほぼ最後までできないかという。

大橋　ほんと一週間で変わるね。

堀田　その時は変わります。でも、その後、大学に行ったりなんかしている彼らが、いまどうしてるか、どういうふうに考えてるか、そのことを見る必要があるけれども、確かに変わります。少なくともやはり子どもであることが社会にとって非常に重要なんだという、いわば「社会的役割としての子ども」というものにネグロスで初めて出会う。そのことが日本の子どもの現実を照らし返すことになる。その体験が日本の子どもにとって非常に貴重なものなんだなと、変わる原動力じゃないかなと思うんです。フィリピンの歴史がどうとか、社会的差別がどうとかじゃなくて、フィリピンの子どもたちと出会ったことによる影響というか、反応ですね。日本に住んできた自分の内側で、いままで停滞していた化学反応が一気に進むみたいにして気持ちの変化が進んでいく。そういうことが高校生、特に二年生、三年生ぐらいの時には大きい変化をもたらすという気がします。

ネグロスの子どもたち

兼重　向こうで出会った子どもたちは、おもにはマウント・カルメル？

堀田　マウント・カルメルは最後で、最初は、まず山の子どもたち、バナナ産地の子どもたち、だからBCC（キリスト教基礎共同体）の子どもたちに出会うわけです。BCCユースという。

大橋　BCCの青年部ですね。

兼重　村の青年部というより少年部だね。

堀田　実質的には児童部ですね。だいたい六歳から、リーダーが一七歳ぐらいという構成で、彼らの活動の一環として劇づくりをやっているわけですね。つまり自分たちの村の歴史的、社会的、政治的現実を劇にして、それをセリフなんかは抜きで、音楽と踊りと集団的な動きで表現していく。カンタ・ドラ（唄劇）と言いますが、それを最初の晩に見せられるわけですね。

兼重　そこの村の子ども自身が自己表現を持って生きていっているという実態があるわけね。それに最初に出会っちゃうわけですね。

堀田　それは照明もなければ、衣装もなければば、ほんとになんにもないところでの演劇なんだけど、その子どもたちのやってる真剣さ。ことばは分からないんだけど。

兼重　真剣だし、やっぱり日本の子どもたちと触れ合う喜びみたいなものを、彼らも持ってやっているという気がするんですね。だからそれが伝わるんだと思うのね。

大橋　それはこちらにいると、日本の中・高生が来るということはものすごく楽しみなことなのね、特にラ・グランハの子たちにとっては。そうするともう二ヶ月前くらいから劇をどういう中身にして、次はどうするかとほんとに準備して、一生懸命練習してた。そして文通も始まったんですよね。一回目の安達美和さんからとかね。そうするともう外国から手紙が来るということがものすごい誇らしいことだし、嬉しいし、それをみんなで見せ合って……。

兼重　そうですね。次に出会う子どもたちというのは、どういう子どもたちで？

堀田　山のあとはいろいろ見学するわけですね。街の中のスラムの生活を見たり、サトウキビ農園の生活を見たり、それから内戦からの避難民の村をたずねたりして、ある意味で暮らしの中で打ちのめされているネグロスの子どもたちの姿を見るわけです。これは交流というよりも見ざるを得ないものを見せられるというもので、子どもたちにとってはかなりショックな体験でしょうね。そういうある種の悲惨さというものを学んだりする。ただそんな中でもネグロスの子どもたち自身は非常にノビノビと生きているような感じがありますよね。それと子どもなら子どもなりにほんとに一生懸命仕事をしている。そういう姿を見て歩くということです。そして、なぜそういう悲惨さがネグロスに起きているのかという話を、いろんなところで、いろんな大人の口から繰り返し語られていくということ。自分たちの現状について、きちっとした考えを持ってちゃんと子どもに喋ってくれる大人というのは、日本の暮らしの中では、少ないと思います。われわれには子どもたちにそんな話をするという伝統もないし、習慣もない。でもここには語り聞かせるということが旅の過程にしっかりあるわけですね。それが旅の一つの課題なわけです。この暮らしを物語る、いろんな人の暮らしを聞いていくという体験は、子どもたちの世界が拡がる大きなきっかけになっていますね。中には、うちのおばあちゃんは日本人に苛められたんだとか、じいさんが殺されたんだとか、そういう戦争中の話も出てくるんで、そんな生身の歴史教育も含めて、自分たちの知らないことがあまりにもあり過ぎるという事実に、ある程度日本の子どもたちは圧倒されると思うんです。だから非常に暗くなりますね、ある瞬間、旅の途中で……。

大橋　泣きだしちゃう。

堀田　それはもう旅の疲れもあるし、環境があまりにも違いますからね。水はない、トイレはない、電気はないですから。そういう中でまた追討ちをかけるような話を聞く。そのプロセスがあって最後にマウント・カルメルに行くわけだけど。

兼重　マウント・カルメルというのは、どんな学校で？

堀田　マウント・カルメルというのはカルメル修道会というカトリックの修道院が経営している学校です。ネグロスの北部の街のエスカランテというところにありまして、これはまあ都市の学校ではないわけですね。田舎の学校なんです。

兼重　ああ、田舎の学校になるんですか。

堀田　田舎の学校なんだけどネグロス北部の中小地主とか、商店主の娘たちや子どもたち、まあ田舎の中産階級ですね。決して都会的な中産階級ではないんだけどフィリピンの地主階級の文化というものを非常に色濃く持っている。そういう家庭から来ている子どもたちが行く学校なんです。しかし、そこは非常に開明的なミッションスクールで、そういう子どもたちを一生懸命教育しながら、なおかつ同時にサトウキビ労働者の子どもとか、貧民階級の子どもをどんどん学校に入れて教育の機会を与えていく、というようなことをやっているわけです。だからたいへん進歩的な気風の学校なんです。

兼重　そういえばあの学校に行きたいと言った子もいましたよね。そういうところに彼も日本の学校との違いみたいなものを感じて、魅力を感じたんでしょうね。実際には子どもたちというか、あそこでの交流の場面では子どもたちはどういう出会い方をしているんですか。

堀田　それはねえ、山で見た子どもたち、スラムや農園で見た子どもたちと違って、ここはもう非常に社交的な洗練された子どもたちなんです。これは僕はフィリピンの中産階級的文化だと思うんですけど、非常にマナーができてて、なおかつオープンマインドで。

大橋　英語が話せて、明るく抱き締め、キスし、そう恥ずかしがらずに。山の子どもたちはやっぱり握手しても恥ずかしがるでしょう、最初は。ここではそれがない。

堀田　物怖《ものお》じしない子どもたち。

大橋　物怖じしないでぶつかってきてくれる。

堀田　それはなんかいままでの抑圧から、一気に解放される気分なんだな（笑）。ああ、みんながこんなに私たちを歓迎してくれる。親しく迎えてくれる。本当に心暖まるということを、実感として日本の子どもたちは感じる。なにしろ日本人が行くと全校生徒が集まって来ちゃうわけです。ものすごい騒ぎになる。日本じゃみんな普通の子どもたちなのに、ここでは一躍スターになっちゃう（笑）。みんながサインして、サインしてと。

大橋　サイン大会になっちゃう（笑）。

堀田　そうやってサイン攻めにあうこと自体が、自分がなんなんだろうという、日本の子どもたちにとっては面白い体験ですよ。注目の的になるわけですから。マウント・カルメル学院にしたってネグロスの田舎の片隅の学校ですから、何故ここに日本人の子どもが来るのか、実に不思議なことではあるわけですよ。まあ校長という人が非常に洒脱《しゃだつ》な人で、飄々《ひょうひょう》として「まあ、これも何かの縁でしょう」というふうな、日本のどこかのお寺の坊さんみたいな、実にこだわらない方で。そういうこともあって子どもたちにとっては本当に、目の前が変わるような感じなんだろうな。

大橋　あと泊りますでしょ、マウント・カルメルの子どもの家に。やっぱり長屋とは違ってソファーもあった、テレビもあった、自分たちの部屋とそう変わらないところで、やっとほっとするんですよね。それでお土産にアイスクリームをもらったりしてね。

堀田　その家庭に滞在したのは、最後の三回目の時だけなんです。それまでは学校のわりと汚い寮に泊ってたんです。でもそれだと子どもたちの暮らしの全部が見えないので、家庭訪問して泊めてもらおうということで、三回目は民宿にしたわけです。それはそれで面白かったのかな、たぶん。

大橋　ある子なんかはベンツの車で送ってもらったとか言ってて。

堀田　落差がありますからね。

兼重　これはいい悪いの問題じゃないから、全体がどういう社会なのかということを知るために、そういうところを見とく方がいいに決まってますよ。

堀田　そうですね。

兼重　最後は結局、それで泳ぎにいくと。

堀田　マウント・カルメルの修道院が使用権を持ってる島があるんですよ。小さな島なんですけど、エスカランテの町からボートに乗って三〇分くらいの沖合にある珊瑚礁《さんごしょう》の島で、砂が真っ白で、満潮になると島が半分以上なくなっちゃうような、そういう島なんですけど。

兼重　むかし一度、連れて行ってもらうはずで、だめになったところですね。

堀田　そこは非常にいいところなもんで、最後にいろんなものを洗い流してもらおう、南の国に来たんだな、ということを実感してもらおうという狙いです。つまり日本人のイメージにある南の島なんだけど、リゾートとかホテルとかがあるわけではなくて、なんにもないただの島なんです。そこに街で買った食べ物を持って行って、キャンプみたいにして一日のんびり遊ぶ。それで少しこれまでの苦労を解放してもらうわけです。

兼重　その時何か現地の子どもたちが、何人か一緒に参加して。

堀田　これは一番最初は日本の子どもたちで行ったのかな？

大橋　一回目はそうです。

堀田　一回目は、だから日本の子どもたちの慰労会なんです。それがどうも二回目からは、ちょっとそれはまずいなあと、いろいろお世話になった人たちをみんな呼ぼうじゃないのというんで、山の子どもたちも呼んだ。彼らは海に来たことがないわけですよ。だから、山の子どもたちを車で連れてきて一緒に行く。マウント・カルメルの子どもたちも授業がない子は一緒に行くと。そういう交流の場を。

兼重　それは二回目から？

堀田　二回目からね。それはそれでとてもよかったと思いますね。帰りにみんなで一緒に御飯を食べる。なんか差別するような、日本人は日本人だけ、向こうの人は向こうの人だけ、というのはよくないという感じがありまして。

兼重　それはやっぱり企画も進歩してるんですね。

堀田　どんどん進歩してますね(笑)。

感情の筋力トレーニング

兼重　子どもたちは最後はどうなるんですか？　そのあと帰りは一度またマニラに行っ

て。

堀田　そうですね。ネグロスで一応、総括の話し合いをするわけですね。この旅をどう考えたかということを。その時ですね、われわれがビックリしたのは。最初の時にはワン・センテンス喋れるか喋れないかで、「親が行けというから来た」というようなのが、ここへ来て僕はこういうふうに感じて今度こういうふうに帰ったらやりたいなと思います、と主語、述語のあることばになってるんですね(笑)。実はその間、いろんなチャンスの中でインタビューされたり、質問されたり、答えさせられるわけです。それは通訳を通しているわけですけど、とにかく君は君として答えなさいというのが、原則としてあるわけですよね。大人が代わりに答えることは一切しませんから。それをやるだけで日本の子どももちゃんと喋れるのですよ。当たり前のことなんですよ。それを日本ではしてないだけなんですから。

兼重　まあ、してないし、日本の教育の中でそういうふうな対応を大人がしてないということですね。

堀田　自分の意見を述べることが、やっぱり人間を進歩させるんだと思うんですね。

兼重　そうでしょうね。日本はそういう意味でも管理的社会になってますよね。子どもに対しても。

堀田　日本の学校教育の場合は、期待されてる答えというのが既にあるわけでしょう。その答えにどれだけ近いことを言うか、ということが自分の意見を述べるという話なんですよ。ネグロスでは答えは最初からないんです。ところがどんどん質問されるわけですよ。やっぱり子どもたちの質問にはいろいろ鋭い質問があって、あんた高校に行ってるけどその後どうするんですかとか……。日本の子どもにとっては、これは致命的な質問ですね。大学へ入ること以外、何も考えてないんだから。入って何をするのか、なんのために行くのか。

その根本的な生き方への質問がずーっと続くんですよ、七日間。どうしても考えていかざるを得ない。

兼重　そうか、それでまとめて出てくると。それでまとめをみんなそれぞれ発言して、そしてネグロスを離れると。

堀田　帰国するのは翌朝の飛行機になるので、一晩マニラに泊るわけです。だからフィリピンの山奥からフィリピンの首都に出ていくわけですよ。子どもたちにとってはまた日本に戻ってきたみたいな、それこそフィリピンの中のもっとも繁華街、繁栄したところのマカティーというところに戻っていくわけです。たぶん見る目が違ってるとは思うんですけどね。最初に見た時には、何を見ても汚いなあと思うだけだろうけど、山の中から戻ってくれば、これが都会なんだなあという意識がある（笑）。だから帰ってきた時の子どもたちってどうなんだろう。最後のところは私もくたびれきって、あまり関知してないと思う。

大橋　最後はやっぱりみんなホッとすることもあるんだけど、来てよかったとみんな一律そう言うんですね。あと何人かの子から聞いたんだけど、ここの社会は子どもがちゃんと喋っている時に、大人も子どもも尊敬し合ってるというんですよ。大人が子どものことをちゃんと聞いてくれるというんです。日本だと、何か言おうとすると馬鹿にされちゃうから、もう言わないという感じで。でもここでは大人の人が子どもの話を真剣に聞いてくれる。だから例のここへ留学したいと思っちゃった子も、やっぱり学校で先生と問題があって、先生から学校を追い出されそうになっちゃって、それが初めてマウント・カルメルの先生が自分の親のことから何から全部聞いてくれたとか、神父さんがあんなふうに歴史を話してくれた。そんな人、日本にはいなかったと。だから最初、大人の口から、フィリピンの重い現実がワーッと話されるでしょう。そうすると子どもにこんなこと言って欲しくないと日本の子は言うのね。「私は、まだ子どもなんだから」と。三回目のツアーでテレンス神父から、たとえば日本のODA（政府開発援助）の話で援助がどんなにここでひどく使われているとか、そういうことをみんな考えて欲しいという話がでた。そしたら「子どもにそんなことを言われても困る」とか（笑）、すごく困ってた女の子がいました。もう泣きそうになっちゃったわけ。「そんなこと言われても、私は何もできない」と。「どうしたらいいんですか」と、でもそれをちゃんとネグロスの大人は聞いてくれたと、次にちゃんと会話してくれたと。そういうさっきの家族の話までいくんですけど、ほんと温かい、尊敬し合える人間関係に触れたことで、子どもたちが一つ豊かになった感じがしますね。みんなそんな豊かな気持ちになって帰るんじゃないかな。

兼重　うん、なるほど。それで最後はお別れが大変みたいですね。

堀田　お別れが大変ですね。だからマニラに戻ってきた時には、もうこれでお別れになるんだという意識があるから、みんなもう最後だから今晩一緒にいようだとか、もうなかなか寝ないですよね。翌朝寝不足のまま出発するという形になるけれども、それで福岡空港での最後の別れに一歩一歩近づくというか。あれはきっとスリリングな感覚なんだろうな。このツアーで子どもたちは、非常に感情的に濃密な時間を過ごすというのがよく分かりますね。子どもたちそのものとしては最初は全く知らない間柄だった同士なのに、七日間一緒に過ごす中で、どんどん、どんどん関係が凝縮していく、同じ体験を共有するし、現地のさまざまな子どもたちと、ことばが通じないぶんある意味で感情的に繋がるわけですよ。日本の暮らしでは、そういう感情を刺激されるような関係が非常に少ないんだろうと思うのね。それがツアーの一番のトレーニング。感情の筋力トレーニングみたいなものね

（笑）。

兼重　まあだいたい、日常的には感情を抑圧する方向にまわりがありますよね、子どもの環境が。

堀田　だから本当によく泣くようになるし、よく笑うようになりますよ。

大橋　ほんと怒りとか、悔しいとか、そういう現実が。

堀田　日本の社会というのは「あなたはどう考えますか？」というんですね。フィリピンの人たちは「あなたはどう感じますか？」と聞くことが多いんですよ。「どう感じますか」という聞き方が中心だから、この違いがすごい。

兼重　「考えますか」と言われたら、何かやっぱり正解を言わなければいけないような。

堀田　まさにそうです。あなたは何を感じるかと、こっちの人は聞きたいんです。考えの正しさを聞こうという姿勢よりも、考えと感じは違うんだということが最初からあるんですね。

兼重　それこそ企画については私が一番最初に考えていたんですけど、実際には参加できないでいて。今日は非常に様子がよく分かりました。

堀田　あとまあこれは関係ないんだけど、われわれの対談だけではなくて、ついてった人たち、職員を全部集めていっぺん座談会をした方がいいね。その話の方がたぶん面白いですよ。職員全員が集まって「ああだった」「こうだった」と苦労話を。

大橋　苦労を一番してるのよ。

兼重　ついてった人たちは毎年やっぱり総括の会議をやって、そしてまとめてるの。それを見てて、実際の様子を僕たちも分かるんですよね。その人たち自身は非常に影響を受けているという様子で、子どもと一緒に旅していると影響を受けてる。やっぱりあれはついてった人たちも自信になってきます。あとはだいたい内容的なものは分かったんですが、全然話は違いますが健康管理みたいなものはどんなふうにして。

堀田　それをみんな職員の人たちにやってもらってたわけですよ。当然、食事が違う、環境が違う、トイレに行けない、水が飲めないという状況だから、熱を出したり、やっぱり繊細な人は感情的な興奮状態になって、まあ熱になって出てきたりするわけですから。まあそんなに大きな問題はなかったけれど、かならず病人は――。

大橋　一人か二人は四〇度くらいの熱が出ちゃう人がいたり。

堀田　そういう状態ではありましたね。その子にとっては辛かっただろうけど、ただ最後の方のグループなんかは、みんな風邪ひいて熱だしてて、でも買い物に行くよというとみんな出ていったりして。

大橋　最後の方はもうドタバタで、野戦病院化してしまいましたね（笑）。医者は来るわ、みんなもうダウンして、もう明日はまたマニラでホテルで寝るんだよといったら、いや最後に買い物が残ってると言って、翌朝になったらケロッとまた熱ひいたり。やっぱり感情的なものが随分あったですね。

堀田　ほんとにこれは幸いですけど、ケガとか事故とかなくて有難いことです。

兼重　それは私の方が、最高に有難いです。

大橋　それはやはりこちらの現地のスタッフの人たちが随分考えてくれましたね。何かあったらすぐにね。

これからのツアーに向けて

兼重　そのへんも含めて、ネグロスの多くの人たちが、この企画を支えてくれているでしょ。そして日本の参加した中・高生以外の人たちにも、結局はいろんな問題を考えさせる。支えてくれてる人自身にも、新たなものを知っていく機会にもなってるんじゃないかな、と思う。まあ多くの人に感謝するとともに、このツアーは決して参加者だけのツアーじゃないと――。

堀田　ほんとそういう意味ではネグロス側の人たちにとっても、非常に大きな影響を与えていると思うんですね。マウント・カルメルとか、バナナ山の子どもたちとかに対して。やはりネグロスの子どもたちや、大人たちにとっては、日本の人たちがどこか遠くから私たちを見守ってくれている、ということが実感できる有難さ。何か機会があるごとに表現してくれるんだけど、フィリピンの植民地の歴史、抑圧的な歴史の中で、自分たちは見捨てられてきたんだ、という気持ちでずーっと来ていた人たちが、そこへあらゆるものを飛び越えて、突然日本の子どもが来るわけで、その時から世界と直結したという実感を持つんだろうと思うんですよ。われわれにはちょっと計り知れないけれど。ただ彼らのその気持ちというのはすごく伝わってきますよ。自分たちが注目された、見てもらえた、来てもらえたということが、大きな励ましになっているでしょう。

大橋　それは昔、中・高生だけじゃなくて、いろんな組合の人たちもいらっしゃる時に、一度聞いたことがあるんですよ。これだけ日本人がたくさん来るのは、こちらにとってはもう、うんざりしてるんじゃないかって。来すぎじゃないかしら、と聞いた時に、サトウキビ農園の人もそう言ってたし、バナナ村でもそうなんだけど、「とんでもない」と言うのね。いままで外国人が来るというのは、全部地主か金持ちの世界の話だった。それが突然こまで来て同じものを食べて、ウチに泊ってくれる。これはものすごく人間として誇りを私たちに感じさせてくれる。やっぱり自分らは二流や三流じゃあないんだと感じさせてくれる。ほんとに嬉しいことだから、もっと日本の人たちを連れてきて欲しいとまで、言われました。

兼重　そうですね。ということで「また連れていきたい！」（笑）と思っているわけです。九四年は一年はお休みにしまして、九五年からまた、やろうと。

堀田　ただもう一つは、もし続けるんであれば、日本に帰ってから、じゃあ生協はどういう教育方針、文化政策を持つのか、ということが問われていくと思うんですよ。

兼重　それは怖いことですね。

堀田　だからこれからもよく考えてやっていただかないと——。

兼重　今度初めて本を出すということで、参加者みんなに書いてもらっています。それは本の中に証明されると思うんです。それでそういうことから僕たちは何を考えていかないといけないか、たしかに問われると思いますよ。まあいまのところはちょっとそこまで見きらなくて、投げ込んだ（笑）、チャンスを与えた。チャンスをつくることが僕は大人の役目だと思っていますので、まあ堀田さんの言われることはその通りだという面と、どこまで生協がそれをやるのか、それとももっと違う、いわゆる家族とか地域とか、そういう面でやっていくのか。たぶん、そっちのほうが——。

堀田　地域づくりだろうと思いますけどね。

大橋　私は一回行った子たちが、二年後にどうしているのか。何を考えているのか。その子たちが二年後ぐらいにもう一度確かめにここに来るような、そういうようになりたいなと——。

兼重　私たちもいま考えてるのは、いままで三回に分けてたのは方面別に分けてたんです。三回とも参加する人たちが違うわけです。これからは同じ人が、同じ子どもが来るということも含めて企画を考えたいと思ってるんですよ。だから場合によっては中・高生でなくて大学生になってとか、社会に出てとか、そういうことでもう一回これに参加してもらいたい。中・高生を連れていく役になるようだと面白いと、そういうことは考えていきたいと。いずれにしても来年から。ちょっと中学生は例のビザの関係とかで難しいですから、高校生とかになりますけど、これからも続けたいと思っています。まあグリーンコープだけでない、他の生協なり団体の子どもたちも行った方がいいと思いますけど、そういう新しい企画で続けていきたいと思っています。よろしく。

堀田　はい。

兼重　あの山の子どもたちにはバスケットボールかバレーボールはちゃんと――。

堀田　バレーボールを持っていってくれて。

兼重　そしてカルメルは？

堀田　体育館に電灯を付けてきてあげて。

兼重　子どもたちが行くと何かを約束してくるね。

堀田　いまのところの約束は、一応果たしています。

兼重　そういうことも、意義あることだと思います。行かなければそういうことは出てこない。子どもたちと、ぜひ今後もやっていきたいと。

堀田　分かりました。頑張りましょう。

兼重　大人はチャンスをつくりましょう。どうも今日はお疲れ様でした。（拍手）

（一九九四年　グリーンコープ事業連合（編）『マアヨン　ハアポン――ぼくたちのバナナ村探訪記』）

第13章

「こと」から「もの」へ

堀田さんたちが、深刻な挫折と試行錯誤を重ねながら取り組んできた「仕事」の中身は、深く、濃密で、多元的な意味に満ちている。

南の途上国、第三世界への支援・交流ということばは同じでも、ODA（政府開発援助）や「競争セクター」によってなされる「援助という名のビジネス」とは全く軸足を違えたものである。

ここでは、援助は北の国からの「施し」ではなく、南の国の「物乞い」でもない。それは北と南の市民・住民が形成した合意の上に成り立ち、対等の立場で行なわれる「共同作業」である。援助する側も、される側も、互いにきびしい役割認識に徹し、価値を共有し、結果において南は「真の経済的自立」に向かう。

北は、そのことで南からの逆照射を浴び、自らの浪費的・略奪的消費のあり方を変えるべく迫られる。「いのち、自然、暮らしを守る」は生協のスローガンだが、北の消費者のそれは南の国の「いのち、自然、暮らし」を根こそぎにし、それと引き換えのものであった。そのことを知って衝撃を受けた新しい消費者が事業と運動を支えた。

堀田さんらの得た成功は一朝にしてなったものではない。競争市場に囲い込まれ、攻撃を受け、数々の挫折を経て絞り出された、新たな公共である。共生セクターの足腰はプロフェッショナルの出現によって強靭なものとなった。

（内橋克人）

遊びは「間に合わなくてよい」。仕事は「間に合わなければならない」。これが両者の違いだということを、つい先日、教えてもらったばかりである。仕事というものがこの通りの定義であるなら、いま自分がしていることを「仕事」と呼ぶべきかどうか、実は、ちょっと自信がなくなってしまう。というのも、南との付き合いの中では「間に合わないこと」が往々にして起こりがちだからだ。

例えば、ネグロス島に台風が来たために予定していたバランゴンバナナの入荷が中止になる。東ジャワ一帯が、収穫期の干ばつのためにエビの生育状態が悪くて、輸入に必要な量が確保できない。こんなことが実によく起きる。一九九五年の一一月には、エビの冷凍工場が漏電で火事になってしまい、三ヶ月間エビの生産がストップするという事件まで起きた。しかも、その一ヶ月前にはネグロス島にも中程度の台風が襲来し、多くの産地のバナナが強風に吹き倒されてしまい、その後五ヶ月間は通常の三割程度の輸入しかできないということも起きた。これはこの七年間で二度目の出来事であった。

なにしろ、私が社長をしている「株式会社オルター・トレード・ジャパン」（ATJ）の主力商品は、フィリピン、ネグロス島の無農薬自然栽培バナナである「バランゴン」と、インドネシア東ジャワの伝統粗放養殖エビの「エコシュリンプ」の二つである。この二つの商品だけでATJの年間売上高の実に九五パーセントを占めるのである。九五年の年末から九六年の春先にかけて、「代表取り締まられ役」である私は、正直、心休まることがなかった。会社が赤字になったことは言うまでもあるまい。

ATJは株式会社である。

だが、複数の消費生活協同組合（生協）といくつかの市民団体が主要な株主であるという特徴がある。また、ATJの事業のパートナーたちは、主として南の農民、農業労働者たちであり、それら零細民たちの組合や彼らを支援するNGOまたは企業である。つまりATJの果たすべき役割は、南の生産者たちと日本の消費者たちとが、「バランゴンバナナ」や「エコシュリンプ」のような「もの」を媒介として、互いに共助し合う関係をつくり出せるようにすることである。私たちはこれを「民衆交易」と呼んでいる。

この「民衆交易」は、NGOによる「国際協力／連帯運動」の経験と七〇年代初めに始まった地域型共同購入運動（地域生協運動）の経験との「合力」から生まれ出たものである。そのため、この「民衆交易」を仕事とするATJ社は、矛盾した言い方になるが、「利他的な事業を営利的に運営する事業体」という性格を持つ株式会社なのである。そんな会社があるのかと思われるかもしれないが、私の仕事はそんな会社を作り、運営し、実体的で有能な事業体として、この自由市場経済体制の中で「成功」させていくことなのだ。

私が自分を「代表取り締まられ役」と呼ぶことの理由が、ここにある。社長としての私はいつも「モラル」と「経営」との二つの力によって「取り締まられ」る存在だからだ。「モラル」というのは、ATJ社が自社利益の追求のみに走ったり、南の零細民の自立の努力を妨げたり、南の自然や資源を破壊、収奪したりしないように、歴史的に収奪され続けている「南」の立場に立って自己を律する力である。「経営」とは日本の消費者の善意と協力によってあがる事業上の収入を、無駄なく、無理なく、しかし意義深く活用し、しかもこの資本主義経済の中で「成功」し続ける努力をするという力である。この二つの力のバランスをとって相互に「間に合う」ようにするのが私の仕事ということになる。

しかし、人間、誰しも得手と不得手がある。

ご多分に漏れず、私は七〇年全共闘世代である。もっとも、大学には早くに見切りをつけ、演劇活動にのめり込んでしまったから、政治少年ではなかった。しかし、この世代の特徴である反体制的な志向性と、劇団活動という非生産的な表現活動の経験を併せ持ったために、全くといっていいほど数字の管理や経営などというものの才能はない。その私が社長である。どうしても「モラル」や「理想論」に走りがちである。それを「取り締まる」のがATJ社の役員会である。役員会のメンバーは出資者である各生協、団体の実務のトップがずらりと顔ぶれを揃えてくださっている。本当の意味でATJ社の「モラル」と「経営」のバランスの舵取りをしているのは、実はこの「役員会」なのである。役員のほとんどは非常勤、無報酬である。ATJ社が株式会社でありながら、市民資本の会社として、民主的、運動的に経営できている秘密がこの「役員会民主制」なのだ。だから、ATJ社のすべての活動をこの「役員会」に対して完全なガラス張りで報告することが、私の義務でもあり安心の源でもある。つまり、ATJ社の活動は七〇年代から始まった「地域生協運動」が苦労して蓄積したノウハウでもって支えられているということになる。

では、このような会社はどのようにして生まれたのだろうか?

ATJ社が生まれる前駆的な契機となったものが二つある。一つは「マスコバド糖」であり、もう一つは「ばななぼうと」というイベントである。

一九八六年一〇月、一隻のフェリーが神戸港から石垣島に向けて出港した。私は当時日本ネグロス・キャンペーン委員会（JCNC）の一員として、ネグロス島から来日したアラン・シー氏の通訳としてこの船に乗船していた。

この船は「ばななぼうと」と呼ばれていた。この企画を主催したのは、有機農産物の国内流通運動を進めていた、大地を守る会や徳島暮らしをよくする会、ポラン広場などの消費者流通団体である。「モノ提携・テーマ連合」を旗印にしたこのイベントは、有機農業による日本の農業の再建と、安全な食と暮らしの確立をめざして消費者運動や農業運動の大連合を実現しようというイベントであった。

アランはネグロス島の土地なし農民が手作りした「マスコバド」と呼ばれる伝統的な黒砂糖を持参していた。私たちはこの「マスコバド」糖の共同購入を「ばななぼうと」の参加者たちに呼びかけようとしていたのである。

当時、ネグロス島はフィリピンのサトウキビの六〇パーセントを産出する砂糖の島だったが、八五年に砂糖の国際価格が大暴落しサトウキビ産業が壊滅的な打撃を受けて深刻な経済危機に陥っていた。四〇万人ともいわれるサトウキビ労働者が失業し、その子どもたちが貧困と飢餓による栄養失調に苦しんでいることをユニセフが緊急報告した。しかし、当時のマルコス政権は体面を重んじて、フィリピンに飢餓と貧困による被害が発生したことを公表させまいとしていた。

私たちはそのような状況を受けて、八六年二月に「日本ネグロス・キャンペーン委員会」（ＪＣＮＣ）を発足させた。ＪＣＮＣは、当時、マルコス独裁に反対するフィリピン民衆運動を支援していたさまざまなジャンルの日本の市民団体やグループが母胎となって生まれたＮＧＯである。それぞれの活動の垣根を越えて共通の課題を実践しようというのが狙いだった。そのころ私は、「フィリピン教育演劇協会」（ＰＥＴＡ）と「アジア民衆演劇ワークショップ運動」という活動を通じて連帯していた。そしてこのキャンペーンの言い出しっぺの一人としてボランティアとして関わることになった。

アランは、ネグロス島においてＪＣＮＣの受け入れ団体となった「市民災害復興センター」の事務局長だった。

ＪＣＮＣの活動はいろいろと批判の多い日本政府の「ＯＤＡ」援助やテレビ局が始めた派手な援助キャンペーンとは違う「もう一つの支援＝顔の見える援助」として「政府や企業の助けを借りずに、日本とフィリピンの市民同士が、それぞれの自立のためにお互いの暮らしに関わり合う」ことをめざして始まった運動である。だからその活動は、外国による搾取や独裁政権と闘っているフィリピン民衆運動と政治活動や理念の部分だけで連帯するのではなく、フィリピンの零細な人びとの日々の暮らしを成り立たせるための闘いを共に進めていこうという試みとして始まったのである。

ＪＣＮＣの基本的な活動は二つあった。日本国内での募金キャンペーンと、ネグロス現地のNGOが行なっている「自立復興プロジェクト」への資金支援である。

PETAとの演劇の連帯関係を通じて、女優と音楽家の二人組をフィリピンから招聘《しょうへい》し「ネグロス・コンサート・ツアー」を、北海道から沖縄までの全国九都市で開催した。そのすべてに私はプロデューサー兼司会兼通訳として同行した。このコンサートを通じて全国に支部が形成され、募金活動が本格化した。

JCNCキャンペーンの基本戦略は、このコンサートで国内の地域に支持組織を作り、ネグロスへの「現地交流ツアー」を企画し、主要な人びとに参加してもらい、ネグロスの現地の人びとと直接的な交流をしてもらおうというものだった。つまり、コンサートを「聴く」、ネグロスに「行ってみる」、南の暮らしを「実感する」、帰国して「行動を起こす」という展開を考えたのである。その結果、ネグロス・キャンペーンは、南北の市民の直接交流を基盤に市民の直接参加が実現した、初めての援助／支援活動となった。

しかし、市民が行動を起こすにつれ、ただの募金活動では、問題が解決しないということが明らかになってきた。

つまり、ネグロスの零細民が、土地なし、金なし、力なしのどん底の貧困から立ち上がるためには、まず、緊急に食料や資金を手に入れる必要がある。少し落ち着いたところで、自給自足のための小規模な自主農業を営んでいく。しかしそのためには、営農計画と資金そして技術研修が不可欠である。そして、自活するには現金も必要になる。だから、農産物を生産する底辺民衆が有利に作物を市場化できるように、民衆の側に立った「オルタナティブな流通支援機能」が必要となる。例えば、融資サービス、倉庫、運搬手段、販売能力といったものを民衆自身がマネージしていけるようにしなければ、本当の意味での自立は成立しない、というようなことが見えてきたのである。つまり、JCNCは、ネグロスで民衆自立が成功していくための条件として「緊急救援」、「復興計画と技術研修」、「民衆的な流通活動」の三つが一体として展開される必要があると考えたのである。

しかし、ネグロスの人びとには、積年の貧困による疲弊と借金以外、自立のための元手はない。それが彼らの暮らしの現実だった。いわば「マイナスからせめてゼロへ」というのが彼らにとっての「自立」の現実だったのである。

とすれば、手作りの粗末な黒砂糖を日本の価格で買ってもらえれば、暮らしの必要の他に自立のための基金も手に入るかもしれない。さらにマスコバド糖を作って売るのであれば、いつ、幾らくらい集まるか分からない寄付金に頼るより、自分たちの努力で、どれだけの資金が収入となるか計算できるというメリットもある。かくして、民衆交易の出発点は、「寄付金集めの事業化」として構想されていった。

アランと私はこのアイデアを共有していた。一石二鳥を狙ったのである。アランは、これを契機に、ネグロスに民衆産物の島内流通を支援できるような組織として、オルタ－・トレード社（ATC）を設立しようと目論んでいた。私は寄付金集めが事業化できないかと考えていたのである。私たちは二人の共犯者のように、ドキドキしながら「ばななぼうと」に参加したわけである。そして、この「ばななぼうと」で、私たちは大きな出会いを体験した。七〇年代に始まった新しい消費者運動との出会いである。

このイベントに参加するまで、私は有機農産物の運動や、環境派生協の運動や事業というものが、これほど巨大なものだとは全く知らなかった。当時でも、生協の年間事業高は一〇〇億円を越していた。これらの消費者運動は、七〇年全共闘運動の直接的な帰結の一つであった。私は、「市民事業」というものの存在を初めて知ることになった。そして、船内において、アランと私が呼びかけた連帯の支援に真摯に応えてくれたのも、これら新しい消費者運動の担い手たちだった。徳島暮らしをよくする会と中部リサイクル運動市民の会、そして九州を地盤とする共生社生協連合がネグロスのマスコバド糖を引き受けて販売すると申し出てくれたのである。この結果、マスコバドを製造し、輸出するオルター・トレード社がネグロスに設立されることになった。さらに、マスコバドの価格は、沖縄の黒糖と競合しないようにという配慮で、少し高めの値段をつけてもらった。その高めの部分は、ネグロスに民衆流通システムを立ち上げる基金として「自立基金」と名付けられた。募金を事業化する試みについても高めの価格で買う、という形で実現したのである。

一九八八年六月に、共生社生協連合と福岡地区連が合併して「グリーンコープ生協連合」が誕生した。ネグロスとの結びつきは、先述したように共生社生協連合がばなながぼうとでマスコバド糖の輸入に取り組むことを表明し、先行して始まっていた。一九八七年五月には、私が共生社生協傘下の五つの生協を一週間のスケジュールで訪問し、ネグロスの現地報告をし、あらためてマスコバド糖への取り組みをお願いして廻った。その結果を受けて、同年一〇月には、共生社生協の各単協理事の代表たち二〇名が二班に分かれてネグロス現地を訪問し、貧困と飢餓のもっとも困難な時期のネグロスを直接見聞している。その上で、共生社生協におけるマスコバド糖の取り組みが開始されたのであった。

一方の地区連では、共生社生協との合併を目前にして、ネグロス連帯の経験を共有するために、合併に先立つ八八年三月に地区連傘下の各単協の専務理事たち六人がネグロスを訪問している。

共生社生協の人びとも、地区連の人びとも、ネグロスの現状と人びとの貧困との闘いの仕方とに深く感銘を受けていた。それは、グリーンコープ連合の設立総会のスローガンの一つに「ネグロスと連帯しよう」という一条を掲げたことでも分かる。実に、生協の設立総会のスローガンとしては異色のものであった。そしてこの時の精神は、現在でも、ＪＣＮＣへの毎年のクリスマス・カンパとして見事に継続されている。

グリーンコープ連合は、その生協運動の基本に、「いのち、自然、暮らしを守る」という理念を据えている。具体的には「自然と人、人と人、女と男、南と北」の四つの共生の実現をめざす生協運動なのである。この中に「南と北の共生」と明記されていることが、このネグロスとのいまだに継続する連帯交流の基盤なのである。

ところで、共生社生協が「連帯」ということをどのように考えていたかということを示すエピソードがある。

マスコバド糖は八七年の初輸入以来計五〇トンが輸入されたが、問題があったのである。実はあまりに稚拙な手作り製品であるため、サトウキビのカスやゴミ、畑の土などの「異物混入」がひどかったのだ。共生社生協は買い取ったけれど販売はせず、実際は倉庫に眠らせたままだったのである。当時、この事実を私に伝えながら、共生社生協のある女性役員が言ったことばをいまでも覚えている。「生協運動というのは、組合員がものを買うことで初めて成り立つものです。ネグロスとの連帯が生協の中で成り立つためには、ことばや情報や現地訪問だけでは駄目。カンパ活動だけではネグロスとの連帯にならないんです。生協は、組合員にものを買ってもらって初めて連帯運動になるんです。マスコバド糖は、いま、売れません。なんとか、売れるものにしたいのですよ」。

私は、なるほどと思った。すごい、と思った。この人たちは、ことばとして、理念としてだけ連帯しようとしているのではないのだ。彼らのもっとも基本であり、彼ら自身ですらある生協運動の真髄において連帯を実現しようとしているのだ。以来、彼らのこの真摯な姿勢は一貫して変わらないでいる。

しかし、問題はこの倉庫に眠ったままになっているマスコバド糖の適正な処理方法だった。グリーンコープ連合になって、その処理法として「マスコバド黒飴」が作られることになった。メーカーは、溶かしたマスコバドを濾過《ろか》するのに機械を一台駄目にしてしまったという。しかし、飴の評判は上々だった。さらに、現地での製造工程の改善をアドバイスするために、新生グリーンコープ連合の副会長だった兼重さんが、私と共にネグロスを訪問し、基本的な問題だった異物混入の防止策と工場の建物改善を指導した。彼はその時途方もない提案をネグロス側に提示したのである。その前に彼はネグロスで穫れる七種類のバナナのすべてを食べ尽くして、その中の一本である「バランゴン種」のバナナを取り出して、アランをはじめとするネグロスの人たちに、こう言った。

「このバナナを日本に輸出できませんか？」

ＡＴＪが発足することになった真の契機は、彼のこの一言だった。

この時の帰国の機上で彼は、特有の訥々《とつとつ》とした語り口でこんな話をしてくれた。

「〝こと〟から、〝もの〟へ、ということなんだよね」

「僕は、ものを作る人間なんだ。透徹した思想や観念というものは厳然としてあると思う。

でも、それはあるだけだよね。信じることはできるし、繰り返し語ることも、信条として叫ぶこともできる。しかし、それでは動かない。僕らのような有象無象の人間は、それだけでは動けない。思想や観念の指し示す〝こと〟があるとしたらそれを〝もの〟に転化してみようとすることで、次にやるべきことや、誰と何をするべきか、どう動くべきかが初めて分かるようになる。誰もが自分なりの参加ができることを保証する。それが〝もの〟を作ることの根底にあることなんだ」

「バナナは、おそろしく難しい商品だよ。ネグロスとわれわれが連帯するという〝こと〟を〝もの〟へ転化するには、ちょうど相応しい難しさかもしらんね……」

兼重さんは、無農薬のバナナが輸入できるようになれば、子どもを持つ日本の母親たちにどれほど役に立つか、ということをネグロスの人たちに力説した。連帯が本当に成立するためには、双方が相互に役に立つような関係をつくる必要があるのだということを、ネグロスの人びとに実に率直に語ったのである。

つまるところ、バランゴンバナナは、「不平等と貧困、抑圧と飢餓に対して社会的正義の実現をめざす」ネグロスの民衆運動を支援するＪＣＮＣの「社会的善意」と、「いのち、自然、暮らしを消費者運動として守ろう」という生協運動の「いのちの論理」が結びついてできあがったものだといえる。

繰り返せば、「正義と平和に満ちた社会を実現しよう」というフィリピンの民衆運動を、善意と信頼でもって支援しそのことで日本の社会のあり方をも変えていきたい、というJCNCの運動の理念と、「正しい商品を自分たちで作り、使うことで、日本の消費のあり方を変え、社会のあり方を変えていきたい」という生協運動の理念とがネグロスという場で出会ったのである。その出会いを具体化した「もの」がバランゴンバナナだったのだ。

そして何より、バランゴンバナナは日本に初めて輸入された「無農薬バナナ」だった。この「希少性」が、傷だらけ、不ぞろい、汚いというネグロスバナナの「非商品性」を凌駕《りょうが》したのである。

だから、私たちのバランゴンバナナは、いわゆる経済的な「商品」として発想されたものではなかった。むしろ、山人と海人がお互いの収穫物を交換し合うように、ネグロスの人びとと日本の消費者とが「いのちと善意の物々交換」を成立させるための「媒介」(メディア)として発想されたものだったのである。

いままで、ネグロスという場所が存在することすら知らなかった消費者がバランゴンバナナを手にし、食べた瞬間、彼らの暮らしの延長に「このバナナのふるさと」として、ネグロスを明瞭に意識するようになる。アジアが日本の台所に出現することになる。バランゴンバナナは、このように南と北をつなぐダイナミズムをつくり出した。さらに、バナナの代金にもネグロスを支援する「自立基金」が付加されることになったのである。

だから、「ネグロスバナナの輸入事業を担う事務局」というのが、ATJの設立初期の実状をもっとも明確に表す定義ではないかと思う。

そしてそれは、以下のような点を課題として機能していた。

（一）ネグロス（「南」）との連帯を生協事業活動の中に具体的に体現する。
（二）つまり、無農薬バナナの国際産直を実現する。
（三）と同時に、ネグロスの民衆自立の支援であるから「利他的な事業」であり、現地ネグロスに民衆的なインフラや資本が形成できるように、品代に基金をプラスした形で支援活動を行なう。
（四）このような事業を組合員に理解してもらえるように、コンサートやニュース、人物交流や、ネグロスツアーなどのキャンペーン活動を積極的に推進・実行する。
（五）形態として「株式会社」組織とする。運営は、各参加団体から役員を派遣し、役員会で討議、決定していく。

もちろん、当然のことながら設立に賛同した株主団体それぞれの間には、右記の趣旨に対する理解と共感において、各団体の事業姿勢や運動的観点に基づく「温度差」があったと思う。しかしその相違は、「事業体としてのATJの主体性を尊重する」という相互の了解において、役員会での討議や意見として、建設的にATJの運営に反映されていくものと理解されてきたのである。

幸運だったのは、ATJが発足した一九八九年一〇月はバブル経済の頂点だったということだ。その後、毎年のように円高が進行していった。「輸入企業」であるATJにとっては、円高はまさに「追い風」だった。設立以来、年間売上高は倍増、三倍増、と増え続けることになった。生協組合員の底堅い支持があったおかげで「市価の三倍」の価格であるバランゴンバナナや、エコシュリンプの売れ行きも順調に推移することができた（エコシュリンプは、九〇〜九一年にかけてのバナナの台風被害による事業不振にたいして、ATJの事業基盤を拡充、安定させる目的で、これも兼重さんの尽力で、九二年後半から輸入実現にいたった。その後、バナナを凌駕する事業収入源となっている）。

このような背景の中で、ATJの活動はますます、非営利的、利他的な傾向を強める方向で進展することとなった。

この間、ATJの活動はそれまで資本制経済の中では考えられなかった「利他的な営利事業」として、ある意味で、「オルタナティブ」な試みを少しは実現しつつある、という評価を受けるようになった。「援助・連帯活動」を出自とするATJであるとすれば、そのような評価を受けることはいわば自明のことでもあったのである。

明らかに、ATJはその存在基盤を「反・資本主義」、「反・自由市場主義」においている。永年の植民地支配、サトウキビの単一作物栽培、大土地寡占状態での土地なし生活等々、これら「構造的暴力」の中で生きているネグロス民衆との連帯活動から生まれたATJとしては、観念的にも理念的にも「反・資本主義」的なものを存在基盤とすることから逃れることはできなかった。

また、「南」の生産者、農民との交流が深まれば深まるほど、市場経済の誇る「自由競争原理」が「南」という裏側で、繁栄する「北」にいるだけでは見えない、多くの破滅的な事象を引き起こしている現実を知ることになる。豊かさを追求する「北」側の企業活動が、自己利害本意を行動原理としているために「南」の各地で引き起こすさまざまな破壊的現実は、どうしてもATJがそれと同じ企業体であるとは考えたくないようなひどさなのである。

ネグロスバナナにしろ、エコシュリンプにしろ、その生産の過程においては、見事に「反・資本主義」的な生産形態をとっている。少量自然生産。非効率。環境負荷がない等々。しかし、生産形態が「反・資本主義」的であれば、消費形態も「反・資本主義」的であるとはいえない。実際、年を追うごとに増大したバランゴンバナナの輸入は、あってはならない結果なのだが、産地における「連作障害」を引き起こしてしまったのである。

自給自足農業をまず実現しなければいけないようなバナナ村と、もっとも高度に発展した消費形態を持つ日本の都市消費者が結びついたという、大きな経済構造上のギャップがこの連作障害を引き起こした基本的な原因である。

というより、このようなギャップを客観的に認識し、それを、有効に具体的に埋め合わせて、経済的事業的にどちらも成り立つようにするという、企業体としての十分な能力をＡＴＪが持ち合わせなかったために発生した事件だという方がより適切かもしれない。このことにおいて、生産形態が「反・資本主義」的だから、自分たちの企業形態も「反・資本主義」的なのだ、と観念的に自足していたという批判を、ＡＴＪは甘んじて受けるべきなのである。

「理想論」の最大の欠陥は、どんなに「正しい」主張でも、実行可能な手続きを示せない限り、あるいは、その能力を持たない限りは「正しくない」のだということを自覚していないことにあるという。九三年以来、バランゴンバナナの主要産地の一つに、バナナの連作障害である病虫害の発生を見たことは、この間ＡＴＪが、その事業を取り巻く環境的、経済的、社会的な変化に対して鋭敏に対応する能力を欠いていたのだと自己批判する必要があるだろう。

この結果、「ＡＴＪとは何か？」「ＡＴＪは何のために存在するのか？」という問いが、真剣に発せられる必要がでてきたのである。

ＡＴＪは設立以来、一貫して「理想論」を基本にして事業活動を行なってきた。私たちは、欧米のフェアトレード運動のように世界の貿易構造をフェアーなものに改善しようという運動としては、ＡＴＪを構想してはいない。むしろ、貿易を一つの手段として、いかに第三世界の自立運動を支援できるか、というふうに考えてきた。私たちは「オルタナティブ・トレード」を実践しているが、これは「貿易」のオルタナティブではなく「国際協力・開発支援・連帯運動」のオルタナティブだと考えてきたのである。

その意味では、ＡＴＪがバナナを輸入するのは、一方でネグロスの農民の経済的自立を支えるためであり、もう一方では、日本の生協や消費者運動の「善意と連帯」意識の形成をめざすという課題があった。この両者を結びつける媒介者として自分を位置づけていたのである。

媒介者には、避けがたい、一つの大きな欠落がある。それは「ぜったいに主役にはなれない」ということだ。ネグロスの人びとの自立の活動を「支援」する。しかし、自立するのは「ネグロスの人びと」であって、それを支援する媒介者ではない。日本の消費者が第三世界と出会うことを媒介する。しかし、出会いを契機に地域に新しい運動を生み出していくのは消費者であって、媒介者ではない。媒介者は、ただ媒介するだけである。

実は、これがＮＧＯの陥る役割のワナなのである。

媒介者にすぎないと自己規定することは、自分たち自身は体制内に組み込まれた現実存在とは見なさないという、観念的な「アウトサイダー的」状態を自分に許すことになる。

しかしＡＴＪは、資本制経済の中に存在する企業体である。商品経済を媒介し、利益を上げ、資本制の恩恵を自分自身がこうむっている。しかも、株主団体の安定的な市場という「保護された」市場において優先的に事業活動が遂行できるという「特権的な」事業を行なうことで「成功」してきたのである。

ＡＴＪはアウトサイダーではなく、確実にものの流れ、経済の流れの中でその役割を現実のものとして果たしているのである。それは、第三世界の生産者と日本の消費者との間にある「需給関係」の媒介者であるという役割である。しかるに、輸出量の増大はネグロス民衆の収入向上につながるという一点で自らの役割を規定してしまったことが、産地での連作障害の発生の一因となってしまったのである。

需給関係を前提にする限り、生産物は、消費者によって買われることで初めて価値を持つことになる。生産物の価値は、ただ労働投下するだけで生まれるわけではなく、社会的に意義のある労働投下によって生み出される。消費者は、その社会的な意義を認めることで購入する。バランゴンバナナは、消費者に買ってもらえることで初めてその社会的価値が認められたことになる。

例えば、ネグロスバナナはもちろんその社会的な価値（民衆自立、無農薬、南北連帯）が認められて買われてきたわけである。だが、これらの社会的価値は、経済活動として流通に真剣に取り組み市場で受け入れられる「商品」にしたてる努力とはまた別のものである。いわば、消費者の善意に依存したものであったに過ぎない。ＡＴＪが自己の利益のみを追求する普通の企業であれば、それでよいのだろう。しかし、市場経済のまっただ中に存在しながら、同時に、第三世界の生産者の自立、自給農業というものの確立をめざすＡＴＪであるなら、品質や安定的供給ということを自明の前提としながら、同時に、産地の生産状況の管理、環境の評価ということに注意する義務があるのだ。これは、実はきわめてプロフェッショナルな仕事なのである。つまり、私たちは媒介者以上の何者かでなければならなかったのだ。

積年の貧困のただ中で、病気がちの身体にむち打ってバナナやトウモロコシなどの農産物を作っている土地なし農民たちの暮らしを知るものとしては、「労働投下があれば、生産物はすでに価値を持つのだ」という考え方を全面的に支持する気持ちがある。だから、管理された「商品」としては売りたくない、または、売れない、という気持ちになってくる。だから、ＪＣＮＣ／ＡＴＪの「民衆交易論」は、逆説的に、現行の経済システムからは独立した「ブッブツ交換」的な交易を、自給自足の達成、自治能力の獲得とならぶ「自立のための必要条件」の一つとしているのである。だがそれは、一時的な支援としては実に有効な手段ではあっても、プロフェッショナルな商品管理ができないということが、連作障害のような環境破壊を引き起こしてしまうことになったのである。

とすれば、その先の展開を構想する必要がある。つまり、ＡＴＪは「プロ」になる必要があるのだ。事業を始めてみたら、ボランティア意識では乗り越えられない状態になった。仕事として、作業に追われるようにもなった。そしてその先にきたものが「プロ」的な技能、意識、というものだった。プロの媒介者、それが本当の意味での「民衆交易事業者」なのだ。

いま、ＡＴＪの課題は、「プロの流通事業体」として自立性と独自性を獲得することが必要になっている。理想と善意だけでは、結果として南の生産者の自立を本当に支えきることはできない、ということなのである。自らが、資本制経済の一端にあることを自覚的に理解し、資本制経済のダイナミズムの長所を取り込み、欠点を排除しながら、ＡＴＪ自身が流通のプロとして自立しなければなるまい。

ネグロスバナナは、「〝こと〟から〝もの〟へ」という考え方の中から生まれた。

南北の民衆が、本当に共助し合えるようになるには、スローガンの共有ばかりではなく、共同の作業を共に分かち合う必要がある。作業をするには「もの」が必要となる。ＡＴＪが生まれ、現在も続いているのは「無農薬バナナ・バランゴン」という「もの」を生み出すことができたからである。「もの」を扱うには技術がいる。これもバナナから教えられたことである。このバナナが生まれてから、すでに七年が経過しつつある。しかし、いまだにこのバナナは「もの」であることをやめようとはしていない。どうしてもただの「商品」として完結し、右から左へと消費されていくことがない。いつも何かしら新たに取り組まねばならない課題を、生産者にも、消費者にも、そして私たちATJにも投げかけ続けている。

本当の仕事というものは、一つの「もの」を完成させることではなく、「こと」を「もの」に転化し、また、その「もの」から、また「こと」が生まれ、また、それを「もの」にしていこうとする、いわば、限りのない永続的な作業のことなのだろうと思えてくる。いまATJ社は、バランゴンを「商品」として完成させるという新たな課題を与えられている。もともと「非・商品」であったものを「商品」化することで、何が失われ、何が得られるのか？

例えば、商品という時人びとは店頭にならぶシミ一つない大型のブランド品バナナをイメージするはずだ。チキータ、ドール、デルモンテといったラベルが貼ってある。もちろん、軸にカビが生えていたりすることはないし、果実が黒ずんでいたり傷ついていたりはしない。安くて、買って帰ればすぐ食べられる。このような「完成」された「商品」バナナは、農産物の大量均一生産、大量輸送、大量販売の典型的なモデルなのだ。一九〇〇年代、中米、カリブ諸国を植民地化したアメリカのアグリビジネスが、安い労働力と広大な土地を独裁者と軍によって支配し管理することで生み出した「プランテーション・システム」が、この「商品」バナナを作り出したのである。一九六五年、マルコス独裁政権の誕生とともに、フィリピン、ミンダナオ島で広大なバナナ・プランテーションが開発され、一九六九年、日本の高速道路網の完成とともに、日本市場にこれらフィリピン産ブランドバナナが大量に流れ込んできた。これは、けっして、偶然の出来事ではないだろう。

現在、日本には年間約七〇万トンのバナナが輸入されている。その八割はフィリピン、ミンダナオ島産のバナナである。そこでは「商品」として完成させるために、クローン栽培による苗木の生産、農薬による抗菌、病虫害予防や土壌殺菌、防カビ剤を使ったポスト・ハーベスト処理などの「技術」がふんだんに使われている。一つの農園が約一万ヘクタールという大規模なものであり、そこにバナナだけが集約的に植えられ、収穫、箱詰め、船積みまでが、機能的・効率的に運営されている。土地はフィリピン政府からの借地である。そして何より、ミンダナオ島には台風が来ない。

一方、わがバランゴンバナナは、ネグロス島の山間地に住む開拓零細農民たちが、谷間や、ガケ地などの他の農作物を作ることのできない土地に、親代々、植えつけてきたフィリピン原産のバナナである。急斜面にへばりつくように植えられたバナナは、成熟度もバラバラであり、一切の手入れをせずに育つに任せられた野生児なのである。日本への出荷がある時には、五日前に、村の連絡係が、尾根づたいに各集落に収穫日を伝達して廻る。出荷の朝は、ふもとの、車が入れる所まで、ATCのトラックが出向いて行く。農民たちは早朝から斜面に入り、適当に熟したバナナの樹をさがし出して、切り倒す。バナナの房を、バラバラにして竹カゴに詰め、天秤棒に振り分けて、山道をかついで運ぶのである。四〇分から一時間かけて、トラックの待つ地点に運びおろす。

とにかく、私たちのバナナは、人から人へ、手から手へと手渡されて、選別され、水洗いされ、計量され、箱詰めされ、トラックに積まれ、港に運ばれ、冷蔵コンテナに積み込まれる。この間、約三六時間である。運ばれる度に傷がつくし、熟度はバラつきがある。薬品を使わないので、軸は輸送される間にカビが発生してくる。もちろんフィリピンの日常生活では、バナナはすべてこのようにあつかわれており、人びとは当然のこととしている。日本についてから、消費者に手渡しされるまで、傷つきすぎたものは選別し、カビの部分は切り取り、リパックして「商品」化するのではあるが、見栄えは悪い。絶対に悪い。そして傷んだために、廃棄されるバナナも多い。これが私たちのバナナの「非・商品」性なのである。

私たちのバナナを「商品」化するというのは、ブランド品バナナのような「プランテーション」を作ることではない。これは自明である。しかし、効率よく、質的によいものを生産し、無駄なく輸送し、「安く」販売できるようにすることは、商品経済の中で生き残るためには絶対に必要なことである。私たちはブランド品バナナと全く違う価値観の中で、それに対抗できる効率的なシステムを創り出す必要があるのだ。このことは、ネグロスの農民たちと一緒に、真剣に考え抜かなければ実現できない事業なのである。双方が多大な努力をする必要がある。

「モラル」と「経営」という二つの力のはざまで呻吟しながらも、もし、ネグロスのバナナがチキータやデルモンテの多国籍企業バナナに取って代わって、全国どこでも手に入るようになったら、などとあらぬことを考えてしまうのである。この夢が実現するのは、まだまだ先の話だろう。しかし、それほど遠い先のことでもないように思う。

ネグロスの零細農民たちが、次々に協同組合を結成し、有畜複合農業を実践しながらあぜ道や水路脇に丁寧にバランゴンバナナを植えて、大事に大事に日本の消費者のために育ててくれる日がかならず来るだろうと信じているからだ。

（一九九七年　河合隼雄・内橋克人（編）『仕事の創造』）

第14章 ＡＴＪは、オルタ貿易の第三世代！

――ＩＦＡＴ総会に出席して

ＩＦＡＴ（国際オルタナティブ貿易連盟）の年次総会が一九九五年五月一〇日～一三日の四日間、アメリカのメリーランド州ニューウィンザーという小さな町で開催された。ＩＦＡＴの総会は二年ごとに開かれることになっている。第一回総会は九一年にアイルランドのキルケニーで、第二回は九三年にマニラで開催された。今回は第三回目である。ＡＴＪ（オルター・トレード・ジャパン）は第二回総会にはオブザーバーとして参加した。議決権を持つ正式メンバーとして参加するのは、今回が初めてである（ＡＴＪは昨年末に審査を受け、年会費を払う正会員になった）。

ＩＦＡＴは、欧米のオルタ貿易団体が、第三世界商品のマーケティングや輸入実務の連携などを目的として開いてきた国際会議を基盤に、一九八九～九〇年にかけて形成した「国際ＮＧＯ」である。第一回のキルケニー総会において、それまで北側の団体に限られていたメンバーシップを、南側つまり生産者の側にも開いて南北合同の国際NGOとして再発足した。

救援、開発支援から生まれた第一世代

欧米の団体の中心は、OXFAM、TRADE-CRAFT、など長い歴史を持つオルタ貿易の第一世代である。「第一世代」というのは、かつてヨーロッパのオルタ貿易団体を研究した時に武藤一羊さんが命名したものである。例えばOXFAMは戦前からイギリスで活動している由緒正しい慈善団体である。かつては、古着や家具などの寄付を募ってそれを困窮者に配布したり、リサイクルショップのように低価格で再販したりしてきた。現在では、第三世界の緊急救援、開発支援活動を活発に展開するとともに、そのための基金集めや、資金づくりの一環として「OXFAM・SHOP」をイギリスを本拠に欧米各国で展開している。そこでは、第三世界の民芸品を幅広く輸入し、欧米各国の一般家庭で装飾や実用品となる商品として販売している。イギリス国内に四〇〇万人の賛同者を持つというOXFAMでは、カタログによる通信販売も大きな事業となっているという。

このOXFAMの活動を一つのモデルとして、欧米各国で多くの「民芸品」中心のオルタ貿易団体が活動している。第三世界の貧困層に仕事をつくるための「民芸品」製作事業。

伝統工芸を細々と伝承している先住民たちの製作集団。これらを支援する第三世界のＮＧＯたち。この人びとと直接取引をすることで、第三世界に職と収入をつくり、本国では、基金集めをし、第三世界の実状を知らせている。

しかし、この第一世代のオルタ貿易の対象は、主として「民芸・工芸品」に限られている。だから、今回のＩＦＡＴの総会に参加した第三世界の代表たちも「民芸・工芸品」を製作輸出している団体やＮＧＯが主体で、約八割が彼らで占められていた。この総会で南側から出された主要な要望は、「欧米市場の拡大」「市場競争力を高めるための技術・資金支援」「公正貿易における価格決定のメカニズム」について等々であった。北側からは、このような南側の要望に対応する形で、最新のオルタ市場動向の説明や、商品開発のノウハウ等々がセミナーの形で提示された。

総会の主要な議題は、ＩＦＡＴの「活動規範」の採択であった。「活動規範」はすでに三年前から、南の代表と北の代表たちがそれぞれの立場から原案を提示してきており、それらの最終的な統合案が賛成多数で採択された。

この「行動規範」の底流となるのは、「貧困と不公平にあえぐ南の生産者たちの生活の向上を第一の目的にし、倫理的な視点から、現行の世界貿易体制とは異なる公正な貿易を実現しようとする」ということである。

大筋として、「南の労働環境の改善」や「倫理的に公正な南北の関係」を実現することをめざしている。そのことにおいて私も基本的に賛成であった。しかし、問題点は、南が貧困で北がそれを助けなければならない、という一貫した立場性があまりに強調されすぎていることだった。南北の協同作業を通じて相互の自立を確立しようというような点が、ほとんど抜け落ちている。「北の市場に南が輸出し、北がより高い、公正な価格でその製品を買い上げる」というその「オルタ貿易の構造の持つ自己矛盾に対する批判」が全く感じられない。北は、南の民衆が生産するものをすべて、公正な価格で買い取り、全部を消費することができるのか？

これは、オルタ貿易すべてについて常につきまとう疑問である。

第二世代は連帯運動から

このことに関連して、もう一つこの総会で際立っていたのは、ヨーロッパの一部オルタ貿易団体の欠席である。おもにEC（欧州共同体）諸国に属する団体で、民芸品以外にコーヒー、砂糖、紅茶等々の「食品」を輸入しているグループであった。これは、武藤さんの定義によるとオルタ貿易の「第二世代」に属するグループである。

第二世代の特徴は、ヨーロッパの第三世界連帯運動や政治・社会運動が、母体になっていることである。七〇年代に、アフリカやラテンアメリカの社会主義政権や反政府勢力を支援することから始まっている。政治的課題と民衆運動を支援するために、その国や団体から政治的な価格で産品を輸入し、彼らの戦いを支援してきたという歴史を持っている。これら、第二世代はいまや各国で、第三世界ショップや自前のショップを展開するとともに、既存のスーパーマーケットにも販売先を拡大していっている。この一般市場で、多国籍企業商品と競合するために彼らが発明したマーケティング戦術が「フェア・トレード・マーク」や「トランスフェアー」というシール作戦である。「南の生産者から公正な形で直接輸入した商品にこのマークをつけています」とアピールすることで、良心的な消費者の購買意欲を刺激するわけである。コーヒーや紅茶などではかなりの成功をおさめている。

ところが、第一世代のグループは倫理的な観点から「熱帯食糧産品」の輸入には消極的である。民芸品ならば、文化的であり、あまり植民地構造に直接タッチせずに（波風を立てずに、小規模な資本で）オルタ貿易が可能である。

第二世代は、熱帯食糧産品となると大規模な資金投資と流通の専門化が必要となるので、必然的に既存の商社や貿易慣行と対峙することになる。そこで、ＷＴＯ（世界貿易機関）やＧＡＴＴ（関税及び貿易に関する一般協定）などに積極的に発言していくことになる。また、既存のスーパーに大量に販売するためにも、勢いマーケティング戦術が先行することにもなる。

昨年中にこのあたりの問題をめぐって、第一世代と第二世代グループの間で「倫理的な姿勢で、文化的に南の貧困な民衆を助けるのか？　実体経済に食い込んでフェアトレード商品の販売量を拡大するのか？」というディベートがあったらしく、民芸品・工芸品中心のＩＦＡＴに飽きたらない第二世代グループの主要団体が欠席したということらしい。

ＡＴＪは第三世代

ＡＴＪは、きわめて意識的な日本の生協運動と消費者運動に支えられ、一方では、自立のために自らを組織し、社会・経済・環境のために運動しようとする南の生産者と協同している。欧米の第一と第二世代が内包するオルタ貿易の課題は、等しくＡＴＪの活動にも内包されているが、ＡＴＪは、意識的な生協という市場と、民衆運動的な生産者との連帯活動に支えられているという点で、ユニークであり、いわば、オルタ貿易の「第三世代」と呼ばれるべき存在なのかもしれない。

ＩＦＡＴ総会に初めて公式に出席して、あらためて私たちの活動の原点を再確認することになってしまった。

（一九九五年　『ATJ NEWS』）

第15章
岐路に立つフェアトレードの現状と課題

ロンドンとシカゴでのフェアトレードに関する会議

昨年（二〇〇五年）の一〇月のこと、私は、ロンドンとシカゴで行なわれたそれぞれ独自のフェアトレードに関連する会議に、参考意見を述べるという立場で参加してきた。

ロンドンの会議は、私が代表を務める「オルター・トレード・ジャパン」（ＡＴＪ）と一九九一年以来、連帯友好関係にある「第三世界情報ネットワーク」（ＴＷＩＮ）が、設立二〇周年を機に開催した公開討論会で、そのタイトルは「岐路に立つフェアトレード、どの道へ進むのか？」というものであった。

一方、シカゴでの会議は、全米フェアトレード協議会が開催したやはり公開討論会で、そのタイトルは「フェアトレードの未来を語る――フェアトレード・ライフを生きよう！」というものであり、一般消費者を対象とするこのような会議はこれが初めてとのことだった。

　ロンドンの集まりには、三〇人のコーヒーやカカオの生産者代表を含む一六〇人以上の人びとが参加し、四つの分科会に分かれて、それぞれの現状と今後への展望を熱く語り合った。シカゴでは全米から七一五人が参加した。しかもその七割が消費者と学生であり、二日間で、のベ五〇の分科会が開かれ、多様なフェアトレード状況をそのまま反映するとともに、拡がりから深化へ向かおうとするアメリカのフェアトレード運動の熱気を強く感じさせるものとなった。

　ロンドンの会議はテーマが直截に語っているように、いかにもその全盛期を迎えつつあるかのような欧州のフェアトレード状況において、冷静に現状を捉え直して、今後の進むべき方向を確認したいという主催者の思いがあふれていた。しかも、この会議の前日には、ネスレ（ネスカフェ）が、近々に自らフェアトレードコーヒーを生産・販売するという声明が発表されるという、この会議のテーマにふさわしい、まさに冗談のようなできごとがあり、フェアトレード事業の英国における華々しい成功を報告する一方で、底流にはうそ寒い危機感が流れる会議となったのである。

　一方のシカゴでは、楽しいフェアトレード祭りのような賑わいとともに、同じく深刻な課題として、「チキータバナナに対してフェアトレードマークが認証される」という事実をめぐって「フェアとは何か？」と問いかける、重たい自問の討論が行なわれることとなった。

私がこの二つの会議に参考意見を述べるという立場で招請されたのは、偶然ではない。ロンドンでも、シカゴでも、先に述べたような「フェアとは何か？」という深刻な問いを発せざるを得ないような状況がともに起きており、この間、まさに欧米のフェアトレード運動と同時期に生まれながら、「フェアトレード」というコトバでくくられることを嫌い、自らを「民衆交易」（People to People Trade）と標榜して日本の生活協同組合運動を基盤として「国際産直運動」を展開してきたＡＴＪの経験をぜひ聞いておきたい、という主催者たちの意図があったのである。

とりわけシカゴでは、私たちが一九九〇年以来進めてきているフィリピンとの「バランゴンバナナの民衆交易」の経験を知ることで、チキータバナナにフェアトレードマークを認証することの愚かしさを再認識するチャンスにしたいという思いがあったようである。

またロンドンにしても、テーマは直接にバナナと関わることではないが、日本で強力な生協運動をベースにして南の生産者と北の消費者の連帯協働を基本システムとするＡＴＪの「民衆交易」に、欧米のフェアトレードとは一線を画する「オルタナティブな経験」を見るとともに、欧米の現状を相対化する一助にしたいという希望があったと思える。

いま、欧米で実際にフェアトレードの中心にいる人たち自身が、フェアトレードの成功の華々しさに微笑みながらも、その実、自分たちの犯した間違いにも気づき、いかにもアンビヴァレントな心的状況にいることが分かると思う。

欧州のフェアトレードの経緯と現状

欧州のフェアトレードの運動は、「オックスファム」や「クリスチャンエイド」に代表される「慈善運動母胎」の倫理的な流れと、イギリスの「TWIN」やイタリアの「CTM」(第三世界協同組合)などが主体の社会的連帯運動の流れとが、合体しているところに特徴がある。とくに社会的な連帯運動の流れは、九〇年代を通じてWTO(世界貿易機関)やIMF(国際通貨基金)の世界戦略を強く批判し、多国籍企業(TNC)批判を強力に展開してきており、一九九九年のシアトルでのWTO会議の破綻を生じさせた大きな国際的市民運動と通底するものであったし、国連やWTOがNGOの政策決定への参加を渋々ながら認めていくさきがけとなってきたものでもある。つまり、欧州のフェアトレード運動の根底には、一〇〇万人のイラク戦争反対デモを実現した欧州の市民精神が存在している。

私が見るところでいえば、欧米のフェアトレードが内在化させた最大の問題は、「フェアトレードマーク」にある。今回、ロンドンでもシカゴでも会議を主催した人びとの側にあったのは、「フェアトレードマーク」を生み出してしまった自分たちへの自責の念であったように思える。

欧州のフェアトレード団体がコーヒーを市場化しようとした時に直面したのが、スーパーマーケットに販売チャンネルを依存するしかないという現実だった。当初、このメインストリームに参画するためには、いわゆる「商品の差別化」が必要であり、かつ、スーパーマーケットにフェアトレード商品を並べさせることが運動の成果でもあったということがある。これを可能にしたのが「フェアトレードマーク」というアイデアであった。しかしこれには当初から、「販売戦略だけにおいて有効な手段」と見る批判的かつ冷静なグループと、これこそ「市場経済の中にフェアトレードを組み込む最大の発明である」と考える楽天主義的グループとの葛藤があったと思う。しかし、例えばわれわれのように大きくまとまった生活協同組合運動がある状況とは違い、スーパー市場しか選択の余地のなかった欧州のフェアトレード団体としては、この「フェアトレードマーク」はメフィストフェレスの誘惑のように、いかにも現実的な手段として活用されるようになったのである。

「フェアトレードマーク」という「トロイの木馬」

フェアトレード運動が社会的に提起してきた内実と、確実に実現してきている成果というものは厳然としてある。そうでなければ、ネスレがフェアトレードマークをつけようとするはずがない。当初ネスレは、ジャン＝ピエール・ボリスがその著書『コーヒー、カカオ、米、綿花、コショウの暗黒物語』（作品社刊）で引用した、ロンドンの国際コーヒー機構の会議におけるパプアニューギニア代表の発言と全く同じ言説でもって、フェアトレード運動を批判していたのである。曰く、「フェアトレード推進キャンペーンのポスターを見れば分かる。苦渋に満ちた表情でコーヒーを飲んでいる人物が、コーヒー生産者への報酬が安すぎることを言外に匂わせ、このようなコーヒーを買うべきではないと主張している。こうした一連のキャンペーンは、コーヒーのイメージを損なうものである。イギリスの大手非政府組織である『オックスファム』は援助するかたわら、フェアトレード・キャンペーンを積極的に推進することによって従来の流通経路で販売されているコーヒーのイメージを著しく損ねている」。

フェアトレード運動は、この間、ネスレに代表されるTNCの喉に刺さった小骨であり続けている。TNCはフェアトレード運動によってじわじわと追い詰められてきているのである。この現実は否定しようがない。だからこそのフェアトレード批判である。

問題は「フェアトレードマーク」というアイデアに潜んでいた「トロイの木馬」なのである。

フェアトレード運動は、社会的なオルタナティブ運動として、第一義的に、弱者の社会的権利を護り、拡大し、定着させようとする運動であり、これからもそうである。けっして、大企業を改心させてフェアな価格を生産者に払わせようという運動ではない。フェアトレードの中心にいる人びとはそのように考えているはずである。

しかし、メインストリームのスーパーマーケット市場にコーヒーという商品を売り出し始めた時にとったマーケティング戦略でしかなかった「フェアトレードマーク」が、状況を複雑にしてしまった。

マークを認定するには「公正な第三者」という抽象的な存在が必要となる。かつ、「民主的である」ことを標榜するために、「認証規準」というものを公開し、その規準を満たせば「誰でもがフェアになれる」というシステムをつくってしまった。

本来、フェアトレード運動は、弱者の社会的権利を擁護するという明確な立場性を持った運動であった。しかし、第三者認証によるフェア認定という仕掛けをつくってしまったことで、フェアを認定するという最も立場性が重要視される部分を、抽象的な第三者である認証機関に与えてしまったのである。

この認証団体は、民主的自由という抽象性を自己展開し始める。それが、規準さえ守れば多国籍企業であってもフェアトレードができるのだという、嘘のような話が現実になってしまったのである。欧州のフェアトレード運動が直面しているのは、意外に古典的なジレンマである。つまりは、市場経済的自由か、社会的権利の重視と擁護か、という二律背反である。「フェアトレードマーク」は、その認証規準に以下のような一項を付け加えておくべきだったのである。つまり「マークを使う企業は、その製品の五一パーセント以上がフェアトレード商品でなければならない」という一項である。

前掲の本の中で、著者ボリスはフェアトレードの意義を認めつつ、傾聴すべきさまざまな批判を行なっている。しかし、例えば、フェアトレードは「量的にはゼロである」と言いつつ、社会的なブームとして世論の方向を間違いなく変えている現実があると表明しているが、それがどのような力学によるものかを説明しないまま、「詐欺行為」だと断罪してしまっている。「量的にゼロ」であるものが、なぜ、パプアニューギニアのコーヒー機関代表が嘆くような販売の減少をもたらすのか？　なぜ、ネスレまでフェアトレードをやらざるを得ないのか？

もちろん、ネスレ総体のコーヒー取引量のほんのコンマ何パーセントしかないというペテンを許してしまうという、「フェアトレードマーク」それ自身の弱点があり、その批判は正しいのだが……。まあ、つまりは、自由市場経済の中核にフェアトレードがなりうる、と誰がほざいているのかは定かではないが、そのような妄想をボリスが批判していることは全く正しい、と、フェアトレードの中核にいる人びとは共感しているということだけは明らかにしておきたい。

ちなみに、冒頭に触れたシカゴの公開討論会では、チキータにフェアトレードマークを与えようという「トランスフェアＵＳＡ」という団体への抗議と批判が、参加者の大多数の支持を受けたことを記しておきたい。認証マーク問題が日本社会においても試金石であることは、改めて言うまでもない。

（二〇〇六年『ａｔ』）

〈対談〉

なぜエコシュリンプなのか

――エコシュリンプと民衆交易の可能性

村井吉敬（上智大学教授）
堀田正彦（株式会社オルター・トレード・ジャパン代表取締役）
進行役・大野和興（農業ジャーナリスト）

民衆交易としてのエビ輸入

大野　今日は村井、堀田両氏の対談という形で、話を進めていただきます。村井さんが岩波新書で『エビと日本人』を書かれたのが一九八八年ですね。あれで、エビを食うのはいかがわしい、という気分が定着した。そのエビを民衆自身によるもう一つの経済仕組みづくりをめざす民衆交易でなぜ取り扱うのか。そのあたりから話を始めてもらえますか。私は進行役ということで、時々介入させていただきます。

村井　確かに「いかがわしい」というような反応があったのは事実です。エビは食っちゃいけないっていう非常に倫理的な受け止めをする人がいますけど、僕は食っちゃいけないなんて一言も書いてなくて、食い過ぎじゃないだろうかという問い掛けをしたまでです。実際にやっぱり僕は食い過ぎだと思う。海で捕ったエビ、養殖エビ含めてだけど、現場を歩けば歩くほどあらゆるところでエビは日本向きに作られていってる。地元の土地であり海であるにもかかわらず、全部が日本向けになっちゃうという、そんな国際交易そのものがやっぱり問い直されなければいけない。そういうことを言いたかったわけです。だから食うなという話とはちょっと違う。

もう一つは、養殖はいかがわしいという観点があるけれども、実際の養殖というのは、台湾方式みたいな薬浸け餌浸けの池だけじゃなくて、もっとほったらかしの池なんてのはいくらでもある。何百年という伝統ある池もあるわけです。そこで作られたエビなり、あるいはミルクフィッシュ[*1]なりというのは、まさにサステーナブル・デベロップメントというか、サステーナブル・フィッシャリーというような考えが当てはまる。エビを食うんだったらそういうところのものを生産者の顔を見ながら食えば、いまみたいな無茶な食い方には多分ならないだろう。そういう意味でオルター・トレード・ジャパン（ＡＴＪ）につながっていくわけです。もっともそこのところには論理の飛躍がある。エビをなぜＡＴＪで扱うかということについてはいろんな議論があった。

堀田　民衆交易のエビというのは、積極的な面では、これからは「内水面栽培漁業」というものを考えていかなきゃいけない、という生協の側の提案から始まっています。消費者側から見ると「天然物は健康によい」という思い込みがあります。海で捕ったものは天然であり、イコール健康によろしいからいい商品であるという概念が一般的です。それを見直すきっかけがたぶん『エビと日本人』の発刊だったと思う。海でトロール漁で乱獲されるエビは、海底を鏡のようにツルツルにしている。養殖エビだけが悪いわけではない。あの本の中で、どういう仕組みのなかでエビが捕られ、流通され、食卓にのぼるのかっていうことが明らかになって、天然であれば健康にいいんだという発想がくつがえった。

それに加えて、二〇〇海里問題をはじめとして、日本の漁業そのものが収奪型の乱獲漁業からどんどん撤退せざるをえなくなってきているという事情がある。そんな中でグリーンコープの水産部は、環境的かつ持続的な漁業のあり方を考えていく必要があるという方針を打ち出していた。で、そういう中でエビというものを課題として考えていってもよいのではないかという話が出ていた。そこにたまたま村井さんの知り合いという方から、エビをやらないかというインドネシアの話があった。

われわれがエビをやるとしたならば、当然、乱獲型でも、乱開発輸入型でもないエビでなければならない。そんなものがあるんだろうか、あったらやろうというところで話が始まった。もう一つは、ATJの経営基盤を固めたいということもありました。バナナだけでは事業的に弱い、もう一つ何か基盤になる事業はないかということです。

それで一九九一年の二月二四日。各生協から水産担当の代表者が参加して、EPM社(冷凍工場)の案内でインドネシアのエビ養殖池を見て歩くことになった。最初に連れていかれたのはスマトラでした。ここはインドネシアの植民地の歴史を一身に背負っている島です。広大なプランテーションや油田、乱開発された海岸地帯が延々拡がっていて、その中でエビの粗放養殖をやってるんですね。ただ平地を掘り下げて池にして、海岸から潮水を引き込んで、後は自然にエビをまかせるというふうな。ただ、この粗放養殖は環境的というよりも、エビが儲かるからエビを産業化しようという発想でしたね。いまは資本がないから、手掘りで池を掘りましょう。しょうがないから揚水ポンプなしでやりましょうという形の粗放養殖なんですよ。確かにエビそのものは自然的形態の中で育ったエビなんだけども、池主の話を聞いてると、スキあらば拡大して、近代的な集約型の養殖にしてみたいと。金さえあればそうしたいという姿勢が非常に強かったんです。それで、これは駄目ではなかろうかという感じをもった。次に東ジャワのスラバヤにもいろんな池がありますよと言うんで行きました。そこで、ハジ・アムナンという名人に出会ったんです。この人がすごいんですよ。そこで、エビが米を作るような農業的感覚で養殖されている現場に初めて出会ったんです。それは、非常に感動的でしたね。集約型の養殖やスマトラの確かに粗放養殖には違いないが、乱開発ということに基盤をおいた養殖を見た後で、ジャワ島の非常に豊かな農業環境の中でハジ・アムナンの池に出会った。池そのものが緑滴るような感じがしました。水自体が豊かな感じ。それから地域自体が豊かな感じがあって。これが、エコシュリンプとの出会いの第一印象です。

村井　民衆交易としてエビをやることには反対の意見も多分あったと思うんですけど。ATJとしてやらない場合でもエビが日本にめったやたらに入ってるのは事実だから、こちらは先手をうってエコロジカルなエビを生産者の顔の見える関係の中で入れることは意味があるのではないかと考えた。多少他の消費者に心理的インパクトもあるだろうし、エビ輸入への見直し気運というようなものも出てくるんじゃないかとも思う。だけど矛盾がないわけではない。遠いところから食べものを運ぶこと自体の問題性もあるし、エビの流通過程にはかなり技術集約的・資本集約的な冷凍工場が介在したり、ということもある。

堀田　そう、なかなか民衆直結とはならない。

村井　それから向こう側の池主の問題もある。

つまり、小生産者だけが集まった養殖組合であればもう少し理想的かもしれないけど、そこまで全部理想的には進められない。とりあえずアムナンとか、アリリドというまさに不思議な池主を通してやるしかない。だけどアムナンという人は、今回行った時もつくづく感じたんだけど、百姓なんですね。

堀田　そうですね。

村井　農民の発想っていうのか。土を大事にするっていうのが彼の一番基本的な哲学です。エビの交易を通じて出会った人の面白さみたいなのもあって、彼からただのエビ養殖ということだけじゃなくてね、もっといろいろ学ぶことがあるだろうという気がしますね。

堀田　議論は確かにあったんですね。僕は最初、いま村井さんがおっしゃった池主制の問題と、それから輸出のプロセスにどうしても技術集約的、資本集約的な冷凍工場があるということで、これはどうしても民衆交易ではないなという不安を感じていました。

ただその時に、民衆交易っていうのは僕らはバナナ村との民衆交流を通してつくってきたものですが、それと違うもう一つのタイプもあり得るかなという仮説が生まれてきたんですね。それは何かっていうと、いわゆる既存の多国籍企業なり、そのアグリビジネスなりに支配されてる構造に対して、その構造を利用しながら、中身や価値観を換骨奪胎していくのも民衆交易の一つの役割ではないかと。そのためには、輸出側に少なくともＡＴＪの狙う方向に協力してもらえる冷凍工場があること。それから、環境を絶対壊さないんだと、持続型でやっていかなきゃいけないんだということに価値を見出してる生産者がいること。この二つの条件が絶対必要です。これがあればエコシュリンプは民衆交易たりえるという、このことが新しい枠組みとして民衆交易の概念に加わりました。この点では、ハジ・アムナンは絶対に集約型はやっちゃいけないとがんこに言い張っているし、それから集約型のエビと、俺が丁寧に作ったこの丹精したエビとが、同じ値段で売られているのはけしからんと怒っていた。つまり、エビ作りに対して彼はそういう明快な方向性を持っている。それは非常に信頼に足るものだと思うんです。そただ初期の開発の段階では、冷凍工場と池主との関係がうまくいかなかった。冷凍工場っていうのはどうも投機的というか、エビの安い時に買い付けて、市場が高くなったら売る、そこで儲けようとする。この傾向は、多分、台湾形式のエビ産業から発生したものだと思うんですが、インドネシアの場合は九九パーセントが華僑資本です。華僑資本の特性としてハイリスク、ハイリターン。太く短く儲ける。だから五年あるいは三年で、儲けられるだけ儲けたらとにかく撤収するという。それには集約型エビ養殖は非常に適してる。

破綻した集約養殖のあとに

村井　だけどね、今度バリから東ジャワの海岸を歩いて、集約池やハッチェリー[*2]を随分見た。集約池はほとんどもう経済的に破綻をきたしています。ものすごい膨大な借金抱えてる。しかも生態的にいえば、病気の発生がかなり拡がり始めてて、操業してない池が随分出始めてるし、それからハッチェリーも、集約池をあてにどんどん生産して多分生産過剰、過剰投資になって閉鎖してるところがかなりあった。そういう意味でいえばね、われわれのエコシュリンプしか残らないだろう、と思う。

堀田　結果的にはね。

村井　そういう意味で、ＡＴＪの狙いはちょっと正しすぎた。余りに正しすぎて逆に不安とすら思える。つまりこのような交易のやり方に今度商社なりなんなりが介在してくる可能性があるわけです。その場合にアムナンみたいな人を、商社にかっさらわれるようなことになったら困るわけで、どういう持続的な関係を本当につくっていくかというのが、大変な課題だと思う。

堀田　そう、そう。長期的に見ても生産者との信頼関係、それから冷凍工場との協力関係がどこまで緊密につくれるか、これが要だなと思っているんです。ただね、ハジ・アムナンとかハジ・アリリドとかいうわれわれの池の生産者、これは本当に自立農民ですよね。ある意味では国際マーケットからも完全に超越している。彼らのエビは基本的に低コスト生産ですから売値にあまり影響されない。そしてできたものしか売らないという姿勢が強固ですから。

村井　ははは、増産しない。

堀田　増産しない。そうすると、まぁ何が来ても逆に言えばこわくないというところがあるわけですよね。捕れたものを適当に売ればいいと。市場が安い時にはたくさん出す、市場が高い時にはいいものだけ選んで少し出せばいいと。実に強い。売り手市場です。こっちが時々いやになってくるんです。交渉していてもはとんど行き詰まってしまうところがあるわけで。冷凍工場が買入競争をすれば、値段がどんどん天井知らずに高くなるとか、そういうことがあるわけです。だから、エビ産業で生き残れているのは唯一粗放生産者だけですよ。工場も集約池も思惑が外れれば惨敗です。

村井　でしょうね。

堀田　一攫千金《いっかくせんきん》を夢見て集約型養殖に走った人たちは、結果的に国際マーケットと完全に直結させられた経済になってしまいますよね。とにかく電気は使ってるし、エサ代や池の造成にすごいコストかけてますからね。

大野　そうした集約型が駄目になって、買い付ける商社としては、一つはATJが開拓した方向を後追いすると同時に、新しい産地づくりをめざして周辺へ進出していくということになるんでしょうね。

村井　まず台湾でコスト高の問題と、集約池自身が持つ問題性（病虫害の発生と土の疲労）とが両方どかっと出て駄目になり、それでタイに行って同じような問題に直面して、フィリピンも多分同様。そして、インドネシアが比較でいえばいまのところ一番よかった。そこがちょっともう天井ですよね。それでインド、パキスタン、バングラデシュとかに行く気配がある。

堀田　ベトナムとかね。

村井　そうですね。ビルマ（ミャンマー）とか、南アジア、インドシナあたりがこれからターゲットにされてきている。だけど経験として集約池は駄目だってことがかなり知れわたり始めてますから、はたして同じ轍《てつ》を踏むかどうか。ただ、やれるとこはやっちゃえっていう考えですむ可能性もあるかもしれませんね。で、一方でやっぱりエコシュリンプ的なものを見直していこうという動きも、出始めてる。そういう二本立てで進んでいくんじゃないかな。

エコシュリンプと連帯運動

堀田　商品開発的に見た場合でも、われわれのエコシュリンプはかなり注目を浴びたと思うんですよ。同じようなものを作りたいというアプローチがいろいろ現地でもあったというふうに聞いています。ただ、われわれの場合、価格優位性といいますか、ＡＴＪの利益が低い分、現地側にかなり高い金額を払ってますから。その点で多分、普通の商社はいまのところやる気はないだろうなという気はします。日本のエビ市場が、品薄になってエビの価格が高くなればできるだろうけれども、いまの状況ではできないということなんだと思うんです。だから辛うじて一歩先に出ている。ただ、気を付けないと、向こう側もそういう商品開発をどんどんしてくるだろうし。バナナだって、われわれが最初にやった時は無農薬バナナはＡＴＪしかなかったんですね。

それがいまやいろんなところが、本当かどうか別として、無農薬とかポストハーベストフリーとか言い出してますからね。ですから、民衆交易というのは、扱っている商品特性が特殊というよりも、現地との経済的な関係として、現状の貿易とは全く異質なんだという点が重要なんだろうなと思うんです。

村井　エコシュリンプの打ち出し方もね。エコロジーだけ、つまり安全で環境を守るっていうだけじゃなくて、ＡＴＪのもう一枚の看板である、公正という点を考えねばならない。社会的公正ということが大事です。そこを本当に意識的に日本の消費者が自覚しないと、安全であればいいというだけになってはまずいわけです。

大野　さっき村井さんが「顔の見える関係」ということを言われましたね。バナナの場合にはネグロスの農民と日本の都市生活者との交流があって、その上に立っての交易という組み立てになっているんですが、エビの場合はそのあたりについてはどうなんですか。

堀田　エコシュリンプツアーというのは、計画としてはあります。ただちょっと遠いというのと、はっきり言って生産者はいるけれども民衆がいない。だから交流というよりも、旅も楽しみ生産者とも話し合えるようなツアーというふうなものは、ＡＴＪのほうがもう少し余力が出てくれば、ぜひやりたいなと思っています。

やっとそういう基盤ができた。一年やって、冷凍工場（ＥＰＭ社）の方とも投機的なエビ生産は駄目だという話ができるようになった。そのためには、輸入する側からの工場に対する再生産保証が必要ですね。生産コストにいくらかかるのか、人件費がいくらかかるのか、工場の機械がいくらかかるのか、そういうのを積み上げたうえにエビの値段を積み上げて、さらに一定の工場側の利益を保証しているわけです。一回の儲けは少なくてもかならず儲かるというね。いままでは、国際価格の読み次第で儲けの浮き沈みが激しいわけで、それでバタバタとエビ工場が倒れていくわけですから。

これからの課題としては、工場の労働者の労働条件を改善していくこと。ここが一つすごく重要な要素としてあると思う。それからもう一つが、エビの生産者と消費者との直結した交流関係をもっときちっとつくろうということですね。

村井　EPMの工場で今度聞いた話は、EPMには労働組合ではないんだけども、労働者の互助組織があって、エビの頭をクルプックのエビせんべい工場に売って、そのあがりを全部その互助組合で使えるようなシステムをつくっている。会社が多分考えたんじゃないかと思う。ここ（ATJ）と付き合う中で、そういう意識の変化というのは向こう側に出てきてる、という気がしましたね。

堀田　そうですね。EPMの場合は経営者が若いということと、非常にナイーブな人たちが多いんですね。だから、われわれと付き合う中で少しずつお互い影響し合ってるということがあると思うんですよ。で、バナナの場合はネグロス農民の自立基金というのがついていますが、多分エビの場合は、予想外の儲けがでた場合にはそれを冷凍工場の労働者に還元していくような仕組み、あるいはエビの近在の村人たちに還元していくような仕組みを組み立てたいなという気持ちはありますね。

大野　今度の旅でEPMの人たちと付き合って、一種のインドネシアの若いインテリの理想主義みたいなものを、なんか感じたんだけれども。

堀田　僕は英語でしか交流できてないんだけれども、僕が感じ取ってるのは、育ちのよさと、それからアメリカナイズされた、まあ経営者イメージっていうんですか。それに非常にこうウェットなジャワ気質みたいなものがミックスされてて。とてもいい人たちが多いですね。

村井　だからネグロスの協同組合的な、ある種イデオロギー的な接近の仕方とはかなり違う。インドネシアの場合、おそらくいま経済開発に対してかなり明確に二つの路線に分かれ始めている。一つは要するにネオリベラルの開発思想で、外国資本と組んでじゃんじゃんやって儲けようという思想。もう一つはナショナリズムを重視する方向性です。

堀田　なるほどね。

村井　ナショナリズムに基づいた開発というのはスカルノ以来の長い伝統があるわけです。協同組合方式を重視する。それから重化学工業も含めて国産の方がいいんだという発想がある。多国籍企業や世銀（世界銀行）、ＩＭＦに反発するナショナリストがいる。これが伝統的にインドネシアでかなり強い経済思想です。ＥＰＭ社の社長も、ある意味で若い理想主義者なのかもしれない。今度も最後にニカラグアの農民とインドネシアの農民と、それから養殖組合員どうしが大交流する、つまり第三世界のピープル対ピープルの交流が大事だっていうようなことをね、自分で言い始めているようなところがある。ある意味で面白い交流になると思いますね。日本がその間に入るわけだけれども、なんかいままでの第三世界との交流というか連帯運動とはちょっと違った枠組みが生まれてくる可能性はありますね。

堀田　その枠組みの違いをうまく僕らが理解できて、なおかつ生かしていければいいんだけれども。あまり杓子定規に考えるとうまくいかないところが出てきそうだなぁという気がしますね。

なぜニカラグアで粗放養殖なのか

大野　さてそこで、いま話に出たニカラグアですが、ニカラグアの労働者や農民がなぜエビなんですか。

堀田　もともとニカラグアとは、エビでつながっているわけじゃないんですね。直接的には、弘田しずえさんという人がいて、ニカラグアとの民衆交易を考えていきたいという提起があった。九二年の一〇月七日に、コロンブス五〇〇年[*3]の民衆運動の大会に出席するために私がニカラグアに行きました。その時に、ニカラグアにどんな農民運動があるか見て廻りましょうということになって、プエルトモラサンという地域のエビ養殖組合を見に行ったわけです。私はいわば素人なんですが、インドネシアでハジ・アムナンという優れた人と出会ったりして、伝統粗放養殖のエビの池をかなり見て廻っていたわけです。その経験から言って、ここでは、こりゃ駄目だというエビの養殖をやってたわけです。

サンディニスタ時代[*4]に土地をもらい受けて、その一五〇ヘクタールぐらいの土地をブルドーザーで盛り土をして囲い込んでプールを作り、その中にエビを放す。要するに雨期の間だけなんとかそれでエビを作れる。彼らがわれわれに口々に訴えたのは、これではどうしても乾期にはできない、乾期にやるためには海の水をポンプで上げなければいけないから、ポンプを買う金を貸してくれというのです。私は、こんなものはポンプがあっても駄目だよっていう話をした。ニカラグアの場合太平洋岸には自然の川がないんです。だから入り江ですよね。潮の干満が三メートル以上あるわけです。もしこれをインドネシア的にやるんであれば、これはハジ・アリリドの池、シドアルジョのあたりの池ですけれども、河口の一番海側に小さなクリークを掘って、海水を引き込む。そこは川が混じって汽水になってるわけです。それで潮の干満で水の出し入れをしてるわけです。ということは、当然満潮時の水面より池の水面は低くなっている。ところがニカラグアの池は、水を排出する排出口（池の底面）が満潮時の水面の上にあるんですね。自然の循環を利用するという発想が最初っからない。どうやら、エルサルバドルあたりの商業的なエビ養殖場を視察に行って、それのまねをしたということなんです。そして、エビだエビだと言ってるわけね。エビが一番なんだって。でもどう考えても、こんな方法じゃ借金してポンプを買って、それで年二回エビを収穫したとしても、借金返せなくて、そのまま土地を取り上げられることに決まってるなと。

というのは、インドネシアと根本的に違うのは、まず池ができあがってくるプロセスですね。農業に適さないマングローブ林とか、塩気の強い河口のデルタ地帯とかを塩田や魚養殖に利用してた。まず、そうした伝統的な利用形態があって、ミルクフィッシュのかわりにエビが高くなったんでエビに切り換えたというきわめて素朴な展開があるわけです。だから一方では、農業を基盤とした農民の生活が成り立っているわけですよ。

ところがニカラグアのエビ養殖組合っていうのは、元学校の先生とか工場労働者とか失業者とか綿花畑の労働者とかが、土地だけもらっていきなりつくった。当然一回目はたくさん捕れるんですね。土地が肥えてるから。でも二回、三回と繰り返すことは難しい。でも、一回目はわっと収入があった。そのうまみが忘れられなくて、エビをどうしてもやりたいと言う。そうすると、土地や自然の力を利用して、環境に従って矩《のり》を踰《こ》えずというね、そういう暮らしぶりっていうのがまず基本にないわけですよ。きわめて投機的な、これで一旗揚げたいというエビ養殖。だから、これはやっても無駄なんじゃないかという意見を言いました。でも、なんとかならないかと言うので、じゃあインドネシアでどんなふうにやってるか、それを見たら感ずるものがあるかもしれないなと思って、インドネシア視察を提案したんです。ただ、その前に、こんな養殖してたら絶対駄目になるという話をちゃんと聞いたほうがいいということで、村井さんにニカラグアに行っていただいた。そんな経緯があるわけです。村井さんが一番現地を直接見てらっしゃるから、どんなに駄目な養殖池かっていうのを。

村井　あんまり駄目駄目って言って伝わるのもまずいんですが。ただ、僕は行ってみて少し愕然とした。技術的な細かいところは分からないけども、池の水位がなんであんなに高いのか、最初分からなかった。こういうやり方もあり得るのかなと。でも、案の定やっぱりあれじゃあ水もろくすっぽ引けないし、排水はいっさいしないし、しかも雨がなきゃ終わりです。池の面積がむっちゃくちゃ広いわけです。百何十ヘクタールの池なんていう、ジャワではちょっと考えられないような池面積。しかも収穫を見てたら、魚だらけなんですよ。エビの一〇倍ぐらい魚が入っていて、その魚を全部捨てちゃうわけ。利用の仕方はいろいろあるはずなのにね。ともかく僕は文化の違いというか、歴史の違いも含めてだけども、そのギャップをものすごく感じた。今度ニカラグアの人もジャワに行ってそういうギャップを感じて帰ってきたと思うんですね。ニカラグア全体を細かく見てるわけじゃないですけども、基本的に農の文化っていうのが非常に乏しい。

堀田　そうですね。

村井　畑作ってこまめに手入れして、というような文化がほとんどないように感じた。放牧の荒れ地みたいなところが国土の何十パーセントも占めてるんですね。そういうところで池を作っても、発想としては牧畜業の延長ぐらいにしか考えられないような気がするんですよ。だからこの人たちはやっぱりジャワに一度行ってみるのが一番てっとり早い。いくら口で言ってもね。シスター弘田がいるエルビエホっていうところで、話をとにかく聞こうと、組合の人が集まってくれた。「エビか死か」、みたいな話ばっかりしてますから、このまんまやったら本当に死んじゃうというような話をしたんです。その時の組合の人たちの反応はあんまり芳しくなかった。つまりあんまり僕が、このまんまじゃ駄目だみたいな話をしたら、技術的にどうしたらいいのかっていう、そういう質問ばっかり集中した。ポンプを入れたらどうか、すぐそういう話になっちゃう。それより誰か直接見に行った方がてっとり早いと言ったんです。ただ都市のインテリ、中米大学のエコロジー研究所で話をした時に来た人たちの反応は非常によかった。現場にいる人よりインテリの方がむしろ理解があったんです。

堀田　現場の人は生活がかかっている。生きるところはここしかないっていうんだから。

村井　借金返せなくなって、まあ首はくくらないにしても、かなり深刻に思い詰めてましたから。一刻も早くエビを作りたくてしょうがない。それで、やっぱり見た方がてっとり早いって言うんでこういうことになった。結果としては、彼らがインドネシアで見たことをどう伝えているかまだ分かりませんけども、おそらく根本的に池を作りかえざるを得ないというところを学び取ったと思います。特にハジ・アムナンの話を彼らはかなり熱心に聞いてました。最初のうちは集約池ばっかり見て、ポンプのとこばっかり見にいくわけですよ。ポンプじゃないということを言いたかったけれども、そのうち粗放池見れば分かるだろうと思って黙ってたら、やはりアムナンの話を聞いてかなり感じ入っていた。アムナンに対して彼らが、もし池を作るとしたら五つの大事な原則は何ですかっていうようなことを聞いたら、アムナンは、まず土手を高く作ることとか、五つぐらいの原則をパッと言ったわけ。それで彼らはね、非常に感激してましたね。その時の話の聞き方、「あっ、そうか」っていうような感じでした。

まあ、ニカラグアにはニカラグアの特殊な事情もあるだろうし、つまり労力が圧倒的に足りないから、池を手で掘るなんていうことは多分できないんで、そこはある程度機械力に頼ってもいいんだってアムナンはちゃんと言ってます。ただ一番決定的なことは藻をわかせるという話です。つまりニカラグアの人にとって藻なんていうのは想像外のことで、池はきれいにしときゃいいって話ですから、藻がわくなんていうのはけしからん話に考えてたけど、実際アリリドの池に行ったら、藻もただ一種類じゃないことが分かる。ガンガンというのと、もっと細かいのと二種類ある。

堀田　あの苔みたいなやつね。

村井　ああいうところを現場で見たから、僕は相当勉強になったと思うのね。

堀田　そうですね。

村井　ニカラグアの人の体験がすぐに生きるとは思わない。おそらく三年四年はともかくかかるだろうと。それでアムナンがその、これは元気づける話で、いったい何年ぐらいで池はうまくいくかって聞いたら、すぐにうまくいくって言うわけですよね、アムナンは。

植民地支配の後遺症

堀田　僕はあの時初めて中南米に行ったわけですけど、中南米の苛酷さというのは想像を絶しましたね。根本的に農業が民衆の手から取り上げられている。農業技術というものがプランテーションに集約されてしまっている。エビの池をなんでこんなに拡くしたんだろうなと思ったんだけれども、彼らの文化的伝統からいえば、農業っていうのはきわめて広い土地で、粗放的にやるもんだという発想なんですね。綿花畑とか牧畜とか、それと全く同じ発想ですね。アジアだったら、寸土を惜しむというのがあるでしょ。人口がなにしろ多いから。ニカラグアの場合は、この土地はいったい何かな？　という土地がごろごろしている。実にもったいないわけです。だから池の作り方を見てると、結果的にコロンブス以来の、スペイン人の植民者以来のインディオ大虐殺から始まった収奪型粗放農業です。それに自縄自縛になっている。その時、チナンデガの町の農業組合というのを見にいったんですが、これがわずか三六世帯で一五二ヘクタールの土地を獲得してるわけです。しかしそこでは、トウモロコシと綿花しか栽培していない。裏作にゴマをやってるんです。あとは自分の家の周りには井戸もあるんですけども、野菜がちょぼっと、トマトがちょぼっと、たまねぎがちょぼっとぐらい。これだけ広い土地があって、なんで自分たちの食う作物をまず作らないのか。自分たちの食生活を豊かにするような農業をまずやれば、十分生きていけるはずだと思うんですね。その基盤があって商品作物が作れるわけですから。その土地を見て、アジア人だったら一年のうちにこの土地をものすごい畑にしてるな、と。ところが、ニカラグアには、どうやって農を営むかという概念がないんですね。

村井　そうですね、なんか、植民地の入り方の問題がすごくあったと思うんです。多分フィリピンのネグロス島やミンダナオ島のプランテーション化と中南米とはかなり似通ったプロセスがあると思うんですけど、インドネシアのジャワ島やバリ島はそれとはかなり違う。ジャワももちろんある程度のプランテーションがあるし、サトウキビなんてのもかなり栽培されてるわけですけど、大プランテーションよりもむしろ小農経営が基本の農業です。そういう意味で面白かったのは、マルシアさんが、バリで乗ったバスの窓から外をずっと見てて、最初に発したことばは、「あ、ここではどこでも植えてる」って……そういうことを言った。

堀田　僕のニカラグアの印象の裏返しですよね。

村井　それにすごいびっくりしたみたいですよ。つまり庭のすみずみまで、ありとあらゆるものが植わってるという。それにかなりカルチャーショック受けたみたい。それは僕もそう思いますよ、ニカラグアからすればね、バリやジャワってのは本当にもうすみずみまで人が手を入れ、作物、香辛料、果実を育てている。

堀田　箱庭ですもんね、本当に。見事にね。だから民衆交易っていう観点からいっても、ニカラグアから日本にエビを持っていくなんてのはこれはもう、問題外でね。高い油代かけてわざわざ運んでくるなんてありえないことです。だから日本に市場をつくれというら「民衆交易」では駄目で、むしろどうやったらニカラグアは自立できるか、持続的に生きていけるか。その辺の技術交流がとても重要なんだと思うんです。そういう意味では持続型農業のモデルづくりということがすごく必要になってくるなという気がするんですね。だから今回インドネシアに行った人が、エビを有機的に育てるっていうモデルを、ニカラグアでうまく発展できればいいですね。それから自分が食うための農業をどうつくるかとかね。

エビについては、ニカラグア駐在のJICA（国際協力事業団。現国際協力機構）のエビの専門家がいて、今回も非常に協力していただけたみたいです。あとのフォローアップもうまくやってくれればと思います。今回の場合はJICAと協力してやるわけですけども、これは大変希有《けう》な例としてね、面白くいきそうな気がします。

民衆交易とマーケット

村井　バリ島にJICAが援助したエビ養殖の実験施設があって、あんまり大声では言いにくいところもあるんですが、結局あれは普通の人びとにとっては大して意味がないのではないかと思いました。つまりね、JICAがああいうプロジェクトをやろうがやるまいが、民間で儲かると思ったら誰でも何でもやる。

JICAは確かに実験施設として立派な実

験をやってるし、いいエビを育てる、いい稚エビを育てる実験は完成したわけです。だけどそれ以前に民間でいくらでも稚エビなんて作っちゃってる。彼らは経験でこうやればこうなるっていうのはよく分かってるわけですからね。ＪＩＣＡがやろうがやるまいが。それでＪＩＣＡはエビはもうだいたい終りだと。次に高級魚をやると言ってます。発想が少し違うんじゃないかと思います。ああいう立派な施設を作って、いくらいい実験をやっても、周りはあまり関係ない。やってる人は熱心にやっていますから、その人を非難するつもりは全然ないんだけれども、やっぱりああいう援助ってちょっとおかしいなって思いましたね。

堀田　そうですね。結局そこで暮らしている人たちの基本的なニーズとは無縁になる。現地の暮らしとの接点がないから。まあ理論的な抽象的な援助でしょ。ただ今回ニカラグアのケースは、弘田さんていう非常に優れた人がいて、その人を中心にうまく官民を合わせた支援体制みたいなものを組んでいけたら、これは非常にユニークな試みになっていくんではないかなぁというふうに思ってるんですけどね。

大野　インドネシアのＪＩＣＡがやろうとしている高級魚は、あれは寿司ねたですか。

村井　寿司っていうよりシーフードレストランですね。アジア中でいまツーリストのための高いレストランが次々にできて、かなりの需要はあるようです。

堀田　あれは生きたやつを日本に持ってくればすごく高いんですね。

大野　いまにインドネシアから日本へ活魚輸送が始まるのでは。

村井　ＪＩＣＡは別に高級魚を作る必要はないんじゃないでしょうか。不思議ですよね、あれ。

堀田　結局、それこそ資本の意図というか、日本の経済的な方向性っていうようなものがあらゆる意味でアジアの末端まで貫いているわけですね。日本の市場ではいま高級魚しか扱いませんからね。単価の高い、生きたものを扱うことで手数料収入が増える。それから生きてることで付加価値をもった魚を、高く売る。それでもって高い地代を払うというね。イワシとかサンマとかいくら買ってきたって駄目なわけでしょ。だからなんでＪＩＣＡがそれをやるのかという問題ですよね。誰に頼まれてやってるのかという。専門家として派遣されている人は多分業界の人だから、どうしても業界の側に立った発想が展開されるわけでしょ。だから普通に生きてる民衆、消費者とかね、あるいは農民とかいうところから、ＪＩＣＡのプロジェクトに関わっていかなければ、本当の意味でのその土地の暮らしを支える援助にはならないと思うんだけど。

大野　その場合のマーケットという概念なんですが、例えばニカラグアで民衆経済の発展とか民衆自立の農業とか漁業とかということを考えた場合、例えばアメリカにオルター・トレード・アメリカというか何かそういうものがないとちょっと絶望的ですね。そういう経済システムそのものの変更がないと、いくらエビだけ伝統エビの技術を入れたって、その先がないなぁという気がします。つまり民衆交易の果たす役割は何か、ということですが。

堀田　マーケットがないですよね。いまニカラグアで一番問題なのは、エビを養殖したけど、じゃあ誰が買うのかっていう問題ですよ。結局インフラがないわけです。それからマーケットもないわけです。そうすると、なんであそこまでね、エビに猪突猛進《ちょとつもうしん》できるんだろうかと。

村井　僕もアメリカがエビ市場としては大きいことは大きいと思う。だからアメリカのなかにもね、消費者連動でＡＴＪが考えるような方向を持った、市民団体的な動きがあるのかどうか、それは僕は分からないけども。

堀田　アメリカの場合、まとまった消費者というのはないでしょう。だいたい生協運動がつぶれていってます。

村井　水産関係でいうとやっぱりアメリカはお魚文化っていうのは非常に乏しい訳だから、市場としてもエビならエビで、もう一緒くたにエビだっていう。だからアメリカとの関係、あるいはEC（欧州共同体）との関係でなんかそういう動きが向こう側に出てくればいいけれども。ニカラグアのコーヒーなんか、オルター・トレード的にやってるところがあるらしい。ヨーロッパのNGOが直接来て買い付けるんだけれど、無茶苦茶に品質管理がうるさくて、とてもあんなとこに売れないという話がある。ヨーロッパのオルター・トレードっていうのはかなり商業化してるんですか。

堀田　というよりも、一般市場に対して売っているというところがありますよね。だからスーパーマーケットで競争力のある商品というか、つまり買手の側の論理がどうしても重要になってくるわけです。それから非常に厳格に有機農業とか無農薬栽培ということにこだわる。フェアトレードで適正なお金を払ったとしても、資本も技術も経験もない人たちを、直接ヨーロッパ市場で戦わせるような商品作りをある意味で押しつけているわけですよね。だから農民の方が支えきれないですよ。本当なら、第三世界農民の農業に対する考え方の発展段階に合わせたマーケットづくりっていうのが必要なはずです。日本の場合はやっぱり非常に優れた消費者運動があって、第三世界の農民を支えましょう、という決意をすることから始まった。それが保証されてるから、とにかくある一定のレベルまで一生懸命持ち上げていくという努力ができるし、待てるわけです。

村井　なるほどね。

堀田　それを、いきなり一般市場に出せますかということになったら、そんな難しい話はないんでね。それだったら、資本力のある農園主のところに行って、上手に技術的にあったものを買ってきたら一番いいんじゃないのという話になってしまうわけですよ。

村井　民衆交易もそこまできちっと組み立てなければいけないっていうことですね。

民衆交易の新たな可能性

堀田　いかにして消費者に納得してもらうかっていうのは、とりあえずは品質のレベルではなくて、一緒に作っていくという決意をしてもらえるかどうかということだと思うんです。それとさっき村井さんが言ってた文化の問題ですね。商品だけじゃなくて、粗放エビを作っている人間と、その人間を支えている文化みたいなものをどう評価できるのかっていうところがありますね。

村井　それはすごい難しい問題ですよね。つまり、交易っていうのはどこの地域でも普遍的に成り立つもんじゃない。だからラテンアメリカをアジア的に改造しようなんていうことをやったら、失礼な話です。かといって、もし取り引きしたり、商品を買う以上は、こちらのニーズをある程度向こうは考慮しなければならない。その場合こちらのニーズというのはアジア的農業の基盤の上にあるとしたら、相手の側もそういうものを学んで、それをよしとすればそれを受け入れればいいわけです。そういう意味で民衆交流というのは、多国籍企業やアグリビジネスが安いところとならどこでもやればいい、土地はどこにでもあるんだという発想とは違うと思いますね。民衆交易の持つこまやかさというのか、土地土地に合わせた取引関係を積み上げていく努力があって、生産者も消費者もその中で変わっていくような付き合い方にならないと、将来的には駄目でしょうね。

堀田　ええ、そうでしょうね。

村井　それとね、僕は、日本のものをアジアに持っていくっていう発想も、考えたほうがいいと思っているんです。

堀田　日本のものっていうのは？

村井　例えば日本の農民がリンゴを作って、アジアの人はリンゴ食いたいとか梨食いたいとかっていう。交易は一方的であってはいけないわけですから、ただ農産物買えばいいって話より、こっちだって売りたい人がいて、アジアで買いたい人がいればばっていうね、そういう発想もオルター・トレードの将来に必要だというふうに思う。

大野　それとの関連でいうとね、最近考えてるのは、例えば日本の農民が作っているものと、ネグロスの農民が作っているものを組み合わせて一つの商品を作って、それを売っていく。これまで単品で出てきたものをいかに日本の市場で売るかというところで考えたわけだけれども、日本の農民の作ったものと複合させて、そして一つの商品を作り上げるみたいなね。そういうかたちで商品開発をしていくと、地域と地域が結びつくわけですね。それから一つの商品の中に、両方の民衆の……。

堀田　思いが入って来るからね。それは大変面白いですね。ＡＴＪとしていまとてもこれからの課題になるだろうと思ってるのは、ＡＴＪが物理的な機能としての力量をどうつくるかという点です。

たとえば、マーケットを開発する力。それからいまおっしゃったような意味で商品を企画する力。それから資金的な力ですね。これをきちっと持たないと、民衆交易を継続できないという現実があるわけです。だからＡＴＪとしては、まず、企業としての基盤を丈夫にするという問題。それからいろんな企画に関しては、たとえばＲＵＡ[*5]とかＰＰ21[*6]とか、いろいろな国際交流とか、それらのネットワークの中でどれだけクリエイティブな交わりや試みがなされていくかっていうこと。僕は自分自身の基本的な役割としては、ＡＴＪが一定の財政的、事業的な基盤を作り上げないといろんなものが花開かないなと思っています。エビなんかのように、資本集約型の冷凍工場がないとできないという場合は特にそうです。たとえば、インドのケララ州では、漁民組合が手漕ぎボートでエビを捕ってたりするわけですね。しかし、非常にいい組合があったとしても、その生産物はかならず資本家の手を経ないと流通できないという仕組みがあるわけでしょう。逆にいうと農民漁民が生産物を直接彼らの国内的、あるいは国際的な市場に持っていける力をつくっていくということも、別にわれわれが直接輸入しなくても重要なことになってくる。つまり、われわれに金融サービス力がつくだけで、非常に開ける部分はあると思うんですね。だからそのへんの基盤づくりがかなり大事になってくるなぁというふうに思います。

　村井さんがさっき、それぞれの土地土地のものがあるということで南南交流の一つの原則を言われてましたが、ものを通していうことになってくると、それこそ侵食するされるという関係が出てくると思うんです。今回のニカラグア人のインドネシア行きの大きなポイントは、人が見聞して歩くということですよね。見聞交流っていうことをもっと、南と南、南と北の間でやった方がいいと思う。いままで交流っていうと、優れた技術者を北から南へ連れてって技術移転するとか、南の人を連れてきて北の優れた技術を見てもらうとか、そんなふうにばっかり考えてたんだけど、もっと生活に密着したところで南南交流していく。しかもその見聞をすぐ広められるような立場にいる人たちを連れてきてね。

村井　それとね、今度はエビ関連しか見てないけど、農業の現場なり、あるいは鍛冶屋《かじ》とか、そんな工業的なものとか、そういう幅広い見聞がすごく大事ですね。

堀田　そういうことですね。それにともなって、サービスといいますか。例えば今回もビデオ撮ってると思いますけども、彼らが帰って伝えられる映像や教材とか、そういうものを補助していく、そういうことがまず必要だろうなという気がしますね。何か人を送って、とにかく研修所作ってという発想は……。

村井　それは駄目。

堀田　まず、いま生きてる人で暮らしに困ってる人が見聞にきて、吸収していくっていうのが大切だと思います。われわれはＲＵＡっていうのをつくるわけだけど、そういう機能というのは非常に重要だろうと思いますね。スケッチを描ける人、それから写真を撮れる人、そういうふうな人たちが補助としてついて、南南交流をやって持って帰ってもらって。あとは彼らがどうするかという問題であって、われわれがどうするかじゃないわけですから。いままでのはどうも自分の自己満足のためにに交流をやるっていうところがあってね。暮らしに直結して役立つという交流がどうもなかったような気がするんですよね。

村井　そういう意味では今回の旅は面白いいろいろな問題を提起してくれたと思います。

（一九九四年　『有機エビの旅』）

＊1　ミルクフィッシュ
中国、東南アジアで広く一般的に食されている魚。福建語でサバヒイ、インドネシア語でバンデンと呼ばれている。骨が多く、味は淡泊。インドネシアでは貴重なタンパク源として、一三世紀から養殖されてきた。

＊2　ハッチェリー
稚エビの生産工場。海で捕獲される天然稚エビの供給が増え続ける需要に追いつかず、東ジャワを中心に多数作られた。天然稚エビは海の汚染などが原因で、近年減少している。

＊3　コロンブス五〇〇年
一九九二年がコロンブスによるアメリカ大陸発見五〇〇年にあたるため、中南米諸国、アメリカ、ヨーロッパでさまざま

な記念の催しが行なわれた。これに対し先住民の多くは、コロンブスはそれまでえいえいと営まれてきた先住民の暮らしを破壊するきっかけをつくった、として抵抗の姿勢を示した。ニカラグアでも「コロンブスの五〇〇年に抵抗する先住民・黒人・民衆の集い」が一〇月に行なわれた。

＊4　サンディニスタ時代

一九七九年、ニカラグアでそれまでの独裁政権に代わりサンディニスタ革命政権が誕生した。革命政権は、教育、保健医療などそれまでなおざりにされてきた民衆のための施策を次々と進めた。しかし、対右派ゲリラとの戦闘、米国による経済封鎖などの影響を受け、九〇年の選挙に敗れ政権を退いた。

＊5　RUA（むらとまちのオルタ計画）

日本とアジアで取り組まれている農、林、漁業を中心にしたオルタナティブな実践をつなぎ、新しい生産、経済の仕組みをつくろうとする農民、市民の運動。

＊6　PP21（ピープルズプラン21世紀）

二一世紀をどんな社会にするのか自分たちで構想しようと、一九八八年にアジア太平洋資料センターが提唱して始まった運動。翌年の夏、海外からの参加者も交えて、北海道から沖縄まで一八の国際会議が行なわれた。九二年にはタイでPP21が行なわれ世界四七ヶ国から四〇〇人以上の人びとが集まり、それぞれの立場から民衆の二一世紀について話し合った。

第16章

エコシュリンプの養殖技術改革プロジェクト

エビ養殖事情の変容

東南アジア諸国におけるエビ養殖事情が様変わりしている。養殖方法の多様化もさることながら、養殖の品種が東南アジア原産のブラックタイガー（クルマエビ科ウシエビ）に代わって、中南米原産のバナメイ（「ホワイト」という銘柄でスーパーなどで売られている）が主流になっている。五年ほど前から始まった現象だが、ウィルス性の病気が蔓延してブラックタイガーが激減するという危機状況の中で、生産者たちの緊急避難的措置として、品種の変更が急速に進められた。

ブラックとホワイトではその生態を異にする。ブラックタイガーは底生動物で、養殖池の底を這い餌をあさって成長するのに対し、バナメイは「泳ぐエビ」であって餌を池の底ではなく水中で食べることができる。そのため、バナメイの養殖池は水深を深くして、単位面積あたりの個体数を増やすことが可能である。また、ブラックタイガーは、池底で採食しているために投餌を食べているかどうか、池の外からは分かりにくい。その結果、餌の過剰投与になりやすく、養殖池の底で餌や薬の残滓が沈殿・腐敗し、ウィルスの発生・病気の発生を引き起こす。さらに、この病気への対策として抗生物質を投与するという悪循環により、収穫量が激減してしまった。かたやバナメイは、餌をまくと浮上してくるので、過剰投与が起きにくい。こうして養殖業者はバナメイばかり作るようになり、当然のことながら、稚エビの生産もバナメイに特化されていく。エコシュリンプの品種であるブラックタイガーの稚エビを扱う業者がきわめて少なくなった。エコシュリンプ養殖の危機である。

こうして集約養殖を含むエビ養殖の社会的・経済的理由により、ＡＴＪ（オルター・トレード・ジャパン）はブラックタイガーの稚エビの自製を迫られることになったわけである。言うまでもなく、元気のいい稚エビを作ることが生産を安定させると同時に生産力を向上させる主要な原因だから、稚エビの自製に始まり冷凍パッキングまでの一貫体制の確立は、エコシュリンプ事業にとって必須の課題であった。

粗放養殖の低生産性とその改善

①「元気のいい稚エビ」を作るにあたって、薬剤の使用を避けるという目標がある。一

般に稚エビの業者は、その養殖段階で一定の薬剤（餌、抗生物質など）を使用している。稚エビの生産効率を追求するために使われているのだ。エビの養殖は普通一〇〇日程度を一サイクルとしており、誕生二五日目くらいの稚エビを養殖池に入れている。業者の椎エビを購入する場合、エコシュリンプでもライフサイクルの二五パーセント程度の期間は薬剤が使用されていることになる。有機認定の基準からすると、薬剤使用がライフサイクルの三分の一以下であれば認定を受けられるので、薬剤が使用された稚エビを業者から買ったエコシュリンプは、認定基準に抵触しない。抵触はしないが、抗生物質などを一切使用しないことが理想であることは間違いない。実際のところ、薬剤使用をしない稚エビ養殖はどの業者もやろうとしない。そんなリスキーで効率の悪いことには誰も取り組まない。したがって、無投薬の稚エビを私たちで自製することが必要となっていたのである。

②集約養殖池と比べて粗放養殖池でのエコシュリンプの生産性はそもそも低いものだ。集約養殖の数十分の一といったレベルである。その低い生産性が近年、さらに落ち続ける傾向にあった。生産者の声を聞くと、数十年前に比べて三分の一、一〇年前に比べても半減、という状況が生じているという。一方、この一〇年のあいだ同じ収穫量を確保している生産者も少数ながらいる。この少数の篤農家的生産者を中心にATINA（オルター・トレード・インドネシア社）の生産者組合が作られ、エコシュリンプを日本の消費者に供給してくれている。

しかし、概して養殖池の所有者は養殖技術に関心を持たない人が多い（池主の八割以上の割合だろう）。自分の池がそこにあり、稚エビ代金と管理人の賃金を払いさえすれば、エビが大きくなって収穫できる、という発想の持ち主たちである。投機的な発想をする不在池主、といえるだろう。実際の養殖にたずさわる管理人（「振り分け小作人」と呼べる存在で、収穫されたエビの三分の一を取り分とする）も、技術的な関心が薄いし、技術の改善に必要な資金もノウハウも持たない。

粗放養殖の池の生産性を上げるためには、「篤農生産者」の養成と後述のような技術運動が必要になっていた。カピトス（ＫＰＴＯＳ）という篤農家たちの技術を学ぶため、地域の勉強会を始めたり、実験池の取り組みを通して「スタンダードな技術」を確立することが迫られていた。

水質改善を中心とする環境問題

粗放養殖池のあるシドアルジョは、大都市スラバヤに隣接していて、池に入れる川の水質が悪くなる傾向が生じていた。池の水質を管理保全するだけでなく、上流や後背地の問題、住民の意識改革の問題にどう関わっていくのかが問われ始めていた。エコシュリンプの持続的養殖を可能にするためには、それを取り巻く地域（住民）と自然環境が持続可能なものでなければ成り立たない。

技術向上のための実験池

スタンダードな養殖技術をつくる上で、私たち自身の実証実験が昨年（二〇〇五年）から始まっている。その目標は、池の生産性でいうと現在のヘクタールあたり一〇キロ程度からヘクタールあたり一〇〇〜二〇〇キロにするという野心的なものである。野心的だが実現不可能なものではない。なぜなら数十年前には達成されていた生産性だからである。

一回目は、一番生産性の低い池（ヘクタール一〇キロも取れない）をあえて実験池（三ヘクタール）として選んだ。生産性が悪化した理由は、長期にわたる養殖のために、有機質に富む「表土」がなくなり、底の土の肥沃度が低下した結果、エビの餌の供給ができなくなったためだ。稚エビの投入数は生産性の高い池も低い池も同じなのだから、餌の供給が不十分な池ではエビの共食いが生じてしまい、収穫量が低下してしまう。エコシュリンプは人工給餌ではないので、餌を探し廻ってサバイバルしているのだ。言ってみれば、堆肥を充分に供給しないために有機農業の「連作障害」と似たものが生じていたのだろう。数十年前に比べると治水管理が進歩して洪水がなくなり、折々の洪水によって運ばれる表土の更新が起こらないため、有機質が豊富でバランスのとれた池の生態系の基礎が失われていたのである。実験を始める前に、池の底の土と川の底の土を比べてみたが、川の底にはアカムシなどの生き物がうじゃうじゃいたのだが、池の土にはその気配さえない状態だった。餌を豊富に含む土を作ること、その肥育度を高めることが必須であった。

第一にしたのは、収穫の直後に池を干す際に、ボカシや堆肥を投入して植物性プランクトンを発生しやすくしたことだ。池の中の食物連鎖の出発点をパワーアップさせる。ついで、ゴカイの卵・幼虫やアカムシを入れ、一ヶ月ほどゴカイなどの成長を見届けてから稚エビを入れた。いわばエビとゴカイを「同時培養」しようとしたのである。エビを三ヶ月間、サバイバルさせる定式の模索だ。

第一回目の実験では、収穫直前まではきわめて順調な生育状態であったが、もともとアルカリ性の高い池のため、アルカリの制御に失敗して、満足のいく結果を出せなかった。その反省を元に二回目の実験が現在進行中であるが、おそらくうまくいくであろう。素朴といえばこれ以上ないほど素朴な実験だが、そうであればこそ、多くの生産者たちが手軽に利用できるスタンダードな技術の第一歩となるはずだ。

池の底の虫が多ければ、エビもゆったり餌を食べて成長できる。池主や管理人たちが池の土手は修繕するとしても、底の土の改善をほとんどしていない現状からして、今回の取り組みは生産性の向上にきわめて有意義な実験になると予測している。一ヘクタールあたり一〇〇〜二〇〇キロの収穫は夢ではない。

稚エビの養殖問題だが、専門業者が効率至上主義で濃密な養殖をし、そのために抗生物質が不可欠なものになっているのに対し、私たちはゆったりのんびりと稚エビを育てればいいので、抗生物質を使わない稚エビ生産に技術的な困難さはない。実験池と異なり、稚エビはうまく育っている。

これからの課題は、スタンダードな養殖技術を確立したとして、その普及のプロセスにあると予想している。私たちの技術が普及すれば、有機堆肥の製造システムを用意する必要に迫られる。その第一段階として、そのスペースと設備の確保に着手している。いまのところ、一〇〇ヘクタールの池を賄う設備の規模だが、やがては拡張が必要になるだろう。スウィジーさんを中心とする実験チームが現在のペースで研究を続ければ、一年程度でかなりの成果が得られるはずだ。それを中小の池主と池の管理人に広めることが次の段階だが、論より証拠、池の生産性の劇的な改善は何よりもの説得力を発揮し、技術の伝播は一気に進むことだろう。むしろ難題は「水質改善を中心とする環境問題」だろうが、これもせっけん運動を通して、イスラム社会の女性たちの社会参加を呼び起こすことなどのプロセスを通じて、小さくない成果を上げていくに違いない。

（二〇〇六年　『ａｔ』）

第17章 オルター・トレードの一〇年と今後の課題

オルター・トレードが一〇年間やってきたことをまとめると、最初は「遊び」、それが「仕事」になり、「仕事」になったことで経営が問題になったといえるだろう。いままでの流れで一番特徴的なのは、やりながら「おれは一体何をやっているんだ」ということがほとんど分かっていなかった。常に振り返ってまとめる力がなくて、即興的に進めてきた仕事。一〇年たつとそれが一定の形を取り、いい結果だろうと悪い結果だろうと具体的な形になり、そこから継続という課題が出てくる。いまの状況は一〇年たって、あるひとまとまりの結果が出てそれを次にどう継続していくかという段階に入っている。

「遊び」という中には、理念や情念を含めて運動への情熱がやみがたくある。私の場合はフィリピンとの連帯運動なのだが、それと同時にもっと根元的には貧困とか暴力とか抑圧に対する本能的な反感があったし、そういうきわめて人間的感情を政治や演劇で表現するのは、ある意味で「遊び」なのである。結果を直接変えていくことに責任を持てない条件でしか、表現できなかった。要するに「地に足がついていない」ということだ。貧困とか抑圧、暴力は人びとの暮らしの中でおきている。人びとの暮らしをどう変えていくかは政治的、社会的、文化的、経済的と四つの大きな部門それぞれに課題があるわけで、それらが密接につながって一体化しているのだが、「遊び」と私が言うのは、その暮らしの経済的な部分に全くタッチせずにやってきたことにある。それがオルター・トレードを始める以前の私の連帯運動であり、関心のありどころであった。私には結局暮らしの一部ではありえないという思いがずっとあった。

オルター・トレードを始める以前の一〇年間はフィリピン連帯運動があって、その中で演劇活動をやっていたのだが、私自身は暮らしの一部になり得ないという疎外感の中で活動していた。もちろん演劇活動をやりながら暮らしを変えるんだと叫ぶことはいつだってできるし、われわれがやっていた民衆演劇活動はまさにそのような理念、暮らしを変えるという理念を明確に意識形成していくための方法論だった。擬似共同作業的演劇を通して、理念を形成する現場をつくると同時に現場からいろいろな人びとが散っていく、結集と拡散というベクトルを持っている。私は学生時代からずっとそういう演劇の場にいたのだが、それも移動演劇であって地域を持たない。そういう意味での根なし草、漂流する者としての帰属意識のなさが常にあった。地域にも組織にも属さず、まともに生活するための経済基盤も持っていない。私の連帯意識は最初そういうところから始まっている。

先に「遊び」と言ったのはそうした私が連帯運動をしていたということだ。また一般に政治的思想的連帯はありえたし、そのような運動はたくさんあった。

ネグロスと関わっていく中で、私がある種コペルニクス的転回として「火中の栗を拾う」と言ったのは、逆にものや暮らしで何か形成できないだろうか、という問題意識からだった。また、個人的には「地に足のついた」ところで国際連帯運動が形成できないのか、ということもあった。

とりわけ「援助」という問題が最初にあった。「援助」はまさにお金という具体的物質がからむので、金銭と暮らしをどう構築するかという構想力と倫理観が必要とされる。言いっぱなし、やりっぱなしではすまない。そういう錘《オモリ》がついた。実態として一年で終るはずのキャンペーン活動が一〇年たっても続いている。まさに暮らしに直結しようとしたことからの帰結だと思う。最初は本当に「遊び」だった。無一文の中で「暮らしをたてようよ」という話をするわけで、そこにあるのはある種の楽天主義とほら話に近いストーリーメイキング、シナリオづくりだったといえる。

ヨーロッパなどで「フェアトレード」などというものがあることも知らなかった。それほど私に外側のことへの関心がなかったのだ。ネグロスと日本の連帯運動をどうつくるかということだけをベースにして考え続けられてきた営みなのである。オルター・トレード・ジャパン（ＡＴＪ）という一つの会社組織ができ、民衆交易として発展してきた背景には、日本の消費者運動の理念と具体的蓄積があった。私たちは生協から非常に大きなインパクトを与えられた。オルター・トレードは基本的に産直運動なのである。これは発想の根拠として消費者が生産者と提携して、生産者を支援しながら自分たちの納得する食べ物を作っていくという運動の延長線上にある。

生協と出会う前の私たちはネグロス・キャンペーン活動をやっていく中で、キャンペーン・グッズとしてシンボリックな商品を作って買ってもらおうという考えがあった。そこで最初にできたのがマスコバド糖だ。マスコバド糖が生協との出会いをつくったのだが、その時の発想はあくまでもキャンペーン・グッズだった。カンパをくださいというチラシは情報として受け取られて、具体的には寄付金となって郵便振替で送られてくるわけだが、チラシを受け取って寄付を送ってくる人たちの動機や行為は、こちらには全く見えていない。積もり積もって金額としてしか見えない。そういう苛立ちがキャンペーンをやりながらあった。それをものに置き換えよう、と。マスコバド糖を使って消費者と関係ができれば、ものを買ってくださる方の気持ちが分かるのではないか、そこに対話が成り立つのではないか、と期待した。実際、会話はたくさん出てきた。ひどい商品だったからだ。泥は入っている、藁《わら》くずは入っているという商品でも買うということは、チラシを見て送金する気持ちとある意味では同じで、単なる交換経済を乗り越えたところで成立しているのがネグロス連帯なのだという考え方があった。

　ネグロス・キャンペーンを始めた当初から、ものを通して実際の経済活動をする以外ないなという感じはずっとあった。募金だけではやれないと思っていた。ネグロス側の状況を見た時に、あまりにも不正義で構造的な暴力があって、継続的に寄付金を送ったところでものごとは変わらないのは目に見えていた。民衆自身が経済をおこしていかない限り、構造の変革ができないのは現実的にはっきりしている。人びとの暮らしが変わらないかぎり援助は終らない、という問題がある。これは私にとっても切実な問題だった。

　はっきりしているのは、民衆自身が事業をおこせるような構造にはもともとなっていないことだ。資源や生産手段にたいするアクセスが全くない。あったとしてもそれを再生産するだけの資本、資金が全くない。商品化したとしても流通のためのインフラが全くない。第三世界はどこでもそうだが、大金持ちの農場までは立派なハイウェーが通っているけれど、貧乏人の村には全くない。ものを大量に運ぶことも難しいという現実があって、そもそも自由主義経済に入ることを拒まれているわけだから自由主義経済の発展こそ民衆の生活がよくなる、幸せになる基本なんだということについて、最初から閉ざされた状況で始まっている。その中では民衆自身が生産手段を持ち、資本を手に入れ、流通手段をみずから持つことが絶対に必要なのである。そうしないと社会化できない。農民が農作物を社会化していく形で自立に向かうのではなく、せいぜい原始共産社会並みの自給自足しか成立しそうにない、どんなにがんばっても。農業技術指導などは当時からいろいろやっていたし、プロジェクトとして農業のやり方を教えたりしていたが、コンテクストが全くない。技術だけを教えようとしても、置かれている構造そのものがそういう技術を発展させる構造になっていない。

したがって、オルター・トレードはその暴力的構造をどのように変えるかという具体的な連帯活動として始まった、と私は理解している。それは一方でフィリピンの人たち自身による政治運動、社会運動、教育運動の包括的運動があって初めて成立しうる手法だった。一番手が廻らなかった部分は日々の暮らしをどう成り立たせるかという概念だった。外側から来た人間だからそれが見えるという利点があったし、それをいかしていく方法が民衆交易だった。民衆交易そのものに「自立基金」というプラスアルファの金を上乗せして、募金も兼ねるという構造がそこに生まれたのである。

「自立基金」はいかに構造的支援をしていくかという面から、北側の余剰を南に還流する仕組みとして考え出された。ネグロス側には支援を受けたという理解があるとしても、いまになってみると「自立基金」そのものが重要だったとは思えない。当時はそれが連帯であり支援だと思っていて、草の根交易自体は自立基金を生み出すための活動だという考え方があった。「仕事」になった時点で、自立基金をいかに確保するかという形で民衆交易が行なわれてきた。その仕事とはキャンペーンであり、ものを届けることで寄付金が継続的に入ってくる構造をつくった。バナナを輸入するために貿易会社を作ったわけだが、中心になった仕事は理念を伝えることだった。「自立基金」の大半は組織化に使われたのだが、それが目に見えないインパクトになっていることは否定できない。生産手段を持たない民衆がアクセスを持つためには組織を作るしかない。当時は土地を手に入れる展望も全くなかったわけだし、一九九一年にバランゴン生産者協会（BGA）ができたことも大きい。

基本的にわれわれがやってきたことは、兼重さん（故・兼重正次グリーンコープ事業連合専務理事）が言った「〝こと〟から〝もの〟へ」ということばに凝縮されていると思う。政治的文化的に正義と平等の社会をつくるという理念があるとしたら、その理念を実現できるものを民衆が持たない限り、実現へのアクセスはできない。ことばに対してことばを民衆が持っても、実際の暮らしを建築していくことにつながりにくい。民衆交易を始めた民衆の側の最大の発見は、自分たちでものを作れる、自分たちで共同作業が可能だ、誰の監督がなくてもやれるということだった。やってみたらこんな難しいことがある、それを自主管理するには何を解決しなくてはならないか、あらゆる問題が出てくる。そういう中で単純に理念として語るスローガンは魔法のように実現するものではないということはよく見えるし、逆にいえば、そのプロセスにいたる仕事づくりはこんなに面白いのかと、労働のおもしろさの発見もあった。自分たちで運営する仕事ができたことが最大の貢献かもしれない。共同作業が暮らしに直結することも、もともと「バヤニハン」という結《ゆい》に似た制度があり、それに付随して民衆事業が成立しうることが分かった。

われわれの事業は、明確な意志を持ったマーケットがまず存在したことが基本的原理となった。生協の側も無条件連帯という優れた決断を下した。すべて買い取ることから始まっているのだが、それが次第に難しくなることは確かだ。継続し、社会的な経済システムの中で動き出していくと、さまざまな条件が出されてくるし、それをクリアしていくことが仕事になる。その最大のポイントが経営という課題だ。経営能力をどうつけるかが問題にならざるを得ない。

その点でヨーロッパのフェアトレードとは全く異なる。ヨーロッパの人と話すと自分たちはそういう構造は持たないという。組織された消費者自体がすでにヨーロッパにはない。ヨーロッパの場合は自立した市民的な倫理観に訴える。最初から一般の商品と競合しながら売らないとやっていけない。出発点が違っている。日本人はいいものだからといって、スーパーの棚に並んでいる中から高い品を選択するということはまだできない。民衆交易ということばでくくってしまえない、ヨーロッパと本質的な違いがある。われわれの民衆交易はものの交流ではなく、ものは媒介で人が交流する。ことからものへ、ものから人へ、そこからまたこと（理念）に戻ってくる。私だけがちゃんとしていればいいという発想ではなくて、助け合っていかなくてはという稲作民的発想かもしれない。確かにヨーロッパのフェアトレードを見ていると、原則的に経済活動であってその領域の専門家がやる。経済活動をやっているグループと国際連帯グループ、援助活動をやっているグループ、それぞれが全くジャンルが違って、その連携の中で行なわれている。ＡＴＪの場合は全部一緒にして初めて成立している。

最後の段階で「経営」が見えてきたというのは、経済的領域の問題をきちっとやらなくてはいけないというところに一〇年たって到達したということだろう。いかに効率的に高い生産性をもって富をつくり出すかということ自体は、資本主義であろうが原始共産制であろうが人間の暮らしを守っていく上で絶対に必要なことである。問題は富をどう分配するかだ。資本主義は株主の最大利潤を追求していると単純にいってしまうとすれば、われわれがやっていることは「最適な利益」を確保することである。最大利潤ではなく、生産者や生産者を支えている自然にとって、また消費者にとって最適の利益とは何か。全体のバランスをとりながら、一番価値があると思える利益を生み出さなくてはならない。単純に金額が一〇〇パーセント伸びたということで成立するものではないし、業務としては無駄のない効率的な仕事をしないと余計な負担を生産者や消費者にかけることになる。

ＡＴＪの活動の主要な目的は「共生セクターのエンパワメントを推進すること」である。とりわけ「南と北の共生」の実現のために南の共生セクターを育て、支援し、南と北の「共生経済ネットワーク」を形成することである。ＡＴＪがネグロスで展開してきたことがその具体的モデルになるだろう。

ネグロスでは、民衆事業の設立、雇用の拡大、所得分配の不平等への対案提示、協同組合設立への支援、民衆セクターへの資金提供、エコロジー／有機農業の提起と支援、民衆金融サービスへの展望の提供、という多様な活動を展開してきた。これらは、国家セクターも、私企業セクターも全く無視してきた社会的事業であり、サービスの提供である。これらの諸活動の核をなしているテーマは「民衆のエンパワメント」であった。

ＡＴＪの基本的な事業計画は、このような「民衆のエンパワメント」に直接的に寄与することである。経済事業体である限り、私的企業もＡＴＪも「費用対効果」を追求する性質は同じである。つまり「経済的に効率的な方法で富をつくり出す」という点までは同じだが、ＡＴＪの場合は「その富を公正な方法で関連する諸団体で分配し、それぞれの社会的な目的を達成するために利用する」という点が大きな違いとなる。

これを実現するためには、（１）社会的目的（いのち、自然、暮らしを守る）への「資本」の従属、（２）運営管理の民主的方法の確立（生産者／ＡＴＪ／消費者間の合議と合意に基づく運営と管理)、の二点が確実に認識されている必要がある。「最適な利益」の確保とは、この二点に基づきながらもっとも効率的な方法で事業を推進することである。

ＡＴＪが事業のパートナーとして協働するのは、南の小規模農民や漁民が第一義的相手である。また、それらを支援するＮＧＯあるいは地場の中小企業なども対象となる。基本的には、彼ら自身が自立と自給自足への基本的欲求とその手段の獲得に熱意を持っていること。そして、なんらかの段階の生産者協同組合を形成しているとか、しようとしていること。第二義的には、地場か国際かを問わず独占的私企業ではないこと。さらに環境的な志向をもっていることがパートナー/生産者として要求されるだろう。また、手工業品や工業製品については、日本国内での市場を確保できる能力をＡＴＪはまだ持ち得ていない。

一方、国内の市場/消費者を考えると、当然生協や組合に組織されている消費者が第一義的な対象となるが、「食べ尽くし、取り尽くし、破壊し尽くす」という日本の食料輸入の状況がある限り、一般の消費者に対してそのような実状を訴えていくことも、きわめて重要な課題となる。ＡＴＪ商品の一般市場への展開も真剣に模索する時期に来ていることも確かである。

この一〇年間、ＡＴＪをぎりぎり保ってきた根拠は外部役員会にある。開かれた役員会があって客観的にチェック機能を働かせることができたからやってこれた。「経営」とはそういう技術的視点、能力を持った人材をどうつくるかが課題なのである。あるいはそのような人材をどこから確保するか。「共生セクターのエンパワメント」実現のために、事業立案能力、資金管理能力、マーケティング能力、運営管理能力を確実に「我がもの」にしていく必要がある。今後五年間で水準の高い人材を確保することが、ATJの発展継続にとってきわめて重要な課題となるだろう。草の根のシステムをつくるというのはそういうことではないか。

民衆交易といいつつ、トレードではないとわれわれは言い続ける。貿易のオルタナティブではない。暮らしのオルタナティブ、経済のオルタナティブなのだと。その経済は人と人の交わりで成り立っている。

ネグロスが本当の意味でコーオペレイティブ・アイランドになる、協同組合のネットワークが既存の保守的経済ネットワークの下にきちっと二重構造を持ってできていく、どんなに皮相な伝統的経済構造が壊れても、協同組合のネットワークだけはきちっと残っていく、という。そういうものをイメージしていきたい。

（一九九八年　日本ネグロス・キャンペーン委員会〈編〉『草の根から経済システムをつくる』）

第18章 オルター・トレード・ジャパン、「民衆交易」の初志と未来

オルター・トレード・ジャパン（ＡＴＪ）は、昨年（二〇〇四年）に創立一五周年を迎えました。一九八六年、フィリピンの砂糖プランテーションの島・ネグロス島の、飢餓と貧困に苦しむサトウキビ労働者たちを支援する「日本ネグロス・キャンペーン委員会」が設立され、たんに義捐金・医薬品を送るだけでなく、地場産品のマスコバド糖を日本の生協が購入する事業を始めました。やがて無農薬バナナ（バランゴン）の輸入を手がけるようになり、八九年にＡＴＪが市民資本の商社として誕生しました。

八〇年代末のことです。「グリーンコープ生協おおいた」の専務理事をなさっていた石三修さんから、生協運動の現状に対する反省として、「〝もの〟にこだわりすぎてはいないだろうか。いいもの、安心安全なもの、正しいものばかり主張している傾向があるのではないか。それと裏腹に、私たちを取り囲む世の中の〝こと〟（がら）が忘れ去られている。

〝もの〟から〝こと〟への転換が必要になっていると思う」という提起がなされました。

その提起を私はグリーンコープ連合の専務理事だった故・兼重正次（九五年没）さんから聞いた覚えがあります。兼重さんは、「われわれ生協がフィリピンのネグロス島のバナナ生産者と連帯するというのは、まさに南北連帯の実例であって、これまでものにこだわってきたわれわれがこれからはことにこだわっていく先例になる」とおっしゃられた。

市民事業としての南北交易について、私自身で考えてみますと、その方向性は、生協の先進的な方々とは逆のベクトルであって、「〝こと〟から〝もの〟へ」というアプローチでありました。それまでの短くない期間、演劇活動（黒色テント）に関わった経験の中で「演劇を通した連帯、文化交流としての演劇の共同性」を言ってきましたが、芝居・演劇は一夜の上演で消え去るものばかりであって、記録や人間の関係性として残っても、現実の地面には何一つ残っていくものではない。フィリピン、マレーシア、インドネシア、インドなどを舞台に演劇を通した国際連帯という活動を続けてきて、連帯の空しさというもの、とりわけ世界的な政治情勢の中で常に反対派でいる空しさを、八〇年代半ば頃までに身にしみて感じていました。そういう個人的体験からすると、「〝もの〟から〝こと〟へ」という彼らのことばをその時には怪訝《けげん》な気持ちで聞いていました。

ネグロス島とのバナナの交易を実験的に始めたのは一九八九年のことです。八五年から八九年頃まで、フィリピンの民衆運動や左派教会系の民主的組織などとの交流経験はありましたが、そこで語られていたのも「こと」であって、「貧困からの脱却と不正義の糾弾」「正義と平和」（Justice & Peace）が基本的な目標でありました。民衆への正義、民主と平和をどう実現するのかというフレームで運動が展開されていました。そうした運動の誠実な活動家たちと付き合う中で、かつての演劇活動における「こと」の空しさと通じるものを感じていました。

バナナ交易を持続的に始めた八九年、ネグロス島では目の醒めるような事態が生まれていきます。それまで革命運動や民衆闘争の動員の対象でしかなかった貧農階級（サトウキビ労働者）が、奥深い山からバナナを刈り出し、それを水洗い・箱詰めして日本に送り出すという大騒ぎの作業に取り掛かったわけです。そのプロセスを彼らが実現していくのを見ている中で、「ものがなければ人は協働できないんだ」ということを、一つの衝撃として私は初めて認識したのです。「大騒ぎ」が私にもたらした贈り物です。それが「〝こと〟から〝もの〟へ」という、生協の人たちとは逆の転換＝自省を導いたわけです。

兼重さんとの話し合いを通じて、彼らの転換の意味も分かると同時に、私の転換も大きく位置付けし直すことが可能となっていきます。つまり、「もの」から「こと」への転換も「もの」を協働で作り送り出すという作業がなければ成就しない、協働作業の達成のためには「もの」と「こと」が同時に必須の構成要素としてなければならない、「もの」だけ言っても「こと」だけ言っても仕方がない。それが民衆交易の根幹をなしている条件であると思います。

「〝もの〟と〝こと〟」の遭遇

ATJの拡大した現状（扱う品目は、砂糖、バナナに加えて、エビ、コーヒー、キムチなどがあります）を見ますと、循環するプロセスと言っていいと思いますが、当初は「こと」がバナナという「もの」として運ばれてきて、それが南北連帯であり貧困への闘いであり市民の善意であるという「ことがら」であったのです。ところが「もの」というのは実に具体的に関係性を構築していくわけで、とりわけ経済的関係という恒常的なものが生じてきます。そうすると、「もの」が交換価値に見合った「もの」たりえているのかという当然の新しい要求が現れてきます。当初は「ことがら」がいわば「もの」の価値を代弁していましたが、「もの」のやり取りが繰り返されていくと、交換価値とは何かということが改めて問い返されてくるのです。私たち事業の推進者にとっては、「もの」の適正な価格や一定の品質や安定供給という基本命題が「もの」に関わって問われてきます。それをどうすれば解決できるのかということが、九〇年代を通しての課題でありました。

ところが、「もの」の品質、「もの」の価格、「もの」、「もの」とこだわって、消費者にいい「もの」を届けるのが課題だと自己規定し始めると、ATJにとっての「こと」とは何なのかという問いが逆に浮上してくるのです。とくにこれから先を考えると、オルタナティブな商社という言い方をしているけれども、私たちは企業なのか企業以外の何者なのか、ということが大きな難問として突きつけられています。一五年間の経験を経た上で、ATJにとって「〝もの〟から〝こと〟へ」とは改めて何であるのか、これが自分たちへの問題提起としてあります。

とはいえ、その問題提起を「〝もの〟と〝こと〟」ということばの平面でスタティックに捉えて評価し答えるのはそう難しいことではないでしょう。必要なことは、私たちの事業を総合的構造的に捉えてみて、どんな解答があるかを探ることです。

例えば、私たちの事業の発端に立ち戻ってみれば、いくつもの発見と連携の布置が見えてきます。それまでは日本になかった有機無農薬の地場バナナがネグロス島にあり、フィリピンのしぶとい民衆運動があって、かつ日本に新しい市民の生協＝協同購入運動のネットワークがあったという基本的枠組みの中で、初めて「〝もの〟と〝こと〟」が出会っていたのです。「もの」だけが存在したり「こと」だけが存在したりすることはありえません。ATJはそれらを結ぶ役割を果たしたのです。そのことから導き出せるのは、どうしたら「〝もの〟と〝こと〟が出会える枠組み」を新しく発見できるのか、という構想力です。これがこれから先のATJの基本的命題だと思っています。そこで発見する枠組み、それ自体がオルタナティブであるに違いないでしょう。そして、ATJが直面している課題は市民の生協も分かち持っているはずですから、生協運動にも小さくない影響を及ぼすのではないでしょうか。それぞれの生協がきわめて巨大な市民企業体になっていて、その企業体をどんな枠組みで維持発展させていくかが問われているのですから。

フェアトレードは「ヨーロッパ発のグローバリゼーション」か？

ＡＴＪの初発の基本テーマは、北の諸国民が変わらなければ南の人びとは救われない、ということでした。別の言い方をすれば、北の富を南に移すということです。北のせいで南が困っているのは自明のことです。現実に世界のＧＮＰの六七・八パーセント近くはＧ７の諸国家が作り出していて、その経済の不均衡がグローバル化した世界の活断層になっています。皮肉な言い方をすれば、私たち日本人は高い価格でネグロスのバナナを買ってあげて、向こうの貧農階級の人たちにとって少しでも経済的に役立てればとお金を送る、しかし、そのお金はトヨタ、ニッサン、ホンダ、いすゞ、スズキの自動車を買うことで日本に還流し、日本人労働者の給料として支払われる。そのお金の一部がネグロスに流れていくが、その繰り返しの中で、南北の不均衡は強化されこそすれ平準化されることはない。一本のバナナの対価とトヨタの車の対価では天文学的差があります。ミンダナオ島のバナナ・プランテーションを例に取れば、トヨタのランドクルーザーが現地で四〇〇万円ほどしますが、四〇〇万をバナナで稼ぎ出すとすると、七ヘクタールの農園で作られるバナナ一年分が必要です。北の工業と南の農業の間には、経済効率や生産力・労賃の目もくらむような格差が口を開いています。

南の諸国の伝統技術品や民芸品・地場作物を北の市場のテイストを考慮して生産、輸出し、少量ずつ販売するという方式で始まったフェアトレードは、それはそれで先駆的な試みであったと思います。けれども、ヨーロッパ的なフェアトレードに私は疑問をいだかざるをえません。北の個人の善意がいくら積み重なって南の生産者の手に渡ったとして、あげたお金は北の諸国の工業生産物を買うために使われる、結局は北の企業の収益として戻ってくるだけであり、その構図にはいささかも手をつけられない、ということがあるからです。結果から見れば、北の人びとが現状のまま生きるために南への善意が必要とされている、意地悪くいえばそういうことになります。少し極端な言い方になりますが、ヨーロッパ市民社会の「唯我独尊」という性格があって、南の人びとをヨーロッパに適応させるように作り出していく、フェアトレード運動もそういう傾向性を否定できない気がします。あるがままの南の人びとではなく、ヨーロッパ社会に馴化《じゅんか》させられた人びとを生み出してしまう。実際、フェアトレードをヨーロッパ発のグローバリゼーションだと見ている南の人びとは少なくないわけです。

自分自身に引き付けていえば、ＡＴＪは世界経済のたんなる補完材に過ぎないのではないか、ということです。その疑念は常に抱えていなければいけない基本的自問です。ヨーロッパのフェアトレードを批判していれば済むことではない。つまり、日本の社会、経済をどう変えたらいいのか、という大問題を視野に入れておかなければならないということです。変えていく道筋について方策を提起していかないことには、補完材という私たちの宿命を越えることができないでしょう。創立一五周年を記念して、こうして季刊誌や単行本を刊行しようと考えたのも、そうした大きな宿命を越えることば＝認識を発見・発信していこうということでもあります。

経済の世界的不均衡は、北の善意による高い価格で南の農産物を買ってあげればなんとかなるというようなものでは全くありません。市民運動、市民事業、市民的権力を北の社会の中でどう打ち立てていくのか、それをこそ考えていく必要があるのだと思います。自分の生活を削り取ってでも、不均衡を是正するという決意に満ち溢れていないと、所詮は、一時的な継ぎはぎ、バンドエイドを貼ることに終ってしまうに違いありません。日本社会は栄華を享受しているわけですが、南の貧困がなければ「栄華」がないのです。貧困こそが、北の繁栄の基礎です。世界大でみれば、片方で貧困を増大させなければ、片方の繁栄をつくり出せない、これこそが資本主義の原罪＝現罪であると思います。しかも、その資本主義には出口がないかのように見えています。少なくとも善意のフェアトレードは出口にはならないでしょう。

その出口なしの経済状況にどんな市民的なオルタナティブを提起できるのか、それが私たちの課題であります。その課題の巨大さに比べて、私たちには乏しいモデルと貧しいイメージしか持てないでいます。しかしながら、八〇年代末には私たちが新しい枠組みを発見し、南の民衆運動と北の消費者運動が出会い、「もの」と善意の交換が生じて大きなエネルギーを生み出した経験があったわけです。当初は生き生きした関係だったものが、経済として日常化するなかで「骨化」していき、自由さやエネルギーが失われていったのですが。その見直しも含めて、偶然的に成立したかに見えるフレームワークを、別の場所で、別の「もの」で、発見・再現・拡大することができるのかどうか、その課題への挑戦が問われていると思います。

「オルタナティブなユニクロ」は可能か？

まだデッサンに過ぎませんが、こんなアイデアもあるなと思っています。

一つは、南の農産物を輸入して生協組合員に食べてもらうということ一辺倒ではなく、生産効率のいい軽工業生産システムを南の人びとの間に持ち込んで、工業製品を作ってもらい、それを生協の組合員に買ってもらう、そういう逆転の発想があります。すでにその方法は日本の大企業がアジアを含めて世界中の安い労賃の国々に進出して実証している現実です。もちろん、彼らが行なっていることは、フェアな構造で進めているかといえば、もちろんそうではない。南北の不均衡解消に手をつけようとはしていません。それに対して、ATJがめざすのはフェアな技術開発と軽工業生産品の交易です。そこに新しい活路と枠組みを見出していくべきでないか。

農業生産物だけではなく、さらなる経済発展と不均衡の是正を考えるのなら、失業者の多い農村に一定の労働集約型の工場を作り、その製品を日本で売るという方法に取り組みたい。ユニクロが中国で展開して成功した方法を研究し、生協との連携の中でオルタナティブ・ユニクロをネグロス島で展開できないだろうか。そういうやり方で、北に蓄積した富・生産財・技術を南に移植していく。そして北からの富の移転の見返りに、「いいもの」(オルタナティブ・ユニクロ)を北の人びとに差し上げましょうという交易を推進するという道筋です。ユニクロと対抗できる安価でいいものが作れるのか、という課題に対しては、日本の優れた服飾デザイナーやアーティストの協力が必要でしょうが、ap bank の例を見るまでもなく、市民意識の高いクリエーターたちのプロジェクト参加の可能性は小さくないと予想しています。

これまではそういう呼びかけをしていないし、具体的にまとめきっていないけれども、ありうべき可能性として追求してみたいと思っています。

これまでの「食」専業から「衣」への進化、これは刺激的な枠組みに違いありません。

仮に綿製品を作るにしても、これまでの発想でいえば、有機綿の輸入をして日本で縫製する、とついつい考えがちですが、ネグロスで丸ごと一貫生産が可能ではないか。そのプランを打ち出すと、「そんなことができるのかよ」という意見がかならず生じるでしょう。しかし、バナナを始めた時にも「傷みやすいバナナの輸入を素人ができるのか」という声が少なくなかった。というより、バナナ輸入を継続できるとは、われわれ自身ほとんど思っていなかったのが実情でした。ですから、問題は事業を構想する力、その吟味にこそあるのだと思います。

ステップアップした国際産直をめざして

もう一つはコーヒーに関わるプランです。

コーヒーは植民地産品のもっとも古いものの一つで、本来ネズミも虫も食わないものを人間が無理やり飲み始めました。そしてフランスのサロン文化の必需品になるわけです。現在、ＡＴＪでは東ティモール産、ペルー産、メキシコ産などのコーヒーを扱っていますが、やがてはラオス産も手がける予定です。ラオスの人びとはコーヒーを飲む習慣がない――ないのに国際商品として作らされています。ごく当たり前の嗜好品になったコーヒーですが、実は流通のブラックボックスを通して飲まされているのが現状です。鶴見良行さんの『バナナと日本人』（岩波新書）が刊行されるまで、バナナを誰がどのように作り、どんな流通経路をたどるのか、誰が儲けているのかを知らなかったように、コーヒーも同じ状況にあります。

ＡＴＪが扱っているコーヒーは、焙煎したものを生協に渡しているのですが、そこから一歩進んで、グリーンビーンズを渡すから、生協やワーカーズ・コレクティブの人たちが自分たちで焙煎して地域で売ったらどうですか、というプランを打ち出していきたいと考えています。ワーカーズの人たちが焙煎工場とコーヒーショップを運営する。さらには、そのワーカーズに東ティモールから生産者に来てもらい、共同出資者として働いてもらう。そうすることにより、東ティモールのコーヒー生産者組合の人びとは、生産物＝原料代だけからではなく、ワーカーズ労働からも収入が入り、現状の数倍の収入増につながっていきます。それがステップアップした国際産直であり、南北共生の一つのタイプの将来像としてあります。もちろん、生協関連のさまざまなワーカーズの現状に即していえば、メンバーに十分な収入を確保していないという側面もありますが、その中にあえて南の生産者の人たちを参加させてくれませんか、と提案していきたいと考えています。コーヒーという資源を使って、北と南の人たちが両方で利益を上げましょうというプランです。

まずは、ワーカーズの焙煎工場に東ティモールの人たちを招待し、生産者の声を聞いて交流する、という働き方から始めてもいいわけです。生産者の人たちには自分たちの作ったコーヒーがどのように焙煎され、いくらで飲まれているのかを見てもらう。一杯のコーヒーが二〇〇円で飲まれているが、それに必要なコーヒーの粉は一〇グラムだとして、自分が作ったコーヒー豆は一キロいくらで売り渡しているのだろうか、という疑問が嫌でも生まれます。その結果として、ワーカーズが上げている収益のどのくらいの部分を生産者に手渡すのが妥当であろうか、というやり取りが当然に生じてくるでしょう。しかも、南の人たちの立場に立って見れば、コーヒーを適正な価格で売っていくということは、コーヒー依存からの離脱をめざす南の生産者であるために必須の手段であるはずです。コーヒー専業を脱して、軽工業の同時推進による村・地域づくりを進める必要があるし、最終的にはコーヒーに依存しない農業、を確立していく道を開いていくのだろうと思います。

日本社会の現状を見ると、確かに排外主義的なナショナリズムが高まっていますが、私たちの事業は資本主義のルールを最大限に利用して、南と北の共生を図っていくのですから、工夫次第、研究次第でいくらでも事業の発展が可能だろうと考えています。東ティモールの人たちが日本のワーカーズで働くことは、第三世界を創造的に日本社会の中に持ち込むことです。敵の武器を利用するという戦略が基本になければ敵を倒すことができないだろうと思いますし、どのように利用するのかという構想力がますますリアルに問われているのです。

（二〇〇五年『ａｔ』）

〈対談〉

「善意」から「生きる力」としてのバナナへ

秋山眞兄（株式会社オルター・トレード・ジャパン取締役）
堀田正彦（株式会社オルター・トレード・ジャパン代表取締役）

「素人」が始めたバナナ事業

――最初にバナナの民衆交易の現段階・到達点から振り返った一五年の歴史についてのお話から入っていただけますでしょうか。

堀田　そもそも私たちのバナナ交易が始まるきっかけとなっているのは、日本ネグロス・キャンペーン委員会（ＪＣＮＣ、以下ネグロス・キャンペーンと表記）の活動からです。ネグロス島の飢餓状況に対する支援活動組織として、一九八六年に設立され、大きな連帯支援の運動を展開しました。その延長線上に、バナナ交易の前期的な形態としてマスコバド糖という砂糖の輸入がありまして、この砂糖の輸入を通して日本の生活協同組合運動と出会うということが可能になった。この民衆交易のポイントは、私たちの側が利益を上げる事業にするという発想ではなくて、寄付金を集めるという予測がつかず不安定な行為を、交易の事業利益に置き換えることで、継続性を持った支援活動を実現できないかというところにあったと思います。当初のマスコバド糖は不純物がたくさん入っていて、とても商品として流通できるような水準ではなかったという現実があるんですけれども、キャンペーングッズのような形でキロあたり五〇円という「自立基金」を砂糖価格に上乗せして現地側に支払う。だからそれはコスト計算や原価計算による製品価格ではなくて、日本の生協として払える価格という価格設定でした。だからネグロス側に余剰をいくらもたらしていくかというところに最初の交易の仕組みの根本があった。ある意味で日本の富を交易を通してネグロスへ移転していくという形がとられてきた。それは善意をモノと交換するという形で、「もの」の中に使用価値や商品価値以外の、いわば連帯価値のようなものを乗せていく。それがそもそもオルター・トレード、つまり「民衆交易」というものの基本概念だった。その点でいえば現地側にとってバナナ貿易というのは経済的な負担を一切心配しなくてすむ事業でした。砂糖からバナナに進んでも同様でして、バナナを買い集めるための資金としてわれわれは前払いしている。生産者、つまりバナナを持っている人は現金と交換でバナナを売るわけであって、すべては現金決済という形をとっている。実に素朴な交易でして、事業的なノウハウやマネージメント能力を必要としない、経営的な手腕を必要としない事業であったわけです。

この「自立基金」というのが明快に設定されて消費者の方々のご理解も得ながら進められてきたのは一九九九年までです。自立基金というのは、ネグロスの生産者たちの自立を目的にした基金なんだから、ずっと続くというのはおかしい、八九年からバナナ交易が始まって一〇年で自立の基盤をつくり、打ち切りにしようという運びになった。と同時に、自立を確保する事業構造というのが新たに考え直されてきた。

実は、私たちには一気に直線的に進んでいくという歴史観念があまりなかったと思います。毎日毎日バナナが運ばれ集められ、毎週毎週出荷されていく。台風被害とか数量が足りないとか、毎週毎週問題だらけ。その意味では現在しかないともいえる。現在をいかに乗り切るかの連続なので、当事者たちにとっては歴史感覚としての区切りがない。でも二〇〇〇年からは明確な違いが生じています。

――各種NPOやいろんなNGOが「もの」や対象の種類は違うけれども、善意から発する何かを他人様に「もの」なり財なりの形で手渡すという形で始まると思うんです。しかしそれがある持続の中でどう持続可能な状態になるか、というのはどのNGOやNPOから生まれた市民事業も遭遇する普遍的な問題だと思う。この難題をオルター・トレード・ジャパン（以下ATJと表記）は国境を越えて続けてきたという先駆的な意味があるのではないですか？

堀田　ATJの軌跡をそのまま法則化するのは難しいでしょう。僕らはただやってきたことをアトランダムに話すしかない。われわれのバナナ事業というのは「素人がやった」というところに非常に大きなポイントがある。素人だから、危険を知らないし、全くリスクにこだわらず、エラーが出てもいくらでもやり続けられる。ですから、トラブルの連続です。逆に、そういう素人であることの強みをこれだけ生かしてきたことはない。

バナナ交易に取り組むにあたって、われわれはバナナを上手に運ぼう、と考えていたのではなく、このことでどれだけネグロスの人たちの暮らしが楽になるかというそのことしか考えていない。見返りを考えているわけでない。事業の構造として利益を上げようという発想がもともとない。利益を上げる代わりに、ネグロスに蓄積される自立基金を先に上乗せしてもらっている。われわれが考えているのは、バナナ貿易を事業的に成功させるというよりも、どれだけたくさんのお金をネグロス側に使ってもらえるようにしていくかということだったわけです。

初発は事業的な難しさというよりも、バナナを運び出して無事に日本に届けるという技術の問題、そこが最初の難関でした。バナナの傷みやすいという性質、にもかかわらず消費地のある北の国に運ばないといけない。それができれば産地に大きな利益をもたらすことができる。産地には草の根の民衆運動の歴史があって、その利益をうまく市民運動や救援活動の中で使っていけるという構造がある。そこにお金が入っていき、代わりにバナナが日本に届く。日本側の基盤をいえば、鶴見良行さんの『バナナと日本人』（岩波新書）という本が広く読まれ、そのことによって日本の生協運動の中でバナナが非常に特殊なものであるという意識があった。そういう両方の基盤があって、世界で初めて、全くアグリビジネスや商社の介在しないバナナの国際貿易が成立した。これは特筆すべきことだと思います。七〇年代以降に発生してきた地域生協運動（共同購入型生協）の存在が決め手でした。それはジャスト・イン・タイムの発送体制、事前計画と事後発送の明確な一致を持ったシステムです。バナナというのはとにかく届いてすぐ配達していかないと腐ってしまう。そのシステムがすでにしっかりとした形であったというのが成功の鍵であって、われわれの才覚が成功に導いたわけでも何でもない。生協の宅配個別配送システムというビジネスモデルがあって、初めてバナナ事業は成り立った。

これは後知恵として分かったことだけれども、日本でバナナが自由化されて六九年にフィリピンバナナが大量に入ってくる。その背景にあったのは大阪万博を契機にして日本にできてきた高速道路網と交通機関としてのトラックによる輸送量の拡大、大量高速輸送ですね。このシステムとデリバリーシステムとしての物流基地の確立ということが背景にあってフィリピンの大量生産バナナがどっと日本に入ってきた。幸いなことにネグロスバナナは、この大量のバナナを高速でたくさんの消費者に届けるというシステムが成立していて、生協自体がそれをフルに活用することで利用できたということです。もう一つは生協のやっていた産直運動の蓄積があります。生産者を支援して自分たちの納得するものを食べるというシステムと理念とが、バナナをフィリピンから持ってくるということを実現させた力なんです。ATJはどちらかというとフィリピン側で必死になってバナナを集めていた。国内の事業面としては生協の力で成立してきた。だからATJはわりあいとのほほんとしていた。それがなかったらできるわけがない。やる発想なんかも浮かばない。

自立基金の用途とバナナという「お祭り」

――ATJの民衆交易の特徴としてあった自立基金は、どんな利用のされ方をしたのでしょう?

秋山　バナナ代金に含まれる自立基金を何に使うかということに関しては、基本的にすべてネグロス側に任せていた。一方、ネグロス・キャンペーンの募金の使い道については、向こうのパートナー組織とかなり細かく決めて実施していました。募金による施設やプロジェクトで、政府軍や地主勢力につぶされたり、運営経験のなさからつぶれてしまうものもあるが、お金の使途は明確にしていました。しかし、砂糖とバナナに関わる自立基金をどう使うかは向こうの人たちに任せる、そういうものでした。金額でいえば、年間に一〇〇〇万いくかいかないかでしょう。そのかなりの部分は民衆運動の組織化をしていくためのさまざまな費用にも使われたと思います。

堀田　バナナ貿易をやるには、トラック・集荷スペース・パッキングセンター・事務所・倉庫などが必要です。最初はそういう設備投資中心に自立基金が使われた。そういう資産になっていったものの他に、山の中にずーっと入っていって一人ひとり連絡をして「明日集めに来るからよろしくね」という伝言ゲームのような事業形態だから、たくさんの人が関わっているので、その種の費用に使われる。さらにバナナを洗ったり箱詰めしたりというう仕事が失業対策事業的な面があって、そこに毎週七〇人から一二〇人ぐらいの失業者の家族が働きにくるので、日当を出す。そのように地域の人びととの収入を新しく生み出していくという使い方が基本でした。

　もともとバランゴン・バナナは経済価値のない作物だった、というところが大切な点です。山の中で誰もバナナを取りに来ないようなところに生えているバナナ。町に売りに行くには二時間ぐらいかけて運び出さないといけないような場所、というのがわれわれのバナナ産地なわけで、輸出用バナナなんかでは全くない。逆にいうと買い手がわざわざ山の村の近くまで来てくれるということは誰も考えていない。しかも適正な価格、一本いくらという明確な価格でごまかしなく買ってくれる。私のバナナがお金になるの？　という発見と驚きがあった。生産者にとっては無から有が生じたわけですから、ある意味で地域がバナナバブルになったのは間違いない。バナナを持っていない現地の人は、それを洗ったり箱詰めしたりという作業に参加することによって日当をもらう。臨時収入です。その仕事は、サトウキビ労働者をしている一家の主人ではなくて、娘さんや子ども、お母さん、おばあさんという人たちが、一家に一人という前提でローテーションを組んでやってきた、地域の全部の家が参加できるように。そういう意味では地域社会への貢献というのは大きくあった。

一番初期の頃ネグロス島の中部の地域でバナナを運び出すというのは壮大なドラマでしたね。大体一週間に一五トン出すのに七〇〇人から八〇〇人の人が関わった。それは生産者が大体一五〇人ぐらい、一人が一〇キロか二〇キロ運び出してきた。それを下で待ち受けている人たちがいて、洗って箱詰めをする。それを港まで運ぶ。山のてっぺんからマニラの、世界に向けた貿易輸出港まで四八時間から七二時間ぐらいで運んでやらなきゃならない。一種のお祭りが毎週繰り返されていた。それが夜明けから三日後の朝の船の出港まで一幕劇としてつながる、バナナ経済活動というお祭りが毎週繰り返されていた。

最初に扱ったバナナというのは採集農業なんです、栽培農業ではなくて。自家用に植えておいたバナナの実がなったから出荷しましょう、であって、生産、農業という認識は誰も持っていなかった。それが輸出作物に変貌したため、植えすぎる、作りすぎる、採りすぎるということが継続していく中で、萎縮病害が発生するというひどい状況になったわけです。バナナがなくなるとそこは産地ではなくなる。さびれた炭鉱町みたいになっちゃうわけです。農業・栽培の技術が進展するということはなかった。で、われわれは産地の拡大、移動によって事業を維持するようになっていったわけです。

地域循環型の村づくりへ

秋山　先ほど言ったように、自立基金の金は現地の裁量で使われていたのですが、萎縮病害発生以降の九三年頃から、農業（栽培技術）にどう使われるのか、使いうるのか、というのが大きな課題になってくる。同時期に農業の確立をめざしたのがＰＡＰ21（「21世紀に向けた民衆農業創造計画」の略称、同時に同計画を担う現地組織の名称）なわけです。そこで九五年から自立基金を二つに分けて、一つはバナナ事業の展開・充実のために使う。もう一つはPAP21の活動に使う。PAP21の方は、いかにしてサトウキビ労働者が農民になりうるのか、それに挑戦する形で進められた。その意味では、自立基金は一九九五年である種の転換を遂げていきます。

堀田　その転換点となったのはカンラオン山の中腹のバナナ産地が萎縮病でバナナが全滅した、という事件が起こったことです。農業に対する感性と反省を持たずにバナナをやってきた私たちは基本的に誤っていたという総括があって、地域循環型の農業が基盤にない限りバナナも決して幸せになれない。そこにPAP21という地域農業の確立計画が提案された。

私たち全体の傾向として、非常に頑なに独立性にこだわるという面があって、民衆の知恵、民衆の汗、民衆の経験ということが何かを切り開く、という信念を持っていたんだけれども、この連作障害についてはやはりそれだけでは駄目で、学問の力とか専門家の力とかが入ればかなり助かるという認識が初めて生まれた。当初は単純な民衆の善意や努力に依拠して始めたんだけど、農業もきちんと産業でなければならないという当たり前の結論に達した。

秋山　バナナ村のバナナ全滅と時を同じくして、ネグロスの将来の農業を考えた場合には、やはり各国の経験などからして循環型の有畜複合家族農業を確立するしかないと、PAP21を九三年に提案するわけです。ところが最初はネグロス側が全く受け付けない。サトウキビ農園と労働集約的農業しかなかったところですから、個人が農業をやって経済的に自立するということをそう簡単に受け入れられない。民衆運動の人たちは、やはり地域全体としてどうしていくかという問題が大きいわけで、いかに集団農業としてやれるのか、というのが彼らの最初の発想なわけです。農地改革で得られた土地はサトウキビの土地ですし、サトウキビ栽培の技術しかないので、個人農家はそぐわないということがあったと思います。で、最初は完全に門前払い。

堀田　もう一つは、土地の私有制に対する原理的な反対。植民地買弁資本主義に反対する民衆運動ですから、大地主に対する闘いなわけですよ。大地主が土地を独占・寡占していくことに対する闘いだから、一般の民衆が個別に土地を所有してまた大地主になっていったらどうするのだ、という倫理的思想的な思いがものすごく強く、土地を所有したり私有したりすることに対する暗黙の拒否感があったわけです。

秋山　北ルソンの古くからの自作農と違って、ネグロスでは農業技術に習熟しようという気風も伝統もなかった。解放された土地を集団でそのままサトウキビを生産する。地主ではなく今度は民衆の組合がそれを管理していたわけですが。もちろんサトウキビだけでなくて、自給自足のための米や野菜の栽培もやるんだけど、野菜は集団農業的な発想でやると結局うまくいかない。九五年から具体的な模索が始まったんだけど、なかなかうまくいかなくて、結局サトウキビ生産をどう回していくか、ということになっていった。サトウキビ生産はお金がかかる。労働集約的ですし、高額な初期投資が必要で、それを回転させていかないといけない。それを支えていくことはなかなか難しい。ネグロス・キャンペーン自身の募金も減ってきている状況でしたし。そういう中でもう一度個人農家育成がやれないかどうか検討しようという機運が、ようやくネグロス側でも生まれてきたのです。

――バナナの生産・交易だけでなく、地域循環型の農業の村づくりまでやる、これはもう秋山さんたちは大忙しですね。

堀田　それはまだまだ形になっていない。ネグロス・キャンペーンがＰＡＰ21と地域循環型農業をつくっていく、サトウキビ労働者を農民に変えようという挑戦がなされる一方、ＡＴＪと生協の側からいうと、バナナ事業というのは当初は善意とバナナの交換という形で始まっていますけれども、それが定着していくと非常に意義のある産直事業になってきた。経済的にも意義のあるものだし、国際産直事業という一つの新しい形態からいっても密度の濃い関係になってきた。それをいかに継続するかという課題が本格的に問題になってくる、事業としての自覚と組織づくりです。事業と商品に限ってみれば、常に商品寿命とか事業的なモデルチェンジとかの問題が出てくるわけで、とりわけ九〇年代後半のいろいろな食品関係の事件がある中で、消費者の要求が厳しくなってきた。また、われわれがやってきたこの一〇年で有機認定バナナがポッポッと登場し始めた。ＡＴＪのバナナは日本の輸入バナナ全体の〇・二パーセントくらいしかないんだけれども、先駆的な新しいバナナであった栄光だけでなく、現在の競争の中でバナナとしての存在価値というものを改めて問われている。善意のバナナから事業バナナに転換していくことが迫られる。これが一九九九年のバランゴン・リニューアル計画になっていく。いつくるか分からない、いつ見ても汚い、価格が高いという、商品として継続していくのに致命的な部分を改善していこうじゃないかという課題。そこで想定されたのが、萎縮病にやられた場所で再度バナナを生産していくにはどういう作り方をしたらいいのか、というプランになっていく。一定の畑、囲い込んだ土地の中にバナナを作っていこうという計画が芽生えたわけです。そこでは日頃から管理栽培という形での関わりを持っていかないといけない。農業労働者であるサトウキビ農民には日々畑を見まわる癖がない。できれば畑に行きたくないという気持ちが強力にある。そこで北ルソンの農民たちの存在が一つのモデルとしてひらめいたんです。それで北ルソンも含めてバナナ産地を大幅に拡大していく中で、同時にミンダナオの先駆的な輸出セクター農業との交流を通じて、バナナと農業技術を手に入れていくプロセスにしようという流れが出てくるわけです。その一つの成功例がツピ（ミンダナオの生産地名）。ヤシの木の下にバナナを植えていく形で非常に商業的な農業、換金作物作りにきわめて堪能な農民たちをベースにしたバナナ作りが一方で進んだ。それから北ルソンでは非常に長い自作農の経験を持った農民たちに伝統的な作物の間作としてバナナを植えてもらう。ところが、北ルソンは始まった年から続けて三回台風の被害にあった。植えては倒れ、倒れては植え、というふうにしたんですが、当初一〇〇人近くいた生産者が今年は数人にまで減ってしまいました。そこからもう一度巻き返す。とにかく三回台風にやられたという悲惨な歴史があります。一方、ミンダナオのヤシの下での展開は去年から軌道にのって、日本に輸入した量の二九パーセントがその産地から。北ルソンは台風被害でまた全然来なかった。

ミンダナオでうまくいったといっても、われわれはネグロスから絶対に去るわけにはいかない。どう作り直すか、というのが今年からの新たな課題です。ここで初めてネグロス・キャンペーンが進めてきたPAP21の自作農をつくるという動きと、われわれのバナナ事業というものが実態的に交わってきている。複合農業の中でのバナナは作物の一つなんだという位置づけをしないかぎり、サトウキビ労働と変わらないメンタリティーになってしまう。バナナを大切にいつくしんで育てるという一つのカルチャーをどのように形成できるか。やはり、土地があるだけでは駄目で、農業を担う人が要る。人がバナナを作るんであって、土地があるだけでは駄目なんだ。その単純な事実を三年かけて理解したわけです。

秋山　堀田さんが言うように、今年から最初のバランゴン・バナナの生産地、病気と台風で完全に駄目になった村々をもう一度どうやって回復するか、という事業が始まります。もともとあそこにはバナナがあったわけだから、それをどうやって再生するか。病気対策の問題もあるし、農業としてのバナナをやっていかないといけない。さいわい地元の生産者の子どもで、ネグロス・キャンペーンの奨学金でこの春に農業大学を出た若い男女二人が、そのことに意欲的に取り組もうとしている。それから、バナナだけでは農民として自立していくことにはならない。だからバナナ以外の農業をきちっとつくり出せるか、というのが今年の大きな課題です。いままではバナナ生産はATJ、バナナ生産以外の地域やバナナ以外の農業はネグロス・キャンペーンというふうに活動が分かれていたのですが、バナナ村の回復に関しては一緒にやるということをはっきりさせました。農業が大切だといってもそれで食べられなくては駄目ですし、しかし、バナナだけで食べているというのでは地域農業ではなくなる。その意味でも、若い二人に期待したいし、彼らに続く人を育てなくてはならないと思っています。

非営利の事業を支えきるために

――狭い見聞ですが、農業大学を出て現場で働こうという女性とATC（ネグロス側の民衆交易会社、ATJのパートナー組織）の本部で働いているオフィスレディたちとはずいぶん雰囲気が違うように見受けられます。前者のタイプの女の人が増えてくれるとずいぶん違うんじゃないかと思いますが？

堀田　増えていっていただかないと困りますね。実はNGO文化というのは第三世界で非常に大きな役割を占めている。二〇年経ってATCというのは、ネグロスではある種の中堅企業となったんですよ。いまやきわめて魅力的な就職先になりました。優秀な人材が集まりますけど、事務方としての優秀さしかないわけですよ。当たり前ですけど。ペーパーワークやパソコン入力などは見事に果たしてくれるけれども、農の現場からは離れている。農に立ち戻れと言われたってピンとこないでしょう。だからネグロス・キャンペーンは農から出て農に戻る、そういう循環を人的資源の面でつくる必要があると考えている。

よく考えてみれば当たり前のことで、いいバナナ、正しいバナナ、価値あるバナナを作るには、それを作れる人を作らなくてはダメだ、ということなんです。バナナだけが黙って存在するわけではない。インフラのシステムを確立するのは誰でもできることなんですね。ところが毎日バナナの育ち具合を眺めながら適切にバナナに接するような人を作ることと、そこにこそ持続的価値がある。ミンダナオのドールなどのバナナは「プランテーションで機械的に作られたバナナ」と思っていたけれど、それはそれで労働者を細分化してきわめて労働集約的に世話をしてるわけです、マニュアル通りだけど。それは農業ではない。とはいえ、それだけのきちんとしたシステムが栽培管理技術としてアグリビジネスの中にはある。では、そういうアグリビジネスに対抗していくのにわれわれの持っている栽培管理技術というのは何か、というのが逆に改めて問題になったわけです。自然に任せておけばいいバナナになってくれるさという、能天気な発想があったわけだけれど、それではいつまで経ってもつぶされていく対象でしかない。勝ち残る対象にはなりきれない。そうすると、バナナを創造する、クリエイティブにおもしろいバナナ、いいバナナ、おいしいバナナを作っていくというのがわれわれの喜びとして生まれてこないと、アグリビジネスの大量栽培のバナナに勝てない、という危機感があったわけです。

秋山　そういう気持ちでバナナを作る人が出てくれれば、逆にその人が農民になる。ともかく売れればいいのだ、というものではない、本当の農民・篤農家というのは。自分の作った食べものに誇りが持てる、ということには商品価値がきちっとある。そういうものをつくり出せるかどうか、それが農民だと思います。ATJ以外の会社や大商社が有機栽培バナナを手がけ始めていて、事業的に大変になっていくということもあるけれども、品質で対抗できるバナナが作れるようになることは、ネグロスで本当の農民になる人が輩出するということですから。

堀田　前にも言ったように、そもそもわれわれは、バナナを肩に担いでデコボコの山道下って、傷だらけになったバナナをソリでひいて、水洗いして、またトラックに積んで港まで運んで持ってくる、などといった、プロから見たらバナナに対して決してやってはいけないことばかりやってきたという歴史を負っている。それに耐えられたのが山バナナであるバランゴン。皮が厚いから、皮が傷だらけになろうが中身はしっかりしている。逆にいうとこれはロスを恐れないという実に非経済的な発想でした。バナナを全量現金買い付けして、ひどい時は五〇パーセントぐらいの規格外のものがでるのですが、それも全部コストの中に入っている。そういう「経済行為」を行なっているわれわれ（ATJとATC）の中に基本としてあるのは非営利という理念です。誰のためにやっているか、というと人びとの幸せのため。それから人間の悲劇に対してこれ以上は許しておけないという感情、それが共通の認識です。非営利的な事業のあり方というのが、生協という利潤追求が目的ではない資本のあり方（市民資本）によって支えられてきた。非営利であったからこそ続いてきたのであって、その逆ではない。で、その非営利と素人というのは常に一対なんです。素人だから、非営利。民衆交易で自分たちが食おうと思ってバナナ事業を始めたわけじゃない。非営利事業としてバナナ事業を想定したわけですからね。いま私が会社をやっていなきゃいけないというのは、そこから逃げられなくなったというだけのことです。

秋山さんも同じだと思いますが、われわれ全共闘世代が持っていた「連帯を求めて孤立を恐れず」「孤立を求めて連帯を恐れず」という「武士は食わねど高楊枝」に似た心情の面と、もう一つは、下降志向という面がある。権力に対して下降することで権力から逃れる。僕なんかは後者の気分を非常に強く持っている。それが世代論になってはつまらないんだけれども、ATJの株主である生協を作った世代というのは、まさにその世代なのです。だから生協運動の中にそういう血＝気概が流れている。思想、理念といってもいい。じゃあ翻って一般の組合員の方々がそうかというとそれはとんでもない話で、どんどん消費者化してきている。条件は変化しているのですが、それに対応しながら、非営利事業の枠をなんとか持続していきたいと思っています。

秋山　ネグロス・キャンペーンサイドに立って来た私は、事業展開ということより、個人として困窮した人びとと交流する中で、明治維新以来、日本と日本人がアジアとの関係においてどういうことをしてきたか、ということを一人の人間として考え、どういう課題を負っていくべきか、という立場でいられました。そういう意味では、ネグロスの人たちとどのレベルで連帯できるのか、一緒に生きられるのか、そういう視点で物事をつねに考えよう、という覚悟でやってきたといえます。

堀田　私個人は、利他性ということに非常に魅力を感じている。自分が儲かったってちっとも面白くない。他人が喜ぶ顔を見たい。他人が儲かる仕組みをどうやったらつくれるか、ということばっかり考えている。なかなかうまくいかないのは動き方がみんな下手だな、というのがあるんだけれど。実は、そういう気持ちは、ネグロスの人たちも間違いなく持っていると思う。自分を捨てても人びとが生きるためにつくしたいという気持ちね。

　ネグロスでATCグループは財政的にきわめて豊かな大組織、毎週現金が外貨で入ってくる。こんな立派な会社はフィリピンに他に少ない。それでいて、ATCのトップは一般企業に比べたら半分以下の給料です。一番下とトップを比べたら三倍くらいの差で、それ以上の差をつくらない構造になっている。それが現地側でいえば非営利の事業を支え切る力になっている。非営利というわれわれにとっての課題＝理念をエネルギーに置き換えていく力になっている。自分一人が儲かるためにやっていく人はこちら側にもあちら側にもいない。これは希有《けう》なケースです。

生き延びる力をつける

秋山　現地との関係で政治的な関係についての判断も重要です。南の地域と国際協力するNGO活動は政治的に中立でなくてはならないというのが暗黙のうちに要求されていました。しかしネグロス・キャンペーンは、そうすると言わなかった。ある雑誌に「国際協力の政治的中立はありえない」という論文も書いた。だって向こうでわれわれが一番関係したい貧しい人たち、そして彼らと結び付いている人たちはきわめて政治的だし、反権力＝反政府ということがはっきりしている。そこと付き合うわけですから政治的に中立ということはありえない。そうした関係の中でどう連携していくのか。軍隊や警察や地主勢力からの嫌がらせや妨害だけではなく、フィリピン共産党＝新人民軍からの介入や妨害もあったりしました。そういう駆け引きもやっていかないといけなかったわけです。ATCとかPAPとかを担ってきている人たちは、反権力の指導者たちでしたが、ある時期から共産党から抜けて、政治ゲームではなく、地域の人たちとどうやって一緒に生きるのか、ということで勝負しようと決断したのです。

堀田　いいバナナの生産を維持するためには人の問題に行き着いたと言いましたが、民衆交易は、人の問題だということに尽きます。われわれとネグロスのNGOグループとの関係もしかりです。つまり政治的グレードの問題ではない。革命理論の問題ではない。人の具体的な人生を、暮らしをいかに守りつくれるのか、ということが課題なんだということに到達したわけですよ。それは小さいことのようだけれども実はすごく大きいことで、革命理論をある意味乗り越えて、革命の理論が人をつくるんではなくて、暮らしをつくる能力とか暮らしを組み立てる力というものがあって初めて自分たちの暮らしが成り立つ、という価値観ですね。援助をもともと彼らは嫌ってきたけれども、どの人間にしたって援助や施しで生きていくなんて辛いことなんだから。生きていける力をいかにつけるか、というのが革命運動なんだと思う。それはわれわれの発見っていうか、ノウハウです。南の人びとは、あるものすべて利用してどのようにしてでもいいから生きていくんだ、ということが問われている。北のわれわれはそれをどのように支援するべきか、ということですね。

われわれの考えるオルタナティブというのは多様性というのが基本にある。多様性というのはお互いの主張をお互いに主張し合える関係。主張し合って融合するというところに醍醐味があるわけで、その醍醐味をどうやったらうまくつくれるのか。日本の生協（地域）をミンダナオやネグロスやルソン島の地域と直接切り結ぶ関係というのをプロデュースできればいい。それがまず最大の面白さかな、と。

秋山　ATCができて何年か経った頃、九〇年前後だったかな、組織か人かで大議論したことがあるんですよ。私はもちろん人だ、と言った。その当時のATCの若い人たちは民衆運動を組織の中でやってきたから、やはり組織優先だと言った。組織があれば、自分個人がいなくなっても意味ある事業が継続できる、というのです。でも、やはり最終的には組織でなく人なんだ、というあり方が、ネグロス・キャンペーンとATJを二〇年続けられた力だと思うんです。向こうとの関係でも何度も共産党をはじめ政治的組織や権力組織に介入されようとしたことがあるわけだけど、現場で一緒に汗を流してやってきた人たちと協働する方向を選ぶ、それを排除するような形の運動や組織には一切協力しない、そういうスタンスでやってきたわけです。それが長年やり続けてこられたことの一つの核だと思うんです。そういう流れの中で、生協の組合員や日本の農民たちが、ネグロスの人や南の人と出会ってくれれば、さらに新しい発展が可能になるのではと思っています。つまり、狭い意味での経済行為としての民衆交易ではなく、経済行為を超えるものとしての楽しみ、喜び、面白さというレベルでの交感ですね。そういう魂の交感があることを実証していきたいものです。

（二〇〇五年『at』）

第3部

黒テントとアジア飯

二〇歳の堀田正彦が選んだのは、小劇場運動という一九六〇年代カウンター・カルチャーの世界だった。黒テントの演出部に所属した堀田は、七〇年安保闘争敗北の直後に発表された劇評で活字デビューを果たし、劇作家修業の最初の成果となる戯曲『百連発』は、つかこうへいの戯曲とともに七三年四月号の『新劇』誌上に掲載された。第3部には、政治ではなく文化をたたかいの場に選んだ若き堀田が遺したテキストとともに、六〇歳を超えた堀田がアジア各地での食体験をユーモアたっぷりにまとめた連載エッセイを収録した。

黒テントの劇作家として

第19章 時評　小劇場

いつもなら、ほとんど風俗化された現象として僕らのまわりを足早に通り過ぎるはずの演劇が、いま、何か黴熱を帯びたような重苦しい風景を僕らに垣間見せているのは、あながち七〇年六月というマジックナンバーの所為ばかりではないように思える。街のいたるところに暗い汚点のように立っている濃紺の出動服や、朝鮮学校高校生に対する集団暴行の頻発の風景が、一方では、総合雑誌の終末論の特集として現象してくるようなマスコミ的状況を持つ中で、僕のいわば時代閉塞の現状に対する嗅覚的な直観と、時代が深い奈落へと引き込まれていくだろうという直観とが、今日の演劇におけることばと創造実体との明らかな乖離《かいり》と鋭く拮抗《きっこう》してしまい、現状況的な先鋭なことばで演劇を語ろうとすることが、いわば一つの虚像としての風景を語るような曖昧《あいまい》さをたえず帯びてしまうためなのだ。

そして明らかに、例えば別役実《べつやくみのる》のような作家にまで、このことばと現実の乖離は一つの時代的な重みとして、大きく覆いかぶさってきているように思える。

『象』『マッチ売りの少女』以来の別役の創造的営為は、例えてみれば、不妊症の女の想像妊娠に近いものだった。思い込むことによって不気味に膨れ上がる下腹。が、その実、胎児の影すらもない子宮。別役のことばは、そうした彼のきわめて飛翔力に富んだ想像力が産み出した、産まれるはずのない胎児だったといえなくもない。すべてのことばが、虚像の風景の中にたちまち同化され、日常的な背景の無彩色の流れの中に塗り込められてしまう、マス・コミュニケーション的文化状況のさなかにあって、一見して表象されるべき実体を対応物として持たないが故に、常に自立的に機能することを志向していた彼のことばは、本質的に反時代的だったのだし、同時にきわめて批評的だったのだといえよう。

しかし、最近作『不思議の国のアリス』では、そこに見事な逆転を食わされてしまっている。

現在的な状況の中で、別役がヒロインアリスに、「私はアリス、あらゆる幻影、あらゆる虚構、方向を持たないあらゆる儀式、高さを失ったあらゆる構築の作業、人びとが人びとであるための全ての暗黙……」の了解。と叫ばせた時、既に深部まで風化されてしまっている例の「幻の日本革命」というテーマが、きわどく別役のことばと拮抗しながらも、過分に背負い込まされた時代的様相となって、戯曲構造の根底における全面的な地すべりを引き起こし、きわめて平板な別役流の「革命」論へ雪崩《なだ》れ込んでいってしまった。緻密《ちみつ》な虚構性の上に成り立っていた「マチ」や「ヘヤ」という限定された、それ自体すでに自立していた空間において、きわだった自立的観念を成立させていた彼のことばは、社会構造と権力のメカニズムに手を触れたとたん、一般的でなだらかな、べったりとした寓話的なユートピアの中に、とめどなく下降していくことになってしまったのである。

共和制と父親、王制と母親、落ちたブランコ乗り、サーカス、という、それ自体すでに使い古された存在論的、フロイト的等々の関係論の最も安直なメタファーの配列による、戦後史、戦後革命の平板な比喩は、革命についてのよく知られたお伽話《とぎばなし》として、よく作られてはいても、それは、佐藤信が『鼠小僧次郎吉』の中で語る幻の日本革命が、垂直的な時間性の中に常にその現存を信じて疑わせないのとは違って、どこまでも白茶けた虚構性を漂わせてしまっている、いわばヤワなことばで語られた革命でしかないのだ。

ただ、こうした「幻の日本革命」という見方だけでこの芝居を切ってしまうことが、いささか偏見に満ちたやり方であるのは、僕自身十分認めているところである。しかし、僕は、別役においてすらそうした見方を許すだけの時代性の重みにむしろたじろいでしまうのだ。

別役は、こうした時代的な重みの中で、明らかに失敗だったとはいえ、一つの方向転換を企てているらしい。『象』『マッチ売りの少女』の系列における作品が、ベケット、カフカの系譜に連なる円環的時間だったのに対し、『スパイものがたり』以来の作品が通時的時間性の中に成立させようとする空間であることが、皮肉な言い方をすれば、水平思考から垂直思考への別役の転換を物語っていて、もっとも、それ自体がきわめて時代的な風景の一変種に過ぎないと僕は思うのだが、きわめて興味探い。

別役にとってさらに不幸だったのは、俳優小劇場の役者たちのふてぶてしい肉体と均質な演技が、別役のことばの繊細さを拒絶し、平坦な、インスパイラシーのかけらもない空間を組み立ててみせただけに終っていたということだ。

一方、六月一五日、新宿の映画館に紅白の幔幕《まんまく》を張り渡して造られた即席の舞台では、御存知発見の会が『紅のアリス兇状旅』を、賑々《にぎにぎ》しく、ほんの五〇人ほどの客の前で熱演していた。

こちらも「アリス」、しかもフロイト的、サド的、「少年マガジン」的メタファーによって語られる、怨念的日本革命。とはいえ、通俗的な日本革命の図式を、革命的怨念の糸をたぐって垂直な時間の中にぽんぽんと嵌め込んだ漫画のようなもの。もともと発見の会の意図したものは漫画であるのだろうが、演出瓜生《うりゅう》良介が自ら役者となって登場せざるを得ない人材不足では、発見の会の本領を発揮したとはお世辞にもいえないものだった。

発見の会が再び栄光の秋を迎えるのはいつか。

（一九七〇年『映画芸術』）

第20章 戯曲『百連発』

人物　姉　蘭子
　　　妹　銀子
　　　氷屋

い

夕暮れの遊覧飛行塔――

粘りつくような暗灰色の隅田川を見下ろす、デパートの屋上遊園地である。
原色に塗りわけられた飛行機が数台、傘のような鉄骨に太いワイヤーで吊るされ、浅草の空を規則的に過《よぎ》っている。

その一台を占領した二人の娘。姉の蘭子、妹の銀子。

華やいだ遊園地の喧騒。

「さあいらっしゃい、夢見心地は羽根布団、くるくる回る水車。ただいま飛行中の遊覧飛行機、まもなく着陸。お早くこちらへ」などと、呼び込みの声が輪をかけている。

――銀色の三日月。

蘭子　ダルマ船！　急に川が生き返ったわ。――屋上もそろそろお終いね。人が降りてく、ああ、目が回りそう。

銀子は、じっと川向こうを見つめている。

蘭子　ふざけた月。ドキンとさせる。
銀子　（川向こうに眼を向けたまま）姉さん。

蘭子　え――。
銀子　あった！　あれよ。ほら！
蘭子　なに？
銀子　通り越しちゃった。
蘭子　だから、なに？
銀子　この次、今のところに来たらね――ほら、街灯がくっきりしてきた。
蘭子　灯が入ると浅草も憧れの街みたいね。
銀子　（姉を見て、笑う）
蘭子　あんたの憧れの街は、銀子？
銀子　今度、あそこの鮒忠のネオンがこのへんに来たらよ――

と、ワイヤーの金具を指す。

蘭子　憧れの街には興味なしだった？
銀子　ないこともないけどね――
蘭子　どこ？
銀子　（小さく笑う）姉さん、来たわよ！

（望遠鏡でも覗くように、金具に目を寄せる）――ここ！

と、前方を指差す。蘭子、銀子の示す方に身を乗り出して、瞳を凝らす。

銀子　ビルが切れて、東武鉄橋、堤防、街の色が変わるでしょ――京成電車。ほら！
蘭子　（見当がつかない）
銀子　紫色のうちの看板、見えなかった？　わざわざ電気を入れて来たのよ。
蘭子　嘘でしょう？
銀子　見えたわよ。
蘭子　本当――見えるの？
銀子　ええ。

蘭子は銀子の指差したあたりに、もう一度目を向ける。銀子は解放されたように伸びをする。

銀子　遊覧飛行も終わりね。（気づいて）あら、妙な月。素裸じゃない。
蘭子　（突然、身を乗り出す）
銀子　いや、姉ちゃん！

蘭子　（ゆっくり身を起こして）今、お店に電気がついたわ。
銀子　えっ。
蘭子　誰か居る。
銀子　だって――
蘭子　だって、影が――
銀子　（鋭く）姉ちゃん！

ろ

一人の男が大きな氷の塊を突き砕いている。
手には鋭いアイスピック。男がそれを打ち込むたびに、氷片があたりに飛ぶ。男は黙々とアイスピックを振り下ろし続ける。

氷屋　俺はなあ、俺はなあ、犬じゃねえぞ。俺はなあ――（大きく一突き）なにも判っちゃあいないいんだ、お前たち。そんな目で見やがってよお――俺はなあ、うまくいえないよ。だけどなあ、犬じゃねえ――畜生！（アイスピックを連続的に振り下ろす）
――ハハ、呆れるよ、呆れるよな。

男は立ち上がり、バケツを手に持つ。砕いた氷片を掻き集めて、そのなかに投げ入れる。バケツを片手に、半分ほど残っている氷塊を片手で抱きかかえようとしたとき、彼のはだけた胸板に氷が吸いつく。男は「グフ」というような呻き声を洩らすが、瞬間的に身を屈めて、いっそう強く氷を抱え込む。

胸板に氷を押しつけたまま——

は

路地裏の酒場——「水玉」

綺麗に片づけられた店内。奥に通じる部分と、水玉模様のカーテンが遮っている。

銀子がひとり、止まり木に腰かけて、ぼんやり煙草を吸っている。旅立ちの様子——

銀子　（窓の外を眺めて）飛行塔が止まっている。（間）いつだったかな、こんな気分。——焚火。ライトを点けたトラック。枯れ木のような男達。女達のぶ厚い腰。小さな女の子。眉と眉のあいだにポツンとお灸の痕があった。それから白雲だらけの坊主頭。

てかてかした奇妙な格好の木が一本あって、出発したのは、朝。こんなふうに――なんだかドキドキしてる。

奥から蘭子が出てくる。しばらく銀子を見凝めているが、銀子が目を上げると、視線をそらす。

蘭子　子供っぽいと思うよ。
銀子　――
蘭子　あたしの街を見つけに行きます――大人の言い草じゃないわよ、銀子。
銀子　――
蘭子　だいいち、行先が決まってないでしょう。
銀子　あらっ、飛行塔回ったわ。
蘭子　此処でなければ、どこでもいいってわけですね。
銀子　ここが嫌いだから出て行く。単純でしょ。そう決めたらすっきりしたの。あとは余計なことよ。
蘭子　(呟やく) 勝手ね。
銀子　姉さんは、どう？
蘭子　なにが？

銀子　すっきりしたいと思わないの、姉さんは。
蘭子　するもしないも、はじめからすっきりしてるでしょう。あたしは残るの。あたしは銀子と違うの。ここが好き。だからどこにも行かない。それだけ——
銀子　それだけ？
蘭子　他になにがあるのよ。
銀子　ここに姉さんがしがみついてる理由なんて考えられないってこと。
蘭子　堤防に上がってみればいい。黒い水が気の抜けるほどゆっくり流れてるだけ。夜になれば、川向こうのネオンが映るけど、平べったいだけで、確かなものはなんにもない。——どこに行っても、見慣れてしまえばそんなものだと思わない、銀子？
銀子　とにかく、ここを出てくわ。
蘭子　——あれは、なんかの予感だったのかしら。
銀子　え。
蘭子　——ちょうどあのとき、川が騒いでた。波がピタピタ堤防を叩いて、コンクリートには、どろりとした廃油が粘り付いてて、それが薄い鋼色の膜を水面に弾き飛ばして、ギラギラした虹が溶け出していた。あれは、なんかの予感だったのかしら。
銀子　ここを出たからって、どこかで必ず饐《す》えた匂いがしてるだろうな。——姉さん、切符は二枚あるの、あたしたち、

蘭子　「残念ながら、貴女の予感は正しいと思います。彼はもう貴女を愛してはいないのです。そんなにも寒い夜。来ない彼を探して夜の街を歩き回った貴女の冷えきったノートは、ああ、あたしの愛、あたしの愛、と叫んでいます。きっぱりと別れるときです。感傷は中途半端な気持ちが生み出すものです。絶望の底は透明です。――貴女のロンリーハート」

銀子　（笑い出しかける）

蘭子　「ロンリーハート様――愛する、いえ愛していた夫を若い女に奪われてしまった、哀れな人妻です。帰って来ない夫をひとりで待ちながら、私はあの女を憎み殺してやりたいと、憎んで、憎んで――」

銀子　姉さん！

蘭子　腐ったキャベツ、猫の死骸。人の死体だって混じってる。――あの人を待つの、ここで。

銀子　あの人？　誰よ。

蘭子　嘘、知ってるくせに。

銀子　急になんでそんなこと言い出したの。

蘭子　あのころは素晴らしかった。この店を事務所がわりにして、手紙がドンドン来たっけ。あの人、一所懸命返事を書いて、あたしは宛名を書いた。あの人がいれば、銀子の憧れの街だって、何か相談できたのにね。

銀子　——

蘭子　あの人、必ず戻ってくると思うの。黙ってここを出て行ったままだけど、でも何処かでやっぱり身の上相談、開業してると思うわ。

銀子　丸顔で背が高くて、髪は長く、銀縁の眼鏡をかけてる。垢じみたワイシャツに、赤い毛色のネクタイ。それがきまって捩れてて、仕事しているときは、一時間おきに少し鼻にかかった声で「コーヒーを下さい、薄目に」なんていうのね。

蘭子　あんた——

銀子　妙に生真面目でさ。両国からタクシーに乗って、釣銭を百円多くもらっちゃったって、それをタクシー会社まで返しに行ったりする。

蘭子　やっぱり知ってるんじゃない。知らないふりするから、あたし——

銀子　それが姉さんの好みのタイプね。

蘭子　——

銀子　姉さんに男がいたって、あたしは全然気にしない。でも、どんな約束を拵えてみたのか知らないけど、待たれてる男って、戻ってこないのが多いらしいわよ。——女学生みたいな夢物語は、あたし達じゃ妙に嫌らしいだけよ。

蘭子　帰ってくるわよ、必ず。（窓に寄り、外を眺める）

銀子　仕掛けはばれてんじゃないか。作り話の男がどうして帰ってくるのよ。もう沢山よ。
蘭子　(間)姉さん、あたしといっしょに行く気はない？　出るのよ明日でも、明後日でもいいわ。全部片付けてからでも――時間はあるんだもの。
銀子　銀子、あんたのそのブローチ――
蘭子　これ？
銀子　ロンリーハートがあんたにプレゼントしたのよ。

に

ドアが開き、氷屋が姿を現わす。素手。一貫目ほどの氷を持っている。振り向いた「水玉」姉妹の視線に合って、戸口に立ち止まったまま――長い間。

氷屋　手がちぎれそうですよ。――何処に？
蘭子　(流しを示す)
氷屋　はいよ！

と、カウンターに入る。

氷屋　（蘭子に）さっき、俺のこと見てたでしょ。
蘭子　え。
氷屋　俺が氷を切ってるとこを、じろじろ見てたでしょ。
蘭子　そうだったかしら。
氷屋　あの窓――
蘭子　窓。ああ、あたし、さっき外を見ていたようね。でも、あんたには気がつかなかったわ。
氷屋　目が合って、うなずいたじゃないですか。それで、すぐ後ろ向いて。
蘭子　外からは、そういうふうに見えたかもしれないわね。
銀子　ドア閉めてよ。寒いわ。

氷屋は戸口に戻り、ドアを閉める。

蘭子　まだ用があるの？
氷屋　あんたこそ、なんか用だったと思うんだがね、俺に――
蘭子　――帰っていいわよ。別に何でもなかったんだから。

氷屋　絶対だよ、あんたうなずいたよ。
銀子　妙にからむわね、氷屋さん。何が言いたいの。
氷屋　――
蘭子　見てたようで、どこも見てなかったのよ、あのとき――
氷屋　もしかして、ロンリーハートのことじゃなかったのかな。

蘭子は小さな叫び声をあげて、銀子と顔を見合わせる。

氷屋　ロンリーハートのことで、俺を呼んだんだろう。
銀子　（口笛）あんた、ロンリーハートってなんだか知ってるの。
蘭子　ロンリーハートを知ってるの！
氷屋　知ってるってほどじゃないが、多少はね。
銀子　で、なにがロンリーハートなのよ。
氷屋　（蘭子を見て）そりゃ、この人に訊いてみるんだな。
蘭子　どういうことなの。
氷屋　あんたが俺にうなずいてみせた。
蘭子　うなずいたりしてないって言ってるでしょう、あたしは。

銀子　うなずくと、どういうことになるわけ？
氷屋　それは——どうやら俺の誤解だったらしいね。
蘭子　そうね。
氷屋　でも、ロンリーハートはここに居るんだろう？
蘭子　——
銀子　あら、面白いこと言うじゃない。どうしてここにロンリーハートが居るのがわかったの？
氷屋　何となくね。
銀子　何となく——（笑う）
蘭子　ロンリーハートなんて、ここには居ません。
氷屋　（銀子を指して）この人は居るって言ってるぜ。
蘭子　銀子、あんた——
銀子　居るんでしょう、姉さん。
蘭子　どういうつもりなの、銀子。
氷屋　会いたいんだよ、俺。

銀子はふたたび口笛を一吹きする。

蘭子　うちは飲み屋よ。酔っ払いの愚痴は聞きあきてるよ。
銀子　酒に紛らせて片が付く愚痴じゃないわよね。二日酔いの馬鹿頭でお昼過ぎのお日様毒づいて、ノコノコ布団から這い出るような目覚め方する私達とは、朝の迎え方の違う人よ。言うこと聞いてあげたら。
氷屋　考えるなよ、あんた。あんたもかい。いつだってそうだ。他人《ひと》が俺と会う。見る。考え込む。でなきゃ考えるふりだ。――俺は慣れてるけどな。
銀子　別に。
氷屋　俺のほうはあんまり考えない性質《たち》なんだ。だから、手間取らせるのはいつも相手のほうだ。一発で話の通ることなんか絶対に――豆腐一丁買うのにもだぜ。
蘭子　帰ってよ、あんた。夜の仕込みがあるんだから。
氷屋　――あんたが俺のほうを見てうなずいた。これは簡単にいけると思った。案の定だ。うなずいたのは、俺の誤解だってことになる。
蘭子　銀子――
氷屋　ビラなんだ。
銀子　ビラ？
氷屋　「風はひとつ、世界をわたる。今宵のロンリーハートは貴男。カフェ『水玉』でお

銀子　待ちします。」
氷屋　なに、それ？
蘭子　デパートの屋上で拾ったんだ。赤い遊覧飛行機に乗ったときにな。——信じちゃいなかったんだがよ。
銀子　関係ないわよ、そんなビラ、うちはこのとおりなんだから。銀子、知らないでしょう。
氷屋　大嫌いよ、ボロ酒場。
銀子　だから、ただ簡単なことなんだよ。ロンリーハートに会いたい。ちょっとした話を、ついでのはずみで聞いてもらいたいってことなんだがな。
蘭子　ブレーキかけたまま、全速力でモーター唸らせてるって感じだね、氷屋さん。青い火花が出てるみたい。（笑）
氷屋　（呟く）会いたい——会えるんなら。
蘭子　え？
　（氷屋の視線に気づく）本当のこと言えば——あたしもロンリーハートを待ってるのよ。ロンリーハートはここにはいない。こんな狭い店よ。客はよく来るわ。ゴム工場とか日傭いさんが——焼酎、ウメ割、神谷の電気ブラン、ホッピー・ビアー。路地がだんだん細くなってきたような気がこのごろして、踏み石だって踏んで行く順がでちゃった。

氷屋　俺、手紙を出したんだよ。ひと月前だ。昨日、返事が来た。「できたらお目にかかりましょう」って、ただそう書いてあるだけだ。気になるさ、誰だって。で、この店の前に自転車を止めた。

蘭子　出鱈目よ。誰かの悪戯よ。

銀子　それにしちゃ、手が混んでるわね。でも、ビラをまくなんて、あんたみたいに素直に信じてくれなきゃね――

氷屋　俺は信じるさ。信じられそうなものならなんでもな。

蘭子　あの人なら、けっしてそんな素気ない手紙は書かないわ。

銀子　「生きとし生けるもの、我なべて愛さん」――そうよね、姉さん。ロンリーハートの座右の銘よ。（氷屋に）そうなのよ。つまりは均一大バーゲンってことじゃないか。もともと素気ないのよ。（笑）

氷屋　ロンリーハートから手紙が来たんだ。手紙が舞い込むなんて、俺にとっては大事件だもんな。

銀子　あんたは本気で信じてるの。鬼ババアのどんづまりって感じよ。なんだか、始終なんかにアレをこすりつけてなきゃ、気が済まないみたい。違う？（笑う）

氷屋　俺、ロンリーハートに会いたいだけだよ。

蘭子　本当よ。ロンリーハートなんて、どこにも居ないの。

氷屋　俺はなあ、ずいぶん疾く走れたよ。中学のときは駅伝の選手だった。──俺は疾かったぜ。裸足の裏が焼けるようで、だけど心地が良いんだ。まず、山へ向かって走るんだ。山だぜ。山を見ろ、眼の真中に山を見ろ、それが理想的なんだ。足を上げろ！　自転車でくっついてくる奴が怒鳴るわけよ。ただ腹が減ってよ。（笑う）──俺はなあ、今じゃ俺はなあ、俺は前のように走れねえ。餓鬼の三輪車にだって追いつかれちまうよ。ハハ、呆れるよ、呆れるよな。（間）このごろは、朝起きると片足だけ妙に疲れてるんだ。その重さで目が覚める。

蘭子　その手紙、破いちゃいなさいよ。そのほうがいい。

銀子　姉さん、もしかしたらロンリーハートは帰ってるとかさ──

蘭子　今、路地の入口──

銀子　いいえ、もうドアの前に立ってるわ。開けてごらんよ。

顔を見合わせる二人。銀子が嗤う。

氷屋　（唐突に）京成電車は駄目だ。あの線路じゃ駄目なんだな。夜中に、錆くさい線路に耳を押しつけて、聞いてみた。冷やっこいだけだ。遠くのよ、なんていうか、遠い

んだよ、そういう気持ちが起きてこないんだ。終点が成田山だからな。（笑う）

蘭子　そのせいね、あんたの片足。

氷屋　あ――？

蘭子　昼近い日射しに起こされるでしょ。部屋は日向臭くて、起き抜けの顔がひどい鉛色してるのがよくわかるの。失敗したなと思うと、やっぱり片足だけ疲れてたりするの。路地の突き当たりで、ぶ厚い堤防のコンクリートを見てるとね、この向こうに川があるなんて信じられなくて、触ってみるの。堤防が脈打ってるのよ。川の水の捩《ねじ》れがわかるような気がするわ。でも、もしかして自分の鼓動を聞いてるのね。――いいじゃない、ボロ酒場よ、ここは、川の匂いが浸みついてて、どうしようもなく汚いけど、あたしはここに居る。待つことには慣れたわ。ただ一所懸命になれなかっただけ。そのうち、待ってる人の名前も忘れて、年を取るのよ。

――間。

銀子は新聞を読みながら、ときおり氷屋を見る。

氷屋　あのビラだけどな――

蘭子　えっ。

氷屋　誰が――

蘭子　偶然か、悪戯か、気にすることはないわよ。

銀子　（新聞から目を上げずに）もしかしたら、隠してるんじゃないの、姉さん

蘭子　なに？

銀子　本当に帰ってきててさ。そんな気がしないでもない。

蘭子　馬鹿ね。ロンリーハートはここには居ないわ。

氷屋　ここには居ないとすると、どこに？

蘭子　「赤土の崖。赤土の原野。照り返す陽差しもことさら黄味がかっている。今日、ここに着いた。ぼくは元気だ。嵐の玄海灘を船酔いもせず、この地に立った。伝法院のあの泰山木の木はもう花をつけたことだろう。あれは大きな白い花だが、この地に、この赤土の原野に咲く花はムクゲ。ほんとうに小さな、白い花だ。「無窮花」と書く。永遠に窮まることのない花という意味だ。この地で、こう書かれるようになったのは、そう古い話ではないはずだ。――君からもらった「黄楊の櫛」は、この赤土の原野にそっと埋めてしまうつもりだ。この地でゆっくりと朽ち果てることだろう。御身御大切《おんみごたいせつ》に」――

氷屋　そこに居るのか？

蘭子　考えてごらんよ。あたしの「黄楊の櫛」が、あそこの土に埋まってる。それがゆっ

くりと赤い土になる。あたしが待つのはそのことなんだ、きっと。あんたは、遠い音のするレールを探せばいいんだよ。もう帰るのね。そろそろ店を開けなきゃいけないのよ。

と、蘭子はエプロンをしめ、カウンターに入る。銀子は氷屋を見凝めている。氷屋、銀子の視線に気づく。

氷屋　俺、帰るよ。
銀子　あんた、手は冷たいほう？
氷屋　俺？　手か。氷を扱うからな。
銀子　氷で焼けて、冷たくて、ザラザラしてて――
氷屋　たいがい冷たいな。
銀子　じゃ、よく温めておくように注意するのね。――手を出して。
氷屋　汚れちゃいないよ。氷に削られて綺麗なもんだ。あんたの手じゃ包み切れないよ。
銀子　あんた、手が一番がっついてる。
氷屋　えっ？
銀子　この先きの児童公園で昨日どこかの若い男がちっちゃな女の子にいたずらしたのよ。

氷屋　でも逃げたね。手が冷たいって、女の子に騒がれて。その男、始めは何気ないふりで、女の子のブランコを漕いでやったりしてたのよ。手が冷えきっちゃうほど長い時間、熱心にそうしたんだと思うわ。――ほら湿ったまってきた。

銀子　あんたもね。

氷屋　そいつは、自分の手が冷たくなってるとは、思いもしなかったんだろうな。

銀子　俺は――

氷屋　あんた、本当は何しにきたの？

銀子　会えると思ったんだ。

氷屋　（笑って）ロンリーハートに？

銀子　あんたの姉さんは居ないって言ったよ。俺の誤解だろう。

氷屋　全部嘘かもしれなくてよ。

銀子　――

氷屋　あの手紙、あたしが出したのかもしれないわ。（笑）

銀子　どういうことなんだ。

氷屋　あたしは手の冷たい男が好き。

銀子　――あんたも俺みたいに、レールに耳を押しあててみたりするかい。

氷屋　嫌いよ。姉さんならやりかねないけど、あたしは姉さんとは違うわ。隣で寝てる男の胸に耳を押しつけてやるの。そしたら男はギュって腕に力を入れるのよ。

氷屋　こうかい？

銀子　もっと強くよ。

氷屋　あのビラもあんただろう。

銀子　嘘かもしれないって言ったでしょう。

氷屋　ロンリーハートに会いたいんだよ。

銀子　そんなに知りたい？　いいわ、教えてあげるわ。あたしよ、あたしがミス・ロンリーハートよ。（氷屋の手を自分の下腹部に導き、寸前押しのける）あんたったら、すっかりその気になってるじゃない。あんたの手は冷たいどころか、汚い汗でベトベトしてるわ。姉さん、見てる、見てごらんよ。これが姉さんの身の上相談よ。男達の手前勝手な夢の相手にされてるだけよ。も抜けの殻のなかに、姉さん、あんたを替わりに抱くんだって。

蘭子は氷屋を見る。立ちつくしたままの氷屋――

銀子　（氷屋に）ほら、そうしてぼんやり突っ立ってればいいわ。これからってとこで逃げられちまった相手に、大きくなった自分のものを後生大事に抱え込んでぶざまな恰好で、一体なんてお願いするの。悪い夢ね。信じ過ぎちゃいけないわ。——姉さん、あたし、行くわね。

蘭子　銀子——

銀子、去る。

ほ

沈黙——低く長い嗤い声。氷屋。蘭子はカウンターを出ると、窓に寄り、外を眺める。夕焼け。

蘭子　（外を見ながら）——銀子ったら、いつのまにあんな腰つきになったんだろう。体じゅうにヒタヒタ塗りたくってた青い色が剥げ落ちて、赤むけの肌がむき出しになったみたいだ。立派な商売女の腰つきだったわ。ドアを出て行く後ろ姿がまるで違ってた。

氷屋　俺は、手が、この手が一番がっついてるんだそうだ。あの女が言ったよ。——俺にはそんな気はなかったんだ。

蘭子　この窓からデパートの飛行塔が見える。——あの日、風が吹いてた。遠くで回ってる飛行塔を見てたら、黄色い飛行機に乗った誰かが赤い大きな風船を放しちゃった。——すぐ目の前を、ユラリと赤い風船が過ぎていった。それからグングン風に巻き込まれて見えなくなったわ。あたしは一枚のビラを書いて、赤い飛行機のなかに置いて来た。あのビラを風に飛ばそうと思ったんだ。「風はひとつ、世界をわたる」——

氷屋　（ビクンとする）手紙もあんたか。
蘭子　あんた、まだ居たの。
氷屋　あんただな。
蘭子　うちに帰って枕でも抱いてひとりでやるのね。ハハハ——
氷屋　あんたが、俺の不満を解消してくれるんだな。そうだな。
蘭子　さかりのついた雄犬だわね、まるで。
氷屋　できたらお目にかかりましょうってのは、こういうことなんだろ。
蘭子　どういうこと？（嗤う）
氷屋　あんた、俺の手紙読んだだろ？

蘭子に武者振りつく氷屋。

蘭子　ハハハハ、やりたいの、あたしと。あんたが。（氷屋を突き飛ばす）みみずの小便！あんたは公園で子供を待ち伏せてるほうが似合いだよ。犬みたいに震えて、さあ、出て行きなよ。（嗤い続ける）

氷屋　俺はなあ、俺はなあ、犬じゃねえぞ。俺はなあ――なにもわかっちゃいないんだよ、お前らは。そんな目で見やがってよお――俺はなあ、うまく言えねえよ。だけどなあ、犬じゃねえ――畜生！

嗤い続けている蘭子に挑みかかる氷屋。――修羅場。
蘭子の嗤い声が止む。アイスピックを胸に崩れ落ちる蘭子。
急速に暗転――

〈へ〉

明るくなる。舞台に氷屋の死体がころがっている。
夕空を過る「水玉」姉妹を乗せた遊覧飛行機。

蘭子　ガラスを砕いたようだったわ。アイスピックを突き刺したところから、あの人の全

銀子　身に、ビリビリッとひびが入ったようになって。凸凹の黒い路地には、銀色の水たまりが壊れた鏡をちらしたように、ずうっと続いてた。

蘭子　それから血がゆっくり吹き出してきた――

銀子　ロンリーハートの屍体は重かったわ。姉さんと二人で、堤防の上を引きずって歩いたっけ。

蘭子　もう遅過ぎる。とにかく終わった。死んじまった。風が吹いてる。この風の匂いこそ本当なんだ。あたしに吹いてくる風。あんたが抱くのはあたしじゃない。際限のない自分の嘘だ。嘘ついて、嘘ついて、行き着く果てにあたしを見棄てた。あたしはあんたを殺しに行くわ。

銀子　(一枚のビラを空中に散らす)風に吹かれて飛んで行け――

氷屋の屍体に降りかかるビラ。華やいだ遊園地の喧騒。氷屋の屍体は見えなくなる。――銀色の三日月。

蘭子　ダルマ船！　急に川が生き返ったわ――屋上もそろそろお終いね。人が降りてく。ああ、目が回りそう。

銀子はじっと川向こうを見つめている。

蘭子　ふざけた月。ドキンとさせる。

銀子　(川向こうに眼を向けたまま) 姉さん。

呼び込みの声が急に高まる。——「さあ、いらっしゃい、いらっしゃい。夢見心地は羽根布団、くるくる回る水車。ただいま飛行中の遊覧飛行機、まもなく着陸。お早くどうぞ。さあ、安全第一の世界巡りだ。けっして落ちない飛行機だ。お子さんには夢を、それだけじゃない、お父さんは不景気を、お母さんは御苦労を、空の風に吹き飛ばしてもらおうって寸法だ。懐かしいだろう、ねえ。断然よそでは味わえません。さあ浅草の夜景をたっぷり味わって下さい。さあいらっしゃい」——

蘭子　今、お店に電気がついたわ。

銀子　えっ。

蘭子　誰か居る。

銀子　だって——

蘭子　だって影が――

銀子　（鈍く）姉ちゃん！

高まる遊園地の音楽――暗くなる。

（一九七三年『新劇』）

第21章

旅する演劇——「《昭和通り》の向こう側」

ヨシコ　行列が通り過ぎたあとの道端みたいよ、ここは！千切れたものやくしゃくしゃに丸められたものが散らばっているだけ。ぞっとするほど白々しくて、大声や怒鳴り声はもう聞えない。あんたはどうしい、い、い、い、い、い、い、い、い、い、い、いてこんなところへ戻ってきたの！

（山元清多『さよならマックス』・七三年五月〈68／71〉）

一

先刻、山手線のガードを潜り抜けてきたばかりだから、確かにこの道は昭和通りの方へと向かっていたはずなのですが、わたくしの運転する小型トラックは、都心の混雑を避けて入り込んでみた横路を抜けたら、なんだかそこだけ都市の律動から見離されてしまったような、とある都営住宅の敷地の中に迷い込んでしまっていたのです。わたくしは、貧相な生垣を廻らした二軒長屋の老朽化した群れとの唐突な出合いに途方に暮れてしまい、ひとまずトラックを停めました。そこは、この都営住宅の敷地をまっすぐに貫通している幅一〇米《メートル》ほどの道路の此方の端に当たっていました。二軒長屋の集落はこの道を中心に、重苦しい規則正しさで横へ縦へと拡がっており、道路は三〇〇米ほどの長さで向こうの端へと続いているのでした。

五月だというのにその都営住宅の群れは変に乾ききって見え、なんだか全体に赤茶けた印象をわたくしに与えました。たしかに、例の直線道路の両側は、そのまま二軒長屋の庭先へと続いている剝き出しの地面だし、そのうえ道路が突っ切った向こうの端には、すでに一部の取り壊しでも始まっているらしく、焼跡みたいな更地の拡がりが視界を区切っているのだから、全体が赤茶けて見えるのはそのせいらしくも思われました。が、そうした具体よりもむしろ、いつか見た夢のようにどこか親密なくせに嘘っぽいキワドサみたいなものが全体を支配していたからなのかもしれません。

たとえばそれがどんな具合に妙だったかといえば、鉄とコンクリートの集塊の重量のある世界から、一切がブリキ仕立の世界に足を踏みいれてしまった、という具合に重さ軽さのとりとめを失くしてしまった、そんなふうだったのです。

でもとにかく、わたくしはやはり昭和通りの方へ行かねばならなかったので、いい加減に道路の向こう端あたりへ見当を決めて、ふたたびトラックを走らせ始めました。しかし、三〇〇米のまっすぐな道路を半信半疑の速度で走ったせいなのでしょうか、わたくしの感じていた妙な空白感は、得体の知れぬ高揚感を伴ってますます膨らんでいきそうな気配でした。正直に言ってしまえば、それは〈時間〉をどこかに置き忘れてきてしまったような感じだったのです。

だが、〈時間〉は不意なきっかけでわたくしのところに戻ってきました――〈時間〉というのはおうおうにしてカントリー・アンド・ウェスタンだったりするのですから、わたくしが何気なくラジオのスイッチを入れさえすれば、うまくそこで折り合いがついてしまうこともあるのです――。いらだたしい既視感がふと消えて、わたくしはアメリカ中西部の田舎町を走るトラックの中にいる自分に気がつきました。

がやがて、焼け跡のような更地の向こうに小さな商店街が現われ、めざす昭和通りはすぐその向こうにありました。そこを抜ければ相変わらずの都市の光景があるはずでした。

ラジオはまだカントリー・アンド・ウェスタンを流し続けていました。

これは、一般的に〈旅〉といわれていることを、わたくしの即自的な基底としての〈生活〉において、その原型的な構造を持った体験として開示して見せたということになります。そしてこのことは、無規定的な日常性の中にこそ〈旅〉は遍在する、ということをも同時に示唆するものであるようです。

いずれにせよ、〈旅〉をめぐる問題のより本質的な部分は、〈旅―する〉という行為の直接性のうちにではなく、〈旅することに憧れる〉という行為のうちにこそあるとわたくしには思えるのです。なぜなら、〈旅〉に憧れるということのうちには、失われた〈夢〉に対する奪い返しの意識がどのような形にせよ含まれているように思われるからです。そしてこの〈夢〉の争奪の過程とは、現在わたくしらが直面すべき最大の困難であるということもまた事実だからです。

このことを、わたくしの都営住宅における体験に即して考えてみようと思います。

たとえば、なぜわたくしは他のどこかの場所ではなく「アメリカ中西部の田舎町」などに自分を置いてしまったのか、ということになります。なぜというなら理由は簡単、かつてわたくしは『ラスト・ショー』というアメリカ映画の「田舎町」の〈映像〉――それは五〇年代のロックやジャズやカントリーなどで支えられたセピア色のモノトーン画面だった――を、映画館での闇取引で手に入れたことがあるからです。映画館の暗闇は〈映像〉それ自体を非現実化します。が、白昼の明るみではおうおうにして〈闇〉の反転が起こり、非現実の記憶が〈映像〉を逆に喚起するという過程が生じることになります。だからわたくしは、都営住宅の〈闇だまり〉に騙されてみることをしないで、闇取引で手に入れた〈映像〉の非現実の記憶をそこに二重写しに重ね合わせてしまった、といえばいえそうです。

ところで〈闇だまり〉とは何か？　それは〈夢〉の浮上する場所のことに他なりません。つまりそれは、「生活」に対して〈夢〉の距離感が孕《はら》むあの親密なと同時に曖昧《あいまい》な感じが、突然喚起される場所ということです。そこは地図的なモノクロームの拡がりではなく、明るさの中に具体的に隆起してくるものとして、〈生活〉のすぐ背中合わせのところにあるものです。しかし、〈夢〉とはつねに〈生活〉の外にあると同時に内にある、というものだから、その距離感を実体化したり意味させたりすることは、本来的に不可能なわけです。このことのもどかしさが、失われた〈夢〉を奪い返そうとする意識の下部構造として、〈夢〉の闇取引をはびこらせているのです。だが闇取引でやり取りされる〈夢〉などは、値札だけがやけに目立つまがい物であることの方が多いというのもまた当然のことです。ここに、失われた〈夢〉のもうひと廻り大きなサイクルとして、奪われ続ける〈夢〉という〈夢〉、にがんじがらめにされてしまうわたくしらの、不幸な現在が立ち現れてくるのです。

　立ち返っていえば、わたくしが「アメリカ中西部の田舎町」を見てしまったことで、逆にそこに見逃してしまった何かを夢見続けなければならない、という羽目に追い込まれてしまったということになるのです。

　このことは例えば、銭湯のペンキ絵を見るたびにわたくしが思い起こす、もう一つの奪われた〈夢〉の記憶においてさらに明確であります。それはわたくしが東十条の方に間借していた頃の話です。二週間ばかりの帰省の旅から戻って、いつもの風呂屋へ行こうと何気なく路地を曲がったら、当の風呂屋の建物はいつの間にか解体されてしまっていて、あとにはことさらに剝き出しになった〈三保《みほ》の松原〉のペンキ絵が、白いタイルの浴槽と洗い場のカランまでそっくりそのままにそこに在った、というひどく無政府主義《アナーキー》的な光景に唐突に出会うことになったのです。それは完璧に無垢な風景としてわたくしの前にありました。それはわたくしにとって、一切の意味の停止した風景という、名づけ得ぬ時間のうちに属することのようでした。なぜなら、その時わたくしの目の前で、真夏の日盛りの中に曝《さら》け出されていたのは、昨日までさまざまな人たちが、それぞれに昼間の労働の汗や澱《よど》んだ生活の悪臭や、あるいは関係の後の気だるい疲労や血の絆の忌わしさなどを密かに流し続けてきた場所、大衆浴場の闇の歴史に他ならなかったからです。そしてそれは、曝されることによってそれ以上の何ものか——〈夢〉だったのです。わたくしはその時、押しひしがれた都市の街並の只中《ただなか》に、白砂青松《はくしゃせいしょう》の海岸と白帆を浮かべたのびやかな海が忽然と現前するのを見た、と思いました。それは、その赤錆の浮いたブリキのペンキ絵が、日毎夜毎、名もない裸身の人たちから掠め盗り続けてきた〈旅〉への熱い視線の、不意の〈夢〉への解放だったのかもしれません。しかし、同時にそれは紛れようもない〈生活〉そのものでもあったのです。だが、この壮大な〈夢〉の収奪は、それから二ヶ月としないうちに〈大衆サウナ＋パブリックバー〉という都市現実によってそのサイクルを閉じたのです。後には、帝国主義の記号の連鎖が、「汗とビール」による〈日常性〉からの逃避を道行く人たちに告げているばかりです。

　この時、わたくしらが何気なく「非日常性」などと言い習わしていることの意味は、どうやら根底的に問い返されるべきなのかもしれません。

〈夢〉と〈生活〉は不可分の一対として、「世界」を形成します。それはそう仮構された瞬間、最高度の想像力による物質の解放の運動として現前化することを要求するはずのものです。〈日常――非日常〉という関係は、この〈夢〉のコンテクストに置いて語られるべきなのです。その時〈夢〉は、選択でもなく、またある恣意性でもないあるがままの〈世界〉として感得し得るはずなのです。

　しかし、現在、〈生活〉の位相で流通している夢は、それが「現実生活の外にある」ということを指し示すことができる、ということにおいて〈夢〉の代理を果たしているというのが本当です。それは即自的な基底としての〈生活〉において、本来〈夢〉が占めるべき場所に「現状否定」というベクトルを内在させた虚構としての〈非日常性〉を置く、ということに他ならないのです。この時〈旅〉が「日常性からの離脱」などを自己目的化するとしたら、それ自体〈夢〉の疎外物たり得ることを知らなければなりません。都営住宅での体験にふたたび立ち戻れば、都市的なものの真只中《まっただなか》にある非都市的なものとして、あの老朽住宅の群れがあったのではなく、近代建築の集塊が、人たちの〈生活〉を収奪することで〈都市〉たり得る、という〈都市〉の原理そのものとしてあったのだということなのです。〈都市〉に対立するものは〈農村〉ではなく、〈貧弱な木造住宅〉そのものなのです。それは〈都市〉の外にありながら〈都市〉であるという〈夢〉として、わたくしらの立ち戻るべき《日常》だといえます。〈旅〉――〈日常〉という対応のさせ方は、〈夢〉の争奪の意識が持つ爆発力を距離的な移動という量と形式に収束させてしまうという、抑圧としての〈文化〉そのものの運動として、「奪われた《夢》という夢」にがんじがらめにからめとってしまう〈疎外〉の構造そのものであると言わなくてはなりません。

そう、わたくしは、自らの〈黒テント移動興行〉について書かなければならなかったのです。が、こうした抑圧としての〈文化〉の只中に、首まで浸り込んでいる芝居者としてのわたくしは、自らの〈旅〉について語るためには、これだけの迂回を強いられてあるということも事実なのです。

＊

おいらたちは、国道二号線をただひたすら走っていた。目的地は下関。大道具、小道具を積んだこの四トンのオンボロトラックは、重大な故障を起こして修理に手間取り、相棒の二台のトラックとマイクロバスから半日行程は遅れてしまっている。運転はおいら、助手が二人。

——あと二四〇キロッ！　広島通過ッ！

助手が金切り声でヤケクソに怒鳴る。おいらはほとんど呆けたように、ただ前を見つめているだけだ。

——本番まで、あと五時間ちょっとョ！

遅れている。ボロトラックは七〇キロを越すと、得体の知れぬきしみ方をする。

——大丈夫よ、間に合うから、間に合うわよッ！

第二助手の女優はもう声が上ずっている。無理もない。メイクや何かで女優は大変なんだ。おいらは故障修理に手間取ってあんまり眠っていない。

——テメエーッ、目開いてんのかヨッ！

助手が殺気立った声でおいらを怒鳴る。おいらはやけり、ただ肯くだけだ。

――あたい、マイクロバスに乗るんだった。

女優が情けない声で愚痴をこぼす。おいらの知ったことか。このオンボロを一つぶっ叩いてやればいいさ。

――あたい、唄う！

――ヨーシ、唄えッ！

二人は、もうただ怒鳴っているだけの唄をいきなり唄い出す。運転手を眠らせない方法はずいぶん開発されて、おいらたちの運転心得に記録してある。その中でも、単純かつヤケッパチなのは、否応なく唄わせることだ。二人の助手は次から次へと思いつくかぎり唄い続ける。

――おい、シで始まる唄だ。

――シンガポールヘッ！　花咲く街へ！

おいらも、もうただ唄うことで対抗するしかなくなる。だが、それが突然途切れちまって、いよいよ三人はただ無言で前を見つめているだけになる。エンジンの音で耳の中がジーンとしてくる。きっと窓の外の景色など誰も見てないに違いない。国道沿いの景色などどこへ行っても同じだからだ。おいらたちにとっては濡れたように続いてるアスファルト道路しか見えやしないからだ。いままでもそうだった。おいらたちにはただ移動することへの衝動しかないみたいだ。次の街へ、次の街へ。テントは出現しては逃亡する。みんな疲れている。旅は今日で一週間目だ。一週間目が一番つらい。いまトラックの中は静かだ。

女優が低い優しい声で唄い出す。

——〽雨よ、降れ降れ、悩みを流すまで、……

淡谷のり子の『雨のブルース』だ。彼女の眼の周りにはうっすらと隈《くま》が浮かんでいる。

他のみんなはもうテントを建て終っているだろう。そしておいらたちの着くのをいらいらしながら待っているはずだ。

日が暮れてきた。

——あと一〇キロだ、ガンバレ！

どうやら潮臭い街に入った。開演前五分。向こうに関門大橋が見えてきた。すごく高いところにある。その時玄海灘の方へ夕陽が落ち込んでいった。空が銀色になる。銀色の空と銀色の海の間に、見慣れた黒いシルエットが浮かんでいる。もう先刻から必死になって〈革命歌〉を唄っていた女優は、なんだか涙声になってしまっている。

——テントのすぐ側に着けて頂戴。

だが、彼女はルージュを引きながらそう命令する。テントの中にはお客がいる。みんながこっちを見ている。せいぜい勢いよく止まってやろう。長いスカートを翻して彼女はトラックから飛び降りた。裸足だ。お客の方にグイッと顔を向けると、こう叫んだ。

——これは〈夢〉よ！　いま着いたわ！

音楽が鳴り出した。

二

わたくしは「68/71」という演劇集団の一員である。わたくしにとっての「旅」とは、この集団の「移動興行」の旅を第一に意味する。わたくしらが、テントによる移動劇場を始めたのは、一九七〇年一〇月『翼を燃やす天使たちの舞踏』という芝居が最初であった。以来、わたくしらの黒色テントは全国約四〇都市、延べにして約一七〇都市を経巡ってきた。

「何故にそう急いで吹っ飛び歩くのか?」。これはわたくし自身が自問しつつ、また会う人ごとにことばは違うが、同じニュアンスで問いかけられたことでもある。「何故だか知らぬ、テントに聞いてくれ」。そう言っていた時もあった。ただやたらに「移動」することに情熱的だったのだ。「劇場は移動しない」。この原則に反抗したのがそもそもの契機なのだから、「移動」し続けることが必要だったのかもしれなかった。それ自体、文化的営為としてあることを強いられている〈演劇〉を、自らの具体的な手がかりとしつつ、当の〈文化〉から逃れ続けようとする矛盾のプロセス。わたくしらが選びとった肉体の置きどころが、まずそれであり、その現場を〈黒色テント〉に据えた時、必然的にわたくしらの流浪が始まった、ということなのかもしれない。しかし、わたくしにとって「移動」は決して楽しげな何かではない。出現し、逃亡し、流浪し、疲れ、語り尽くそうとし、語り尽さず、とにかく一切の風景をやりすごそうとし続ける黒テントの旅は、わたくしらの体験の底に、対応させ得るどのようなことばも見出せないような大きなひきつりを生み出すものだったし、これからもそうだと思える。わたくしらは「移動」と「生活」の二方向への乖離《かいり》がもたらすテンションにまだ具体的な放出の切口を見出せないまま、自身の肉体の奥底に「根太《ねだ》」としてそれを抱え込んでしまっている、というのが現実だからだ。

つまり、〈非日常的な生きざま〉などということがそもそも形容矛盾である時、「移動祝祭日」を持ち運ぶことを〈生活〉とする人間たちは、その形容矛盾の亀裂の底に〈ことば〉を見失ってしまう。黒テントの薄汚れたゴムキャンバスが、劇場であり、寝食の場であり、労働の対象であり、それらの連続が黒テントの旅の生活であるという体験の集積のうちに、わたくしらの〈生活〉の根底に在るべき〈ことば〉は、肉体と行為と物との連鎖にからめとられ、のみ込みにくい異物として、浮遊する澱みのようにわたくしらの日常の底によどんでしまうことになる。だが、われわれがこだわるのは、この異物としての〈ことば〉の他にはない。

わたくしらの〈旅〉は、生きることとそのものにおいて〈世界〉に通底する回路を見つけようとする唯一の困難、〈夢〉の争奪のプロセスなのだといえるだろう。確かに生きることそのものにおいて、わたくしらは在日朝鮮人や、部落民や、「川筋下罪人」の末裔《まつえい》や、巨大産業の単純作業の中で自己を喪失せざるを得ない末端労働者たち等々の「沈黙」の重たさに通底し得る回路を持たない。わたくしらと彼ら、それぞれがこだわり手離そうとしない《固有の夢》は、決して互いに対応する心情を見出したりはしないだろう。それは単層な対立の構造であることはできないし、また同化の関係であることもできないからだ。それぞれのつじつまの合わなさがそのまま停止しているかのごとき〈夢〉の日常性の中で、わたくしらは、彼らの重い〈沈黙〉を自分らの饒舌《じょうぜつ》の軽さと背中合わせにあるものとして、想像力の基底に見据えなくてはならない。そしてそれは相変わらず、彼らとの直接取引においてしか発見し得るものではないようだ。

《歴史》という〈夢〉をめぐる争奪は、その抑圧された視線としての彼らと、奪われた肉体としてのわたくしらが〈都市〉の只中で邂逅《かいこう》することによって激化の方向へと向かうだろう。わたくしらが〈移動〉し続ける根拠はそこにある。

（一九七四年『思想の科学』）

堀田正彦のアジア食い倒れ

第22章 スマトラ島で食べた「スゥップ・トゥラン」

インドネシアのスマトラ島のアチェ州からメダンへと州境を越える少し手前。パームヤシ均一の風景の中に、紫や赤や白のブーゲンビリアに包み込まれた小さなレストランがひっそりとたたずんでいた。

六人乗りのジープに乗って、長い道程を旅してきた私の目には、その場所が神聖なものに見えた。「ここで休憩!」と叫んで、車を停め、船酔いしている気分で、やれやれと薄暗い店の中の粗末なテーブル席に座り込んだ。

「できますものは……スゥップ・トゥランです。それだけです」ときっぱり。ビール?もちろんここはイスラム州だからない! のどの渇いた、罰当たりな日本人には無慈悲である。

少しすると、店の主人が深皿に入ったスープらしきものと、ライスを運んできた。スープの中にはゴロンッと一本の大きな骨がころがっている。二五センチはあるだろう。

一口すると、シナモンや唐辛子やさまざまな香辛料が複雑に混じり合い、牛のすね肉のダシが効いて、実に滋味そのもの。このスープをご飯にかけて食べると、これが滅法うまい。

飯ばかり食べていると、店の主人がしびれを切らしたようにそばに寄ってきて、私の手に長いストローを押し付けた。「なんだ?」と思う間もなく、今度は皿の中のすね骨を左手に持てと言う。次に、私の右手を持ってきれいな骨の切り口にストローを差し込んだ。そして「吸う、吸う!」という仕草。

一息吸い込んでみた。と、ズルズルッと実に濃厚なものが口の中に入ってくる。「骨髄」である。うまいのである。少し吸い込んだら、主人がまた、骨をスープの中に戻せと言う。戻して、空洞にスープを流し込む。またストローですする。濃厚な骨髄がスープと混じり合ってますますうまい。

みんな、感極まった顔で黙々とすすり続ける。もはや骨髄もスープも消え、皿と骨だけが目の前に横たわる。至福の時、というものだろう。

（二〇〇八年『ハリーナ』）

第23章

フィリピン家庭料理の女王「レリエノン・バングス」

これは発音が難しい料理である。スペルは「Relleno ng Bangus」。頭にRが来てすぐLにつながると日本人の舌では発音ができない。さらに「ng」という鼻濁音が追い討ちをかける。「Relleno」はスペイン語で「詰めもの」。「ng」はタガログ語の接続詞。「Bangus」は魚の名前。英語ではミルクフィッシュ、魚類図鑑では「サバヒー」。サバヒーは中国語が語源で、フィリピンでは「バングス」、インドネシアでは「バンデン」と呼ばれる。東南アジア各国で盛んに養殖される国民魚だ。

この魚は、塩焼き、フライ、スープありと、フィリピンでもインドネシアでもお目にかかる。だが、「レリエノン・バングス」だけは、フィリピンの中流以上の家庭の夕食にでもお呼ばれしない限り食べられない。

この料理を初めて目にした時はただの魚の丸揚げかと思った。しかし、輪切りにされて供されたものを見ると、外側は魚のままだが、中身はポテトやグリーンピースやレーズンが混ざった魚肉のミンチであり、しっかりと味付けされている。なんとも上品なうまさである。皮はパリパリと香ばしい。

作り方は手が込んでいる。まず魚を包丁のヒラで根気よく片側ずつ叩いて、肉を柔らかくする。首の付け根に切り込みを入れ、長いヘラを差し込み、皮から魚肉をこそげ取る。中身を取り出した後の頭と皮は傷一つあってはならない。それをカラマンシー（スダチ）と醬油と黒こしょうを混ぜた汁の中に漬け込む。取り出した魚肉は小骨を丁寧に取り分けて茹でる。ポテト、にんじんは賽《さい》の目にし、醬油とニンニクをベースに、魚肉と一緒に炒める。グリーンピースやレーズンを混ぜ、ゆで卵を加えてできあがり。これを皮の中にしっかりと詰め込む。元の形にして黄金色になるまでから揚げする。

つまり、朝から仕込んでやっと夕方に間に合うのだ。スペイン植民地時代の名残なのである。しかし、うまいのである。

（二〇〇八年『ハリーナ』）

第24章

ニューデリーYMCAクラブの朝食

すごく古い話をしよう。一九七九年にインドで開かれた「アジア農村演劇会議」に参加した私は、一ヶ月間をなんと「村はずれの村」という名の田舎で毎日カレーを食べて生活するという経験をした。これは、さすがに身体に堪える。特に排便が苦痛になる。昨日の唐辛子がいっせいに肛門の粘膜を攻め立てるのである。口はやがて辛さに慣れるのだが、肛門は赤く腫れたまま、なかなか治らない。私は「なぜインドではトイレットペーパーを使わないのか」という真理を身体で理解したのである。私は「水で洗う」という偉大な習慣を身に付けることができた。

一ヶ月の劇づくりのワークショップが終り、私はニューデリーという大都会に立ち寄った。宿泊したのはコンノート・プレースに近い「YMCAクラブ」だった。

翌朝、よれよれのTシャツと半ズボンにサンダル履きで食堂に入ろうとした私は、白髪の小柄な給仕長に呼び止められた。彼は一言、「ドレス・コード!」と言って入り口の掲示板を指差した。そこには「Ｙシャツ、ネクタイ、靴、着用のこと」と明示されていた。私は給仕長からよれよれの備え付けの濃紺のネクタイを借り、部屋に戻って、襟付きのシャツと長ズボンに着替え、靴を履いて出直したのである。

「グッドモーニング　サー！」と、先ほどの給仕長が渋い声で挨拶をすると、私を窓際のテーブルに恭《うやうや》しく案内してくれた。続いて、パリッとしたナプキンをひざにかけると間髪を容れず、ウェイターが紅茶のポットとミルクを、続いて四枚のカリカリのパンが本立ての本のように載せられたトースト立てが運ばれてくる。そして、バターとマーマレード。一ヶ月のカレー漬けの後のこのパンと紅茶は「美味！」というに尽きる。そして最後に運ばれてきたのは、深皿に鎮座する二個の「ポーチトエッグ」だった。塩と胡椒だけでいただくその淡白な卵は、その後も時々夢に出てくるほどに「滋味」そのものだったのである。

（二〇〇九年　『ハリーナ』）

第25章

マレーシアの「〝鯵丸ごと一匹ゴロン〟とカレー」

マレーシアでもっとも魅力的な場所は「カーパーク」である。「カーパーク」とは読んで字の如し「駐車場」である。

イポーという町で、昼飯時に友人が「カーパークに行こう！」と言うので、「車に乗ってどこか素敵なレストランにでも連れて行ってくれるのか？」と思ったら、元駐車場を屋台村にした場所に案内された。二五店ほどの屋台がぐるりと広場を取り囲み、広場には椅子とテーブルが配置されている。真ん中に飲み物類と白いご飯だけを提供する「カーパーク」の所有者の店があり、その代金がいわば入場料代わりである。

それぞれの屋台は、すべて一品料理の屋台である。派手な炎を上げて、勢いよく中華鍋を振りまわしているのは「渡り蟹のぶつ切り四川風炒め」の屋台。マレー料理のサテーを焼く屋台には、バナナの茎に差し込まれた大量のヤギ、鶏、牛肉の串が並ぶ。

さらに、インド料理オンパレード、南インド、北インド、ベンガル、菜食、タンドリ・

チキン、サモサ、チャパティ、プリー、とそれぞれ主張しながらうまく間隔を置いて配置されている。中華料理も、四川、北京、潮州、広東、揚州とすべての地域の料理が並ぶ。これにタイ料理まで参加してくる。一品が三〇〇円から五〇〇円である。天国である。

私がこの中で秀逸であると選んだのが、「〝鯵《あじ》丸ごと一匹ゴロン〟とカレー」である。中ぐらいの大きさの鯵を丸ごと素揚げして、それを秘伝のチリソースに漬け込み、水分がなくなるまで火にかける。真っ赤に仕上がった鯵に、タイムや香菜やミントの葉が振り掛けられ、皿に一匹ゴロンと置かれる。屋台の親父はタミール人の粋な伊達男で、別の一枚の皿を手に取り、大鍋に炊き上がった黄金色のサフラン・ライスのふたを開けると、なべの周囲にそって皿を動かして、水平にライスをなで斬りに掬《すく》い取るのである。それを鯵の隣の隙間に盛り付けると「一丁あがり！」。おいしいです。

（二〇〇九年　『ハリーナ』）

第26章

韓国の「ふぐ鍋」

一週間の韓国農村滞在で、私は「キムチ酔い」にかかってしまった。農村の食堂は民家である。庭先から何もない座敷に上がりこむ。そこへ、食堂の女性たちが二人がかりでテーブルを運んでくる。テーブルの上には既に数十種類のキムチの皿とてんぷら、卵焼き、肉団子の小皿がびっしりと並んでいる。「さあ、さあ、まずは食べましょう！」という声を聞いて、金属の容器に入ったご飯のふたを開け食事となる。白菜、チョンガー大根、荏胡麻《えごま》葉、桔梗《ききょう》の根、もやしのキムチ、キノコ、蟹（ケジャン）、小魚の煮付け、水キムチ、そして朝はみそ汁、昼は牛骨スープ、夜はアサリのスープ。つまり、日替わりするのはスープだけで、他は毎日同じメニューなのである。これは疲れる。

帰国の前日、「韓定食だけは勘弁してもらいたい」と私は懇願した。「じゃ、ふぐ鍋にしましょう！」といううれしい答えが返ってきた。

「ふぐ鍋屋」に入った。小座敷にあがるとガスコンロのついたテーブルがある。始めに水の入った大鍋をコンロに載せ点火する。アジュマ（お店のおばさん）がザルに山盛りにした青菜を運んできた。「これは何だ?」と聞くと、「セリのぶつ切りです」とのこと。次に出てきたのが大きめの皿に並んだ、カワハギの干物のようなものである。恐る恐る「カワハギですか?」と聞いてみた。「ふぐです」と断固とした答えが返ってきた。「あー、ふぐ鍋のふぐは干物なんだぁ……」と、私は一人合点した。

次に運ばれてきたのはやはりザルいっぱいのきれいに皮を剥いたニンニクである。そのニンニクとふぐの干物が鍋に投げ込まれ、十分なダシが出たところで、山盛りのセリを鍋に浸し、くたっとなったところをつまみ上げて、コチュジャンのたれにつけていただくのである。ニンニクのダシはコクがあってうまかった。ただ、「ふぐ鍋というよりはセリ鍋と言って欲しかったなあ」というのが私の感想である。

（二〇〇九年　『ハリーナ』）

第27章 お粥の話

異文化と接する中で起こるカルチャーショックでもっとも顕著なものが、「ものを食べられなくなる」という症状である。単純に「匂い」に耐えられない、「味」の違いに吐き気を感じる、「食材」に恐れをなしてしまうとかで、急に食べものが喉を通らなくなる。私自身は心底からの「雑食性」で、これまでどんな国に行っても、何を出されても全く平気である。

しかしそんな私にも、たった一度、最初で最後の「カルチャーショック」があったのである。一九七二年、返還後すぐの沖縄を訪れた私は、二日目になって急にすべての食事が喉を通らなくなった。豚の脂の匂いと油っぽさに反応してしまったのである。みそ汁に使う油みそ、ソーキそばの豚肉と豚骨、カツ丼の豚肉そのものが日本の無臭の肉とは違い、まさに「野生の豚」の匂いがする。豚肉は沖縄の食文化の真髄である。この状態が二日ほど続き、空腹に耐えながら何か食べられるものを探している時に出会ったのが「フーチバージューシー」だった。これは「ヨモギ入りのお粥《かゆ》」である。ソバ屋のメニューの中で、この不思議なことばが目に留まったのだ。やさしいお粥だった。ヨモギの苦み、とろける米粒とさっぱりした塩味が、身体にすーっと染み込んだのである。うまかった。そしてこの粥を腹一杯食べた後は、どんな沖縄料理でもおいしく食べられるようになったのである。

考えてみると、この沖縄訪問が私の初めての異文化体験で、それ以来、私が食べられないものはなくなってしまった。

インドネシアで、ヤシ油の揚げ物や甘い味付けに食傷した時には「ブブル・アヤム」を食べることにしている。「鶏粥」である。基本は鶏肉のダシ汁で米を煮込んだ粥で、その上に、ピーナッツや蒸し鶏や青菜やネギをちりばめて食べる。東南アジアのどの国にも、その国のお粥が存在する。まずはお粥を食べてその国の文化を身体で味わってみてはどうだろうか？

（二〇〇九年　『ハリーナ』）

解題

一

堀田正彦は、一八〇センチを超える身長のがっしりした身体の大きな男だった。仙台での高校時代にはバスケットボール部に所属し、国体に出場したこともあった。一時は、仕事のストレスによる過食と運動不足で体重が一〇〇キロを超えていたこともあったが、肥満という感じはなく、ただ誰よりも頑丈に見えた。最後の半年ほどは膵臓がんだったが、旅立つ準備の眠りにつくまで、とてもしっかりとしていた。亡くなるほんの数日前に自宅でラーメンをペロリと平らげ、孫娘と明るい声でやりとりして旅立っていった。本書はそんな、大きな人堀田正彦の遺稿集である。

堀田正彦は、ときに日本版フェアトレードの老舗ともいわれる株式会社オルター・トレード・ジャパン（以下、ＡＴＪ）の創業者社長である。より年長世代であれば、ＡＴＪを生み出した母体である日本ネグロス・キャンペーン委員会（以下、ＪＣＮＣ）の事務局長としての堀田正彦をご存知の方もいるかもしれない。念のため、そんなことは知らないよという若い世代の読者のために簡単に説明させていただくと、ＡＴＪとは、一九八九年に設立され、アジアをはじめとする世界各地からバナナ、コーヒー、エビ、オリーブオイル、塩、カカオなどの食材を輸入し、生協や食材宅配を行なう消費者組織に卸す「草の根貿易」の会社である。二〇二〇年現在では、年商一八億円を超える。だが、たんなる貿易会社ではない。「国際産直」をとおして社会の変革をめざす市民運動・社会運動的観点から創業された会社で、社名の通り、「貿易をこれまでとは異なるものに変容させる」こと（alter trade）をめざす事業を展開してきたユニークな交易企業なのである。

若い世代の方々には、ＡＴＪとは、ＳＤＧｓに掲げられた多くの理念を食の輸入という領域で実現しようとする「社会的企業」（social enterprise）である、といった説明がシンプルで分かりやすいかもしれない。だが、「ＳＤＧｓ」や「社会的企業」とはいったいなんだろうか。利益優先としか思われない多くの企業がＳＤＧｓの趣旨に賛同し、臆面もなくＳＤＧｓ達成のための取り組みを掲げる世情である。少し立ちどまって、その中身についてしばし考えてみるのも悪いことではないだろう。そして、読者諸賢は、その問い直しのためのヒントや知見を本書に繰り返し見出すことになるだろう。

二

本書の背骨をかたちづくっているのは、ＡＴＪを創業してからの堀田正彦の試行錯誤を示す第２部に収録した論考群である。試行錯誤といってしまえば簡単だが、始原における大いなる志と、その実現のための壮大な事業とプロジェクトの試行と失敗、そしてそれらの失敗をふまえた再チャレンジの繰り返しの歴史の記録となっている。

本書所収の論考を読めば、ＡＴＪの試行錯誤の歴史において、堀田が実に多様な人びと――生協活動家、社会運動家、有機栽培農家、生協組合員、農業技術の専門研究者など――の知恵と力をたぐりよせ、事業構想へと結晶させていったことが分かる。また、事業を率いるトップ・リーダーとしては当然のことなのかもしれないが、堀田は試行錯誤の過程で繰り返し事業構想を、おそらくはため息交じりに、あるいはうんうんと唸りつつ描き直し、活字メディアをとおして、また、講演やセミナーでの直接対話をとおして発信した。

とりわけ、ＡＴＪの主力輸入食材であるバランゴンバナナ（別呼称ネグロスバナナ）については、日本社会から一貫して大きな関心が寄せられてきたこともあり、堀田の遺稿における言及の頻度も最も多い。偶然的な要素ももちろんあるが、本書にお目通しいただければ、堀田正彦が日本におけるフィリピン産無農薬栽培バナナ交易の先駆者、第一人者となった背景にはある種の必然があったことも理解していただけるだろう。一九八〇年代のフィリピン（およびアジア）の状況と、アジアとの関係で日本人の生活や文化が置かれていた時代状況、そして堀田正彦の個人史が、バナナという戦後日本で最もポピュラーな輸入果物を媒介に結節したのである。

輸入果物の中でも、日本社会でとりわけバナナに大きな関心が持たれるようになったのは、鶴見良行の『バナナと日本人――フィリピン農園と食卓のあいだ』（岩波新書）が一九八二年に刊行されてからだといえるかもしれない。鶴見の本は、戦後の経済成長下で、子どもから大人まで手軽に食べられるようになったバナナが、いったい誰によって、どのような環境の下で、どのように栽培され、食卓に届いているのかを明らかにして、長きにわたって読まれるベストセラーとなった。

『バナナと日本人』刊行後の日本は、経済的豊かさがなお増し、いわゆるバブル景気へと社会全体が浮足立っていたが、バナナといえば、手に入るのは、農薬がたっぷり散布された大規模プランテーション栽培バナナばかりだった。こんにちでこそ、オーガニックということだけであればスーパーなど一般小売店でも容易に入手できるようになったが、ATJの発足した三〇年以上前には、オーガニックであることはもとより、地域の自然環境や栽培農家の健康・労働・暮らしにまで配慮した「安心・安全」なバナナとなれば、なおさら一般家庭での入手など考えられない状況にあったのである。ATJが輸入を始めたバランゴンバナナは、そうした日本人の関心とジレンマに対する実際的な回答であり、オルターナティヴな選択肢があることを明確に示したものだった。「食べる国際協力」というキャッチフレーズが、新鮮に実感できる状況があったのである。

バナナに代表されるこのオルターナティヴな交易は、フィリピンでは「人から人への交易」（People to People Trade）と呼ばれ、ＡＴＪでは「フェアトレード」ではなく「民衆交易」と呼びならわしてきた。第2部に収めた論考には、民衆交易を追求する堀田の実践と思索のあとが刻まれている——バナナの民衆交易の立ち上げ、流通の安定化をめざした過程での四苦八苦、試行錯誤。その後バナナ畑をくり返し襲った台風や強風、日照りや洪水といった自然災害。それに追い打ちをかけるように拡まって手の打ちようのなかった病害との格闘。

しかし、日本とフィリピンの交流はバナナという「モノ」だけにとどまってはいなかった。日本から生協の組合員消費者がフィリピンのネグロス島の現地を訪問した一方で、バナナ栽培農家の代表も日本にやってきて生協関係者と交流したり、有機栽培農家とその畑を訪問する交流を行なった。なかでも、第2部の〈座談会〉で論じられている「中・高生ネグロス体験ツアー」は、演劇ワークショップの活動をきっかけにフィリピンと出会った堀田正彦だからこそ実現して成果を上げた異色の教育プロジェクトである。フィリピンの地方の青少年たちとのワークショップの共同作業に取り組んだ日本の青少年たちにとってこのツアーは、自分のことだけで頭がいっぱいな自分自身のあり方を問い直すことを迫られるような鮮烈な経験の場となった。フィリピンの子どもたちにも、日本から異文化を携えてやってきた日本の子どもたちと出会うことでさまざまな波紋が引き起こされた。「食育」といった枠組みを大きく超えた、オルターナティヴと形容して誇張のない教育実践の試みを振り返る読み応えのある座談会記録である。この座談会記録が収録されているグリーンコープ事業連合（編）『マァヨン　ハァポン――ぼくたちのバナナ村探訪記』（葦書房、一九九四年刊）は、この中・高生ツアーに参加した中高生たちの感想文集である。また、座談会に参加した一人である大橋成子は、ＪＣＮの駐在員として長くネグロス島に住んで数多くの交流事業に携わった。堀田に優るとも劣らない社会運動家であると同時に草の根のネグロスを知りつくした大橋が著わした『ネグロス・マイラブ』（めこん、二〇〇五年刊）も、ぜひ一読されたい。

三

ＡＴＪが設立された同時期、ヨーロッパでもフェアトレードの運動に質的な転換が始まっていた。いわゆる第三世界との「連帯」を基盤に行なわれていたフェアトレード運動が、市場の大幅な拡大をめざしてフェアトレード産品に「認証ラベル」（フェアトレードのマーク）をライセンスする制度を立ち上げたのである。この認証ラベル戦略は、フェアトレードの認知と市場の拡大をもたらした一方で、大手スーパーマーケットやネスレなどの多国籍食料品企業の参入を招き、フェアトレード運動の基盤は「連帯」から「市場」ベースへと大きく変容していくことになる。第14章と第15章は、この転換期に直接立ち会っていた堀田の批判と洞察が示された論考である。堀田は、イギリスに拠点を置く連帯型のフェアトレード企業「ツイン・トレーディング」をはじめとする欧米のフェアトレード団体と意見交換を行なうと同時に、具体的な事業面での連携や協力も行なった。ATJが現在扱っているアフリカや南米のコーヒーは、こうした欧米フェアトレード団体との交流の中から生まれたものである。一般市場への参入と拡大をめざす欧米フェアトレードの「認証ラベル」路線に追随することなく、ATJは生協などに「組織された消費者」に支えられる独自の「民衆交易」の道を歩んできている。堀田は欧米のフェアトレードの努力と営為に敬意を持っていたが、生産者と消費者の関係を金銭的な交換関係に切り詰めていく市場の論理以外の機軸を打ち出すことの困難をそこに見ていた。むろん、ATJも市場の論理から自由なわけではないが、運動的に組織された消費者とともに生産者と歩む道にこだわり、いまもなお、その道の可能性を提示し続けている。

堀田は、一九九〇年代前半、ATJの事業や活動を多方面に拡げようと精力的に活動していたことが分かる。形にならなかったものもあるが、基軸商品として定着したものも少なくない。その一つが、一九九二年四月に輸入が始まったインドネシアの「エコシュリンプ」だ。コンクリートで作られた薬品漬けの人工池ではなく、伝統的な粗放養殖によって育成されていたエビの冷凍輸入である。これは、当時上智大学の教員だった故・村井吉敬の助力があって初めて実現した事業であった。村井は、インドネシアを中心としたアジアの人びとの暮らしをフィールドワークするとともに、そうした人びとの視点から、日本のODA開発援助の在り方に鋭い批判を浴びせていた。粗放養殖エビがATJの民衆交易品となった経緯、その意味と意義が、第2部の村井と堀田の〈対談〉の中で論じられている。

四

日本のGDPや貿易総額は、バブルがはじけたのち一九九〇年代半ばにいったん頭打ちとなり、世界経済に占める存在感はその後しだいに低下していった。相対的な経済衰退である。時期を同じくして、世界経済や国際貿易の構造にも変化が見え始め、新聞などでも「グローバル」という言葉が頻出するようになってくる。そんな九〇年代の末、ATJは一〇周年を迎えた。振り返ってみると、ATJの一〇周年とは、冷戦終結の一〇周年でもあった。ATJの設立が一九八九年一〇月、ベルリンの壁の崩壊が同年一一月、マルタ会談で米ソ首脳が冷戦終結を宣言したのが翌一二月である。東欧各国の崩壊が続き、一九九一年にはソ連邦も瓦解した。第2部第17章は、ATJ設立後の一〇年間を振り返る内容の論考である。ＡＴＪ以前の、演劇活動に従事していた時期の回想と総括が含まれている。堀田にしては珍しく、パーソナル・ヒストリーからの振り返りを交えてＡＴＪの一〇年を振り返り、将来の展望と決意を記している。

五

よくも悪くも、最初の一〇年間のうちに、民衆交易会社としてのＡＴＪの標準装備はおおむね完了していたといえる。フィリピンのバナナとマスコバド糖、インドネシアのエビ、アジアおよび南米、アフリカからのコーヒーといった、ＡＴＪの主力商品のラインアップはそろっていた。その後、二一世紀に入り、地域の環境保全を意識した伝統的製法で作られているフランスのゲランドの塩、厳しい紛争下に晒される中で栽培・加工されているパレスチナ産オリーブオイル、インドネシアのパプアの先住民が栽培するカカオなどが加わったが、ＡＴＪの方針や組織、支援母体や顧客に基本的な変化はなく事業は続いたといえる。

しかし、堀田正彦が本書のあちこちで述べているように、交易会社の存続や交易自体の安定あるいは成長がＡＴＪの目的ではなかった。めざされていたのは、南と北のより公正で対等な協働関係の構築であり、世界各地の小規模生産者の暮らしの安定・自立と循環型地域社会の形成、日本社会の消費構造と日本人のライフスタイルの変革であった。「民衆交易は最終的にはなくなるべきもの」というのが堀田の口癖だった。ＡＴＪ設立一〇周年の際には、足をすくわれることのない着実な経営の追求の重要性を強く意識していた堀田であったが、二一世紀以降の論考には、つねに初志に立ち返り、現状の更新を模索したあとが色濃く残された論考が少なくない。

それらが苦闘にみちていると感じられるのは、貿易会社として存在するＡＴＪに会社員として入社し、運動としての民衆交易を更新していく想像力とは疎遠な時代に育った次世代に、何を、どう継承していくのかということの模索でもあったからだろう。堀田は、ＪＣＮＣ時代から二人三脚を続けてきた盟友、故・秋山眞兄とともに、『ａｔ』と題された運動と思想の季刊誌を太田出版の協力を得て発刊することを決め、ＡＴＪの事業と運動をより広く外部社会の志ある者たちへ発信していくこととした。と同時に、広い社会との対話のなかにＡＴＪをあえて晒して、次世代が次のステップを模索する補助線にしようとしていたように思われる。そうすることで、外部から吹き込む新しい風による社内のルネサンス——ＡＴＪの民衆交易の運動的ルネサンスをめざしていたのだろう。第２部の末尾には、二〇〇五年の発刊時の『ａｔ』に発表された論文と対談を収録した。堀田はその後もＡＴＪの次世代へのバトンタッチを模索し続け、二〇一〇年に社長を退任した。

六

順序が逆になったが、JCNC/ATJに関わる以前の堀田が発表していた種々の文章を、本書に収録した点について述べておきたい。時系列を行ったり来たりする点を、どうかお許しいただきたい。

JCNC時代から始めよう。一九八〇年代半ば、砂糖の島と呼ばれたフィリピン中部のネグロス島で飢餓が発生した。一九八〇年代前半の五年間で砂糖の国際価格が一〇分の一までにも低下し、ネグロス島を覆うサトウキビのプランテーションで働く労働者の家族が困窮極まった。その支援を行なうために作られたのがJCNC、日本ネグロス・キャンペーン委員会である。堀田は、最初は事務局次長としてJCNC設立に参加している。一九八六年、堀田三八歳の時である。

堀田がフィリピンの人びととの国際連帯運動であるJCNCに参画するに至った道筋は、そこからさらに八年前の一九七八年、黒色テントのメンバーとして派遣された先のインドにおいてフィリピン民衆演劇運動と出会った地点まで遡らなくてはならない。堀田三〇歳の時のことである。

さらに遡ると、そもそも堀田は全共闘世代で、二〇歳になったころには演劇青年としての文化活動に足場を築きつつあった。仙台から上京して早稲田大学仏文科に入学したものの大学にはほとんど行かず、一九六八年に小劇場運動の一翼を担う劇団「六月劇場」に研究生として入団している。悠木千帆（のちの樹木希林）や若くして亡くなった名優岸田森《しん》らが所属していた伝説のアングラ劇団である。堀田は俳優ではなく、演出部員として入った。六月劇場はのちに黒色テントへと合流し、堀田も黒色テントの演出部へと移った。本書の第3部には、その黒色テント時代に『新劇』に掲載されて黒色テントで上演もされた戯曲『百連発』と、劇評および時評、さらに二〇〇〇年代後半に執筆されたアジアの食をめぐる連載エッセイをあわせて収録した。

黒色テント時代には、上述の戯曲『百連発』の執筆のほか、佐藤信の『キネマと怪人』の演出助手を務めたり（一九七五年）、テント公演の制作やオルグとして全国を回る一方、一世代年上の演出家でありプロの編集者であった津野海太郎らとともに、黒色テントの機関誌『同時代演劇』の編集にも携わっていた。その津野海太郎が、当時日本では知られていなかったアジアの現代演劇についての情報を集める中で、一九七八年にインドで「アジア演劇会議」が開催されることが分かった。英語のできた堀田が、俳優の服部良次とともに津野に命じられてインドへと旅立った。仙台の都会っ子として育ち、大都市東京のアングラ演劇にどっぷりつかっていた堀田がインドで受けたカルチャー・ショックがいかほどであったかは想像に余るが、そこで出会ったフィリピン教育演劇協会（以下、ＰＥＴＡ）の事務局長レミ・リケンの社会と切り結ぶ演劇観に大いに触発され、ＰＥＴＡの活動を己の眼で確かめるべく、帰途フィリピンに一人立ち寄ることとなった。これがフィリピンと堀田との最初の出会いである。本書の第1部には、ここから始まるフィリピン演劇ワークショップとの衝撃的な出会いと、その後の日本での展開の記録となる一連の論考やインタビュー、座談会を収録した。

演劇が社会と切り結ぶとはどういうことなのか――フィリピンで堀田はそれを目の当たりにする。一九七〇年代から八〇年代のアジアではフィリピンも含め少なからぬ国に独裁政権が居座り、それを打倒すべく激しい民主化運動が展開されるようになっていた。そうした民主化運動の中で、民衆自身が自分たちの置かれている政治の現実や生活状況を主体的に把握するための集団的な意識化の運動メソッドとして、フィリピンでは演劇ワークショップが大きな役割を果たしていた。

「演劇ワークショップ」といえば、こんにちの日本では、演劇や教育の世界ではよく知られているごく一般的なメソッドである。しかし、当時は、「ワークショップ」という語を口にすればその意味を必ずや尋ねられるような時代だった。とはいえ現在でも、社会変革の武器としての演劇ワークショップは、さまざまな市民運動や社会運動の現場で活用され続けている。そうした社会的射程を持った演劇ワークショップの日本への導入期の記録として、堀田がこの時期に書き残した現地報告、方法や思想を紹介した論考、日本での活用実践時のインタビュー、八三年のアジア民衆演劇会議開催時の座談会などは、きわめて貴重である。

七

堀田が、実は戯曲やショーのシナリオ作家として、また演出家としてのトレーニングと実践を積んだ演劇人、文化オルガナイザーとしての深い経験があるということは、社会運動と社会的企業に転じて以降の堀田の取り組み、ATJの展開を考えるうえで示唆的である。JCNCのキャンペーンでは、フィリピンの民衆演劇運動に参画しながらテレビの人気キャラクターとしても活躍していた歌姫デッサ・ケサダの日本縦断コンサート・ツアーを成功させ、各地にネグロス支援の熱い市民ネットワークを築き上げた。ATJ時代には、現地のNGO活動家や生産者や日本の生協職員や組合員消費者といった直接のステークホールダーだけでなく、有機農業に取り組む日本の農家、草の根の国際協力に関心をもつ市民、大学や高校といった教育現場の学生・教職員などに向けて、ありとあらゆる機会をとらえて、アジアの人びととの直接の出会いの場を設け、自ら熱く語りかける活動を続けた。民衆交易を人びとが集まりコミュニケーションする祝祭的な演劇や劇場というメディアとしてとらえ、教育や文化の活動にも取り組んだ、文化アクティヴィストでもあった。

ATJの狭い意味での経営そのものに対する堀田のあり方に関しては、慎重でなかったり、不十分だった点をあれこれ指摘できるかもしれない。大風呂敷を拡げたプロジェクトもあったし、失敗したものもあったかもしれない。それでも、日本各地の生協や食材宅配事業者の重層的な人と物流のネットワーク、そしてそのネットワークを支える組合員の方々の知見、経験、技術と熱い応援は途絶えず、堀田はチャレンジを重ねてきた。すぐれた劇場には、経営面に責任を持つ理事長と芸術面について深い見識と大胆な想像力を持つ芸術監督の両輪が不可欠だという。社会変革を志す社会的企業でも事は同じではないだろうか。堀田正彦が追い求めた〈夢〉――それは「ビジョン」でも「夢想」でもなく、「〈世界〉に通底する回路を見つけようとする唯一の困難、〈夢〉の争奪のプロセス」（本書第3部第21章「旅する演劇」、三八六頁）として表現されるような質の〈夢〉――の射程は、これからも拡がりこそすれ、いささかも狭まることはないように思われる。

堀田正彦遺稿集・追悼集編集委員会　市橋秀夫

堀田正彦（ほった　まさひこ）　年譜

一九四八年〜

一月一日、宮城県仙台市に生まれる。父一郎は銀行員、母ときは洋装店を経営。東北大学付属中学の在籍時、仙台で有名な堀見英学塾に通い、英語を会得する。宮城県立仙台第二高等学校ではバスケットボール部に所属（国体に出場）。

一九六七年（一九歳）

早稲田大学文学部（仏文専攻）に入学。中途退学。

一九六八年（二〇歳）

劇団「六月劇場」（一九六七年六月第一回公演）に研究生として入団。当時の六月劇場には、津野海太郎、佐伯隆幸、山元清多、岸田森、悠木千帆（樹木希林）らが所属。六月劇場は同年、「自由劇場」「発見の会」とともに三劇団の連合組織である「演劇センター68」を設立。「演劇センター68」は、一九六九年に「発見の会」が脱退したのを機に「演劇センター68／69」と改称。七〇年からは、黒色の大型の移動式テント劇場による旅する全国移動公演を開始。七〇年に「演劇センター68／70」、七一年に「68／71黒色テント」、九〇年に「黒テント」と改称。堀田は、劇作家として演出部に所属した。

一九七〇年（二二歳）

二月に創刊された『季刊同時代演劇』（演劇センター出版委員会編集、晶文社）の第二号（一九七〇年六月発行）〜第四号（一九七一年二月発行）に編集スタッフとして参画。編集スタッフはほかに、佐伯隆幸（編集長）、津野海太郎、林光、佐藤信、平野甲賀、御子柴滋。同誌は、四号まで刊行されて中断。一九七三年六月に『同時代演劇』として復刊されるも、復刊三号（一九七三年一一月発行）で終刊となった。

一九七三年（二五歳）

劇作家としての処女作となる戯曲『百連発』を雑誌『新劇』に発表。『百連発』は、一九七三年三〜四月、津野海太郎の演出で、東京・三鷹を含む四都市一〇ステージで上演。加藤直作、村松克己演出の『シュールレアリズム宣言』と同時に上演され、演出を担当した津野は、「新人」の劇作家の手による「小品」だったと述懐（津野海太郎『おかしな時代――『ワンダーランド』と黒テントへの日々』本の雑誌社、二〇〇八年）。

一九七五年（二七歳）

テントの旅公演を精力的にこなしていた68／71黒色テントは、この年、五月二九日の沖縄市（コザ中学校前私有地）、五月三一日・六月一日の那覇市（古波蔵駐車場）での旅興行で『阿部定の犬』を上演。翌七六年にも沖縄で『キネマと怪人』のテント上演が行なわれた。これらの沖縄での経験を経て、黒色テント演出部の津野海太郎は同時代のアジア演劇への関心を強め、大学や新聞社からアジア・アフリカ・ラテンアメリカ作家会議まで東京中を歩いて廻り、情報を探し求めた。その時のコンタクト先の一つにアジア太平洋資料センター（PARC）があり、このセンターを通じて、同じようにアジアの現代音楽に関心を持っていた高橋悠治を知ることになる。こうした津野の動きおよびその後の津野の積極的な働きかけが契機となって、のちに展開をみる黒色テントの現代フィリピン民衆演劇との関係の最初の回路が準備され、堀田もフィリピンをはじめとするアジアの民衆演劇との関係を深めていくことになる。

一九七六年（二八歳）

五月、黒色テントは佐藤信作・演出の『キネマと怪人』を東京で封切上演。以後、「昭和列島縦断興行②」として旅興行が行なわれる。堀田はこの作品に演出助手として参画。また、この頃、黒色テントの劇作家・演出家である山元清多を通じて、株式会社創造教育センター（旧：阿部進研究所）で働くようになる。「ディレクター」の肩書で、ぬいぐるみ劇やミュージカルの企画・制作・上演、販売やイベントプロモーションの企画・運営、幼児・小学生向けの通信教育の教材作りなど、幅広い教育関連事業に携わる。ほかに、ラジオやテレビ番組の企画立案や構成台本の執筆もこなした。フィリピン関連の活動や運動で忙しくなるまで、創造教育センターでの給与生活が続いた。

一九七七年（二九歳）

夏、日タイ青年友好運動の井上澄夫と音楽家の高橋悠治が、タイ学生革命四周年とタイ・クーデター一周年の集会を発案。学生革命以後さかんに行なわれていた政治的即興劇の上演の話を黒色テントにもちかけ、最初に開かれた準備会で、日タイ青年友好運動と反公害輸出通報センターの活動家が中心となり、黒色テントが協力するかたちの上演を行なうことを決定。

一〇月五日、全電通会館で、津野海太郎演出の『醜いJASEAN』上演。この集会での上演に堀田が積極的に参加した形跡はない。

一九七八年（三〇歳）

一月、津野海太郎がコンタクトをとっていたアジア太平洋資料センターからの呼びかけがあり、津野に命じられて、黒色テントの俳優・服部良次とともにインドのマディア・ブラディシュ州パラガオン村で開かれた「アジア民衆演劇会議」（「開発に関するアジア文化フォーラム（ACFOD）」主催）に参加。同会議に参加していたフィリピン教育演劇協会（PETA）の事務局長レミ・リケンから、民衆自身がみずからの暮らしと経験を素材としてつくる「民衆演劇ワークショップ」の手法について教えられる。

二月、インドからの帰路フィリピンに立ち寄り、ミンダナオ島のダバオと首都マニラで、PETAの実際の活動にふれる。日本とPETAとの交流、そしてPETA民衆演劇ワークショップ手法の日本での広まりは、堀田正彦がこの時の経験をアジアの民主化運動や民衆文化に関心を抱いていた人びとに伝え共有することで始まった。

七月二三日、第三世界への公害輸出を告発・阻止する運動を行なってきた「反公害輸出通報センター」の呼びかけで、「反川崎製鉄劇」の創作・上演に向けた第一回全体会議開催。機関誌『月報　公害を逃がすな！』の広報などで集まった約三〇名が参加。堀田正彦が構成・演出を兼ねたファシリテーターとして黒色テントのメンバーとともに参加し、PETAの民衆演劇ワークショップの手法を使った集団的劇づくりを主導。劇は、一〇月六・七日に「アジア民衆文化の夕べ」で上演。

一〇月一日、アジア文化隔月報『水牛』創刊号（第一巻第一号）刊行。一九七七年一〇月五日にタイの政治即興劇『醜いJASEAN』を上演したのを機に、「今日のアジアにおける民衆文化の動きをつたえる定期刊行物をだそうという話が、かわされてきた」（「編集後記」『水牛』創刊号）ことから刊行されたのが『水牛』である。編集の中心には一世代年長の津野海太郎や平野甲賀、高橋悠治らがいた。堀田正彦も編集・制作に参加。この創刊号に、一九七八年一月にインドで開かれた「アジア民衆演劇会議」の「報告三　アジア演劇との出会い」を

水牛

執筆。

一〇月七日、東京の永田町の社会文化会館で開催された集会「アジア民衆文化の夕べ」(一〇月六・七日)の第二夜の最後に、堀田正彦が集団創作をファシリテートし演出した川崎製鉄の公害輸出を告発する劇『フィリピンを侵す〝グリーン・インダストリー〟』を上演。

一九七九年(三一歳)

四〜五月、マニラでPETAの四週間におよぶ演劇ワークショップに参加。堀田正彦「フィリピンからの手紙」(68/71黒色テント『評議会通信』九号)に詳細を報告。

六月五日、アメリカ合衆国へ渡航。

七月中旬、再びフィリピンに戻り、PETAのメンバーとともに、ミンダナオ、レイテ、ネグロス等の地方を廻り、開催されるワークショップに参加。

九月、68/71黒色テントの俳優溝口舜亮に対し、PETAのワークショップへの参加を要請していたが、最終的に八名の黒色テントメンバーをマニラで迎えて受け入れ、三日間のPETA−黒色テントの演劇ワークショップを実現。

一九八一年(三三歳)

四月、PETA「アジア演劇フォーラム」に、PETA側のオルガナイザーとして参加。日本から四名(黒テントの山元清多、長谷透、労働者劇団テイデンの中川、川崎「石の会」の小川)が参加。五月二九日までの六週間のサマー・ワークショップで、東南アジア各国や日本、インドから二二名が参加。

一九八二年（三四歳）

三月、PETAサマー・ワークショップ（約三週間）に参加。

この頃、黒色テントを退団。

一九八三年（三五歳）

八月、東京で、アジア八ヶ国からの文化活動家や社会活動家が参加した三週間に及ぶ「アジア民衆演劇会議」を開催。グループに分かれ、原発、障害者、被差別部落、自衛隊基地の問題などをテーマに日本の各地の現地に出かけ、現地の運動団体や活動家とともに即興的な民衆演劇を創作。それらの作品は、世田谷区の羽根木公園で開催された「アジア民衆演劇祭」（ATF）で上演。

一九八五年（三七歳）

五月一八日、長女悠子誕生。

一二月、「フィリピン問題連絡会議」（JCPC）で「ネグロス問題」への取り組みを決定。その

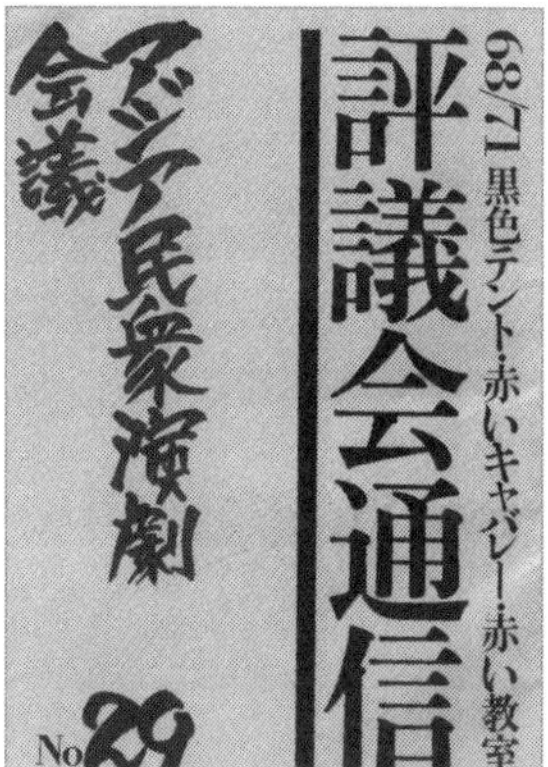

全体プランの企画と進行を担う役割を引き受ける。国際砂糖価格の暴落で、一九八四年以降、フィリピンを代表する砂糖産地のネグロス島ではサトウキビ農園労働者の失業が深刻化し、飢餓が出始めていた。九月にはユニセフが西ネグロス州に緊急事態宣言を発出。

一九八六年（三八歳）

二月、第一次調査班としてネグロス訪問。

同月二五日、飢餓と貧困に苦しむネグロス島のサトウキビ労働者とその子どもたちを支援するための「日本ネグロス・キャンペーン委員会（ＪＣＮＣ）」の設立に参画。同委員会事務局次長に就任。同日、フィリピンではコラソン・Ｃ・アキノが大統領に就任。

四月～五月、ＪＣＮＣの招きでフィリピンの歌手デッサ・ケサダが札幌から沖縄まで一六都市二四ヶ所で一ヶ月半にわたってコンサートを開催。全国で六万五〇〇〇人が直接に彼女の歌とそこに込められたメッセージを聴いた。ＪＣＮＣはコンサートの合間にネグロスの実情を訴えるスライドを上映し、募金活動を行なった。デッサ・ケサダは、フィリピン版「セサミ・ストリート」で人気を博した俳優でもあり、マルコス時代に反体制的な文化活動・演劇活動に参画していた。このほかＪＣＮＣは、東京、各地のネットワークを拠点に、ネグロスからゲストを招いての講演会、絵画展や写真展、ポスターやリーフレットの配布、スライドやビデオの上映会などを開き、ネグロスの状況を訴える募金活動を実施。

六月、第四次の訪問団として工藤瑞穂とともにネグロス再訪。ネグロス島へ食料や医薬品の緊急援助開始。

一〇月五日、全国の一五〇の市民活動団体の約五〇〇人が乗り込んだ船「ばななぼうと」が神戸港より出航。ネグロス市民災害復興センター（CDRC）のアラン・シーとJCNCの堀田らが市民運動の洋上サミットに参加。徳之島で無農薬バナナの栽培に挑戦している農民や、空港建設に反対してサンゴ礁保全の運動をしている石垣島・白保の漁民を訪問。船上セミナーでアラン・シーと堀田はネグロス島の現状を報告し、マスコバド糖の草の根貿易について呼びかける。『朝日新聞』（一九八六年一〇月三〇日夕刊）では、「無農薬野菜を作ったり、手づくりハムを好む人びとがネグロス島とつながることは意義があるし、海外援助市民団体の財源にもなる」と述べたとの報道。

一九八七年（三九歳）

三月、マスコバド糖一〇トンが初めて神戸港に陸揚げ。「ばななぼうと」の乗組員であった、共生社（後にグリーンコープ生活協同組合連合会）、徳島暮らしをよくする会、中部リサイクル運動市民の会、日本ネグロス・キャンペーン委員会の四団体による共同輸入であった。

五月、ツブラン農場がオープン。「我々は一週間分の米が欲しいわけではない。米を自分たちでつくる技術が欲しいのだ」という、サージ・チェルニギン氏（全国砂糖労働者同盟書記長）の提案で実現。

九月、共生社生協連合は二〇名のネグロス訪問団をネグロス現地に派遣。これに同行。

一〇月、ツブラン研修農場で、日本の有機農業実践者や技術者と現地の活動家や農民とが交流活動を行なう。

一九八八年（四〇歳）

二月、福岡地区事業生協連合の代表団がネグロス島訪問。これに同行。

五月、兼重正次とともに、再びネグロス島を訪問。兼重がマスコバド糖製造における品質改善を行なう。また、兼重はマスコバド糖に代わってネグロスと組合員を繋ぐ「モノ」としてバナナの輸入事業を提案。

六月、フィリピンで「包括的農地改革法」公布。

一〇月、無農薬栽培バナナの輸入をめざしてオルター・トレード・ジャパン設立準備会発足。事務局長に就任。

一九八九年（四一歳）

二月、生活協同組合連合会グリーンコープと共同でネグロス島より無農薬栽培「バランゴンバナナ」をテスト輸入、一〇トンが神戸港に到着。

九月、無農薬栽培バナナの定期輸入開始、「民衆交易」を本格化する。ただし、八九年の取り組みは、グリーンコープの月一〇トンの定期輸入と生活クラブ生協の活き活き祭りでの直売七トンのみ。

一〇月、株式会社オルター・トレード・ジャパン（ATJ）設立。ATJ代表取締役社長に就任。

一九九〇年（**四二歳**）

一月、JCNCで「手渡しバナナくらぶ」を開始。

三月、有機・低農薬野菜の宅配事業を行なう「らでぃっしゅぼーや」がバランゴンバナナ事業に参画。

四月、生活クラブ生協神奈川がバランゴンバナナのテスト輸入開始。

六月、首都圏コープ事業連合会（現パルシステム）にバランゴンバナナの供給を開始。

一一月、ネグロス出張中に台風ルピンが襲来、ネグロス島のバナナがほぼ全滅。

一九九一年（**四三歳**）

二月、村井吉敬（上智大学教授）や生協職員（水産担当者）とともにエビの視察にインドネシアを訪問。

六月、ルソン島ピナツボ山の大噴火発生。

七月、バランゴン生産者協会（BGA）発足、「バナナ村自立開発五ヶ年計画」開始。

九月、韓国自然農業中央会（農民運動）との連帯・連携について提案。

一九九二年（四四歳）

四月、インドネシアより、伝統型粗放養殖エビ「エコシュリンプ」輸入開始。

五月八－九日、仙台市で開催された国際シンポジウム「環境・人間・食糧―地域から地球へ」（河北新報主催、宮城県・仙台市・環境庁後援）の第三部会「飽食と貧困」にパネリストとして出席。政府援助や国際企業による貿易のあり方を問い、生産者と消費者との直接交易を提言。

六月、『ATJニュース』発刊（一九九五年一〇月の三九号まで。一九九五年一一月に『民衆交易がつなぐむらとまち』に改称、一九九七年一月の一四号で終刊）。

九月、堀田の提案でATJが宣伝費を工面した佐藤真監督のドキュメンタリー映画『阿賀に生きる』が劇場公開される。有機水銀の垂れ流しによる水俣病が発生した新潟県阿賀野川の川筋に生きる人びとの暮らしと闘いを追ったドキュメンタリー映画で、ATJでは社員全員で試写を鑑賞、社員みなで合意のうえ劇場公開宣伝費をATJが立て替えることを

決定（国内外の名だたる映画祭で最高賞を獲得、ヒットしたことから宣伝費はすべて返却された）。九四年一二月からはドキュメンタリー映画を上映する「映画考座」をＡＴＪの会議室などで開催。

九月〜一〇月、武藤一羊「八月・ＰＰ21／中米セミナー報告」に触発され、ＰＰ21ネットワークを通じてニカラグアを訪問。植民地の傷跡はネグロスよりも深い印象を持ち、ニカラグアとの民衆貿易を始めるきっかけとなる。ニカラグアの民衆組織の一つである皮革製品工場マカサを紹介される。エビ養殖も視察し、ニカラグアのエビ生産者を技術交流のためインドネシアに招聘（九三年九月に実現）。

一九九三年（四五歳）

四月、オルタナティブ・トレード国際連盟（ＩＦＡＴ。現在の名称は世界フェアトレード連盟：ＷＦＴＯ）第二回総会（於マニラ）に参加。オックスファム（ＯＸＦＡＭ）やツイン（ＴＷＩＮ）といったイギリスのフェアトレード団体も参加。この総会で、ＴＷＩＮのネットワーク・オルガナイザーだったポーリン・ティフィンと出会う。ＴＷＩＮはグレーター・ロンドン市議会（ＧＬＣ）の支援によって一九八五年に設立された左派系の第三世界連帯運動組織で、正式名称は「第三世界情報ネットワーク（Third World

Information Network)」だった。その後、イギリスにおけるフェアトレード交易のパイオニア的存在となるツイン・トレーディング株式会社を設立。なお、GLCは一九八六年にサッチャー政権によって廃止された。

六月、グリーンコープの兼重正次とともに、「発生したウィルス性萎縮病とクキゾウムシによる虫害」の状況視察のため、ネグロス島のバナナ農家を泊り歩く。

八月、バナナの自立基金をもとに、循環のある農業・地域づくりをめざす「ネグロス民衆農業創造計画(PAP21)」をJCNC主導で開始。

九月、翻訳家でありパートナーである小島希里とともに、絵本『バランゴン――島からとどいたバナナのえほん』を執筆、新評論より刊行。

一〇月、韓国の南順天農協より、自然農法で栽培された野菜を使ったキムチ「南道キムチ」の輸入開始(二〇〇八年六月終了)。

一一月一七日、仙台市で開催された国際シンポジウム「アジアと日本――途上国の農林漁業と環境保全」(国際協力事業団・河北新報社・河北新報EPF情報ネット・宮城県・仙台市・宮城県国際交流協会・仙台国際交流協会主催、外務省・みやぎ環境とくらしネットワーク・日本放送協会後援)にパネリストとして参加。海外支援の現状の問題

について発言。

一二月、エクアドルより、有機栽培コーヒー「ナチュラレッサ」輸入開始。

一九九四年（四六歳）

一月、RUA（むらとまちのオルタ計画）設立。

三月、ネグロス西州のラ・グランハ地域でバンチトップ病害が深刻化。

四月、兼重正次とともに、ふたたびネグロス島のバランゴン生産者協会（BGA）の農家を泊り歩く。この時、バナナの病害はさらに広範囲に広がり、四つの村ではすでにバナナは全滅していた。堀田は、「兼重さんは、村の人たちに実に具体的な質問を次々と問いかけ、彼らの暮らしのたて方や農業や自然観というものをつぶさに取材した。この時の視察を元に、兼重さんは養豚事業を基礎とするバナナ村の農業の建て直しを考え始めた」と記録に残している。その後、グリーンコープ連合、山梨県の白州郷牧場、BM技術協会などの関係者にも現地を訪問してもらい、対応策の検討を進める。

一九九五年（四七歳）

五月、バナナ産地の連作障害を克服するべく、バナナ産地の近くのハギミットに五ヘクタールの土地を取得して、「BMWネグロス養豚・堆肥センター」建設計画の実行に着手。豚を飼い、その糞尿をBMW技術で処理してバナナ山に返していこうという計画であった。

同月、ニカラグアを再訪し、皮革製品工場マカサとの民衆交易をニカラグアの現状のなかにどのように位置づけるかを検討。

八月、兼重正次（グリーンコープ生協連合専務理事）逝去、盟友を失う。

九月、ニカラグア、マカサ社と共同製造した皮革製品を輸入（輸入は一回で終了）。

一九九六年（四八歳）

九月、イギリスのフェアトレード交易会社TWINとの共同企画として、ペルー、メキシコ、タンザニアからのフェアトレードコーヒー「みんなでつくるコーヒー」シリーズの取り組みを開始。

一九九七年（四九歳）

六月、ロンドンで開催されたTWIN生産者会議に出席。

一九九八年（五〇歳）

四月、堀田正彦の紹介で、日本で初めてフェアトレードを紹介した翻訳書であるマイケル・バラット・ブラウン著、青山薫、市橋秀夫訳『フェア・トレード——公正なる貿易を求めて』が新評論より刊行される。

五月、国際バナナ会議（於ベルギー・ブリュッセル）に参加。
七月、ミンダナオ島を訪問、同島へのバランゴンバナナ産地拡大を提案。

一九九九年（五一歳）

二月、フィリピンでATCのバナナ集荷トラックが武装集団に襲撃され、輸出を中断。

二〇〇〇年（五二歳）

九月、「バランゴンバナナ・リニューアル計画（BRP）」日比合同会議をネグロス島および北ルソンで開催。

二〇〇一年（五三歳）

フィリピンのオルター・トレード社（ATC）の役員に就任。

二〇〇二年（五四歳）

ミンダナオ農地改革協同組合財団（FARMCOOP）、ミンダナオ協同組合連合（FEDCO）、民衆交易会社オルター・トレード社（ATC）とともに、ATJはフィリピン・ミンダナオ島に合弁会社ミンダナオ・オーガニック・ベンチャー・エンタープライズ（MOVE）を設立。
三月、コリン・コバヤシとシャルル・ペロー来日。「ゲランドの塩」輸入開始。

五月、「アジアコーヒーコレクション―東ティモール」の取り組みを日本のNPO団体PARCと共同で、マウベシ地域で開始。

六月、ミンダナオ島ツピのバランゴンバナナのATCへの出荷を開始。

九月、BRPの一環として、ネグロス島でバランゴンバナナの管理栽培開始。

二〇〇三年（五五歳）

六月、インドネシアに「オルター・トレード・インドネシア（ATINA）」を設立、社長に就任。

二〇〇四年（五六歳）

一一月、「パレスチナのオリーブオイル」の輸入開始。

二〇〇五年（五七歳）

三月、「アジアコーヒーコレクション―ラオス」の取り組み開始。

五月、エコシュリンプ、ATINA社での冷凍加工製造を開始。

同月、編集室パラグラフを立ち上げ、季刊誌『at』を刊行（二〇〇九年、一五号で終刊）。ATJとその母体であり姉妹団体であるNPO組織JCNCとの新たな関係のあり方について、中期事業計画として検討。

六月、エコシュリンプ、インドネシアの南スラウェシからの出荷開始。

二〇〇六年（五八歳）

ミンダナオ島の北ミンダナオ地域、レイクセブ地域からのバランゴンバナナの出荷を開始。

二〇〇七年（五九歳）

六月、「コーヒーだけに依存しない産地づくり」をめざしたコーヒー事業「アジアコーヒーコレクション—東ティモール」を、ATJ独自でエルメラ県及びアイレウ県で開始。

一一月、映像作家の班忠義から、中国雲南省開遠市の烏骨鶏養鶏所支援について相談を受ける。

二〇〇八年（六〇歳）

「オルター・トレード・ティモール（ATT）」立ち上げ準備。

一一月、「互恵のためのアジア民衆基金・設立準備大会」開催。大地を守る会、株式会社オルター・トレード・ジャパン、パルシステム生活協同組合連合会、生活協同組合連合会グリーンコープ連合、生活クラブ事業連合生活協同組合連合会、ドゥレ生協連合会（韓国）などが参加（呼びかけ人、設立準備委員を務める）。

イギリスのフェアトレード団体ＴＷＩＮとの提携で、フェ

アトレードコーヒー「みんなでつくるコーヒー―ルワンダ」の取り組みを開始。

二〇〇九年（六一歳）

一月、パレスチナのオリーブオイル出荷団体の要請を受け、イスラエル軍ガザ侵攻被災者支援活動の募金を実施。

九月、ATJ二〇周年記念シンポジウム・パーティ『出会う！つながる！力を出し合って切り拓く未来』開催。

一〇月、韓国ソウルで、「一般社団法人　互恵のためのアジア民衆基金（APF）」設立総会開催。理事に就任。日本、韓国、フィリピン、パレスチナ、インドネシア、東ティモール、パキスタン、インドネシア・パプア州などから三〇〇人が参加し、正式に設立・発足。インドネシア・パプア州のカカオを視察。

二〇一〇年（六二歳）

三月、東ティモールにATT（オルター・トレード・ティモール）設立、社長に就任。

六月、ATJ代表取締役を退き、取締役及びATJ社会起業プロジェクト本部長に就任。ATINA社長（〜二〇一二年）として、スラバヤに長期滞在。ATINA新工場建設などエコシュリンプの品質向上のための環境整備に着手。

二〇一一年（六三歳）

三月、東日本大震災発生。フィリピンの生産者から支援のバナナ、東ティモール、パレスチナ、フランスの生産者などから義援金が届く。

二〇一二年（六四歳）

二月、インドネシア・パプアから、先住民族栽培カカオの輸入開始。

二〇一三年（六五歳）

六月、バランゴンバナナ新産地ミンダナオ島マキララからの出荷開始。

六月、六五歳定年でATJ取締役を退任し、ATJ顧問に就任。ATT社長およびATINA社長も退任。

一一月、大型台風ヨランダがフィリピン中部を直撃。日本からの支援金で復興活動を実施。

一二月、「チョコラデ パプア」販売開始。

二〇一五年（六七歳）

四月、フィリピンのオルター・トレード社（ATC）役員を退任。

八月、グリーンコープのネパール地震支援に同行し、ネパール訪問。一一月にも再訪。

一〇月、ピープルズ・プラン研究所によるロング・インタビューを二回にわたって受ける。一回目は一〇月二三日、二回目は一二月一四日。聞き手は、社会運動史研究者の道場親信（故人）、武藤一羊、大橋成子ら。自らの民衆社会運動参画の軌跡について語る（未発表）。

二〇一六年（六八歳）

九月・一一月、ネパール訪問（グリーンコープ紅茶事業）。

二〇一八年（七〇歳）

三月、ネパール訪問（グリーンコープ組合員ツアー同行）。

一一月二七日、立教大学の全学共通カリキュラムのコラボレーション科目「市民が動く、社会が変わる」で、「市民バナナが教える南と北の共生」と題した講義を行なう。

二〇一九年（七一歳）

一〇月五日、フィリピン・ネグロス島タリサイ市で開催されたＡＰＦ（互恵のためのアジア民衆基金）第一〇期社員総会に監事として出席。

一一月一九日、前年度に続き、立教大学の全学共通カリキュラムのコラボレーション科目「市民が動く、社会が変わる」で、「市民バナナが教える南と北の共生」と題した講義を行なう。

二〇二〇年（七二歳）

一月、ネパール訪問（ＡＰＦ農業技術指導同行）。

三月、ＡＴＪ三〇周年記念集会開催。

五月、がんの治療を開始。

一二月一三日、膵臓がんのため午後九時二六分永眠。享年七二歳。

堀田正彦　書誌リスト

注

・著作、論考、インタビュー、対談、座談、書評などテキストのタイプにこだわることなく、四つの時代に大別したうえで、発表順に整理した。

・本書所収のテキストについては冒頭に※を付し、そのあとに収録箇所を記した。たとえば、第1部の第1章として収録したものには「※①－1」と記載し、著作以外の対談などは「※②〈対談〉」のように記した。

1　黒色テントから民衆演劇ワークショップの時代　一九七〇～一九八三年

※③－19「時評 小劇場」『映画芸術』一八巻六号、一九七〇年八月、八七頁。

※③－20（戯曲）『百連発』『新劇』二〇巻四号、一九七三年四月、九六－一〇九頁。

※③－21「《昭和通り》の向こう側」『思想の科学』（第六次）三三号、一九七四年七月、三四－三九頁。

※①〈対談〉堀田正彦（インタビュー、聞き手・青山正）「現地報告　フィリピン民衆の演劇運動」『月報　公害を逃すな！』（反公害輸出通報センター）二巻二九号、一九七八年八月、一二―一九頁。

※①―1「報告3　アジア演劇との出会い」『水牛』（アジア文化隔月報）一巻一号、一九七八年一〇月、四―五頁。

※①―2「ミンダナオへ――民衆演劇を求めて」『水牛』（アジア文化隔月報）一巻二号、一九七八年一二月、一頁。

※①―3「PETA訪問記――一九七八年三月のマニラで」『水牛』（アジア文化隔月報）一巻三号、一九七九年二月、六頁。

「PETAのワークショップから」『水牛』（アジア文化隔月報）一巻五号、一九七九年六月、一―一二頁。

「フィリピンからの手紙」『評議会通信』（68／71黒色テント）九号、一九七九年九月、二一―二五頁。

※①―4「サトウキビ畑の即興劇」（一～三）『水牛通信』二巻一号、一九八〇年一月、二八―三二頁。

※①―4「サトウキビ畑の即興劇」（四～五）『水牛通信』二巻二号、一九八〇年二月、三〇―三二頁。

※①―4「サトウキビ畑の即興劇」（六）『水牛通信』二巻三号、一九八〇年三月、二九―三二頁。

ＰＥＴＡ（著）、堀田正彦（訳）「夢の実現へ！――ＰＥＴＡ 1967 － 1981」『新日本文学』三六巻一一号、一九八一年一一月、七四－七九頁。

※①〈討論〉久保覚、津野海太郎、堀田正彦、山元清多（座談会）「アジア演劇会議とわれわれの課題」『評議会通信』（68／71黒色テント）二九号、一九八三年二月、三二－四六頁。

堀田正彦、楠原彰、山元清多（座談会）「創造的連帯を求めて――'83アジア民衆演劇会議がめざすもの」『新日本文学』三八巻八号、一九八三年八月、二四－三四頁。

※①〈論考〉「ワークショップとはなにか――集団創造の方法と論理」『新日本文学』三八巻八号、一九八三年八月、四四－五五頁。

ニカノール・Ｇ・チョンソン（著）、堀田正彦（訳）「フィリピン演劇と政治――その歴史と現在」『解纜』二号、一九八五年七月、三－二二頁。

※②－５「火中の栗を拾う」『世界から通信』（アジア太平洋資料センター）八一号、一九八五年一二月、六－七頁。

２　日本ネグロス・キャンペーン委員会の時代　一九八六～一九八八年

「フィリピンはどこへゆく」『望星』（東海教育研究所）一七巻六号、一九八六年六月、七二－七七頁。

「実を結んだ黒砂糖貿易」『BANANABOAT NETWORK』一九八七年一〇月、一〇－一一頁。

※②－6「フィリピン「ODA」は飢餓と貧困を救ってるか――比・ネグロス島の現状から」『公明』三一八号、一九八八年七月、六二－六七頁。

3　オルター・トレード・ジャパン最初の一〇年　一九八九～一九九九年

「無農薬バナナの草の根輸入――もう1つの関わりを求めて―上」『公明』三三三号、一九八九年一〇月、一四八－一五七頁。［オルター・トレード・ジャパン（編）『台所からアジアを見よう――バナナ』（一九九〇年版初版、オルター・トレード・ジャパン）、一九九〇年一〇月および、同第二版、一九九八年九月に再録。］

「無農薬バナナの草の根輸入――もう1つの関わりを求めて―下」『公明』三三四号、一九八九年一一月、一四八－一六三頁。［オルター・トレード・ジャパン（編）『台所からアジアを見よう――バナナ』（一九九〇年版初版、オルター・トレード・ジャパン）、一九九〇年一〇月および、同第二版、一九九八年九月に再録。］

※②－8「8000年後に芽生えた種子」『世界から』（アジア太平洋資料センター）三七号、一九九〇年五月、一一－八頁。［オルター・トレード・ジャパン（編）『台所からアジアを見よう――バナナ』（一九九〇年版初版、オルター・トレード・ジャパン）、一九九〇年一〇月および、同第二版、一九九八年九月に再録。］

オルター・トレード・ジャパン（編）『台所からアジアを見よう――バナナ』（一九九〇年版初

版）オルター・トレード・ジャパン、一九九〇年一〇月。

西川潤、船木保治、堀田正彦、村井吉敬（座談会）「これからの民衆交易――民衆交易の意義と未来を探る」『生活クラブブックレット9』生活クラブ連合会、一九九二年一月。

堀田正彦（インタビュー、聞き手・三橋修、篠原睦治）「顔の見える民衆交易――ネグロスの人びととバナナの出会い」『アジア研究』（和光大学アジア研究・交流教員グループ）、第八号、一九九三年三月、七八―九九頁。［オルター・トレード・ジャパン（編）『台所からアジアを見よう――バナナ』（第二版、オルター・トレード・ジャパン）、一九九八年九月に再録。］

（絵本）小島希里、堀田正彦（文）、バランゴン・ワークショップ（絵）『バランゴン――島からとどいたバナナのえほん』新評論、一九九三年。

「ただの市民が生きる権利を、南の民衆とともに」『ATJ NEWS』一八号、一九九四年一月。

マーティン・クンツ、堀田正彦（対談）「公正な貿易をめざして」『世界』五九二号、一九九四年三月、二二八―二三六頁。（写真巻頭一―八頁）

「民衆交易がまもるアジアの暮らしと環境――南の生産者と北の消費者を対等に結ぶ食貿易」『グローバル・ネット』（地球・人間環境フォーラム）四〇号、一九九四年三月、八―九頁。

「ヨーロッパのオルタナティブ・トレードに感じたこと（上）」『ATJ NEWS』二二号、一九九四年五月。

「ヨーロッパのオルタナティブ・トレードに感じたこと（下）」『ATJ NEWS』二三号、一九九四年六月。

※②〈対談〉村井吉敬、堀田正彦（進行・大野和興）「なぜエコ・シュリンプなのか――エコ・シュリンプと民衆交易の可能性」村井吉敬、堀田正彦、大野和興、狐崎知己、弘田しずえ、内野祐、鈴木隆史『有機エビの旅』オルター・トレード・ジャパン、一九九四年七月、八－三四頁。

「バナナ病害から学ぶべきこと――ネグロス島バナナプロジェクトの中間総括」『ATJ NEWS』二五号、一九九四年八月。

※②〈座談会〉堀田正彦、兼重正次、大橋成子「なぜ中・高生ネグロス体験ツアーなのか」、グリーンコープ事業連合（編）『マァヨン　ハァポン――ぼくたちのバナナ村探訪記』葦書房、一九九四年一〇月、一九九－二三六頁。

オルター・トレード・ジャパン（編）『台所からアジアを見よう――バナナ』（一九九五年版初版）オルター・トレード・ジャパン、一九九五年三月。

※②－7同書所収「第一章　人、バナナと出会う――台所からアジアが見える草の根輸入貿易」［同書一九九〇年初版から再録、初出は『公明』の三三三号（一九八九年一〇月）および三三四号（一九八九年一一月）に上・下として連載された「無農薬バナナの草の根輸入――もう1つの関わりを求めて」。］

同書所収「第二章　人、人と出会う――顔の見える民衆交易」（聞き手：三橋修、篠原睦治）［『アジア研究』（和光大学アジア研究・交流教員グループ）、第八号、一九九三年三月所収の「顔の見える民衆交易――ネグロスの人びととバナナの出会い」を改題し、再録。］

※②－10同書所収「第三章　人、虫と出会う」［初出「バナナ病害から学ぶべきこと――ネグロス島バナナプロジェクトの中間総括」『ATJ NEWS』二五号、一九九四年。］

同書所収「第四章　オルタナティブな社会に向けて」（聞き手：大野和興）

「『自立』とは？『オルタ』とは？」『オルタ通信』アジア太平洋資料センター、一九九五年四月、二―三頁。

※②－14「ＡＴＪは、オルタ貿易の第三世代！――ＩＦＡＴ総会に出席して」『ATJ NEWS』三六号、一九九五年七月、二―三頁。

※②－11「民衆交易の誕生と発展　『カネシゲ・ファーム』のこと」あゆみ――兼重正次活動の軌跡編集委員会（編）『あゆみ　兼重正次活動の軌跡』兼重良子／生活協同組合連合会グリーンコープ事業連合、一九九五年九月、二二三―二二六頁。

「弔辞」、あゆみ――兼重正次活動の軌跡編集委員会（編）『あゆみ　兼重正次活動の軌跡』兼重良子／生活協同組合連合会グリーンコープ事業連合、一九九五年九月、一〇九頁。

※②－12「『こと』から『もの』へ」『ATJ NEWS』オルター・トレード・ジャパン、一九九五年一〇月、一二頁。

武藤一羊、デッサ・ケサダ、小林和夫、（座談会、司会・堀田正彦）「草の根のアジアが出会った」『民衆交易がつなぐむらとまち』（オルター・トレード・ジャパン）三号、一九九六年一月、二―四頁。［日本ネグロス・キャンペーン委員会（編）『草の根から経済システムをつくる』緑風出版、一九九八年二月、一六七―一七三頁に再録。］

「『カネシゲファーム』命名式」『民衆交易がつなぐむらとまち』（オルター・トレード・ジャパン）、六号、一九九六年四月、一〇頁。

『バランゴンバナナの民衆交易にみる〈自立〉への途』（協同組合運動研究会例会記録）、協同組合運動研究会（京都エルコープ）、一九九六年四月。

「買う力で創る平和――バランゴンバナナの取り組み」生活クラブ埼玉（企画）『私たちの消費と平和』生活クラブ埼玉、一九九六年六月、一―一一頁。

堀田正彦、中村尚司（対談）「民衆交易と自給――コモンズとしての商業」『民衆交易がつなぐむらとまち』（オルター・トレード・ジャパン）九号、一九九六年八月、一―六頁。

「民衆交易と食のオルタナティブ（1）」『民衆交易がつなぐむらとまち』（オルター・トレード・ジャパン）一〇号、一九九六年九月、一四―一六頁。

「民衆交易と食のオルタナティブ（2）」『民衆交易がつなぐむらとまち』（オルター・トレード・ジャパン）一一号、一九九六年一〇月、一二―一六頁。
※②―13「『こと』から『もの』へ」、河合隼雄・内橋克人（編）『仕事の創造』岩波書店、一九九七年三月、四七―七一頁。
「対談：いま改めて民衆交易を考える――村井吉敬×堀田正彦」『民衆交易がつなぐむらとまち』一六号（オルター・トレード・ジャパン）、一九九七年四月、二―五頁。

「いつの間にか市場が主役に居座っていた＝ＡＴＪ堀田代表に聞くヨーロッパのフェアトレード」（インタビュー）『民衆交易がつなぐむらとまち』一九号、一九九七年七月、二―五頁。

「バナナは日本を変えられるか」立教大学学生部『1996年度学生部セミナー「環境と生命Ⅶ」』立教大学学生部、一九九七年五月、五三―九七頁。

「芝居から、『バナナ』へ」『喜劇　ロミオとジュリエット』（黒テント公演パンフレット）一九九七年一〇月、二四―二七頁。

「新年の挨拶」『民衆交易がつなぐむらとまち』二四号、一九九八年一月、一二頁。
※②―17「オルタートレードの10年と今後の課題」日本ネグロス・キャンペーン委員会（編）『草の根から経済システムをつくる』緑風出版、一九九八年二月、二七―三六頁。
「関連報告①　日本とネグロスの民衆と民衆の交易活動」日本ネグロス・キャンペーン委員会（編）『草の根から経済システムをつくる』緑風出版、一九九八年二月、八〇―八三頁。

「国際バナナ会議――『この会議で何かが合意できるなんてだれも考えていない！』」（主催者）『MOMO』（ローカルパーティ支援情報誌）一九九八年六月、一頁。

「フェアトレード運動のバナナ交易――生産地における『構造的暴力』に目をむけた産直」『協《かな》う』（くらしと協同の研究所）一九九八年八月号、一二―一三頁。

4　二〇世紀から二一世紀へ　二〇〇〇～二〇二〇年

「NGOの役割を考える」『NGO通信「地球市民」』（NGO活動推進センター）七四号、二〇〇〇年三月、二―八頁。

堀田正彦、ルイス・ロペッツェーラ・メンデス、（対談、司会・武藤一羊）「オルタナティブ貿易と地域通貨システムの連携の可能性」武藤一羊（編）『新しい「地域」／循環型経済システム――私たちのオルタナティブ』オルター・トレード・ジャパン、二〇〇〇年五月、三六－六四頁。

「生産者とつながるオルタナティブな民衆交易へ」『月刊オルタ』（アジア太平洋資料センター）二〇〇三年一月、七－一一頁。

「環境保全型農業の現状――フェアトレードと有機農業」『自然と農業』三〇号、二〇〇三年、五六－五八頁。［「フェアトレードと有機農業――農業を社会的、環境的要素からも考えていく」『鶏の研究』九一六号、二〇〇三年九月、一〇五－一〇七頁および『鶏の研究』九一八号、二〇〇三年一一月、五三－五五頁に再録。］

佐久間智子、堀田正彦、松尾康範、古沢宏祐（座談会）「WTOとグローバリゼーション～『素性のわかるものを食べたい』の声に応えて――貿易のスタイルは善意から共生へ」（インタビュー）『月刊お話しサラダ』（らでぃっしゅぼーや）二〇〇四年四月、一－五頁。

「『南の村』と『北の台所』をバナナでつなぎあって――フィリピン・ネグロス島　バランゴンバナナのフェアトレード」（インタビュー）『パルシステム社会貢献活動レポート』パルシステム、二〇〇四年七月、二－三頁。
※②－18「オルター・トレード・ジャパン、『民衆交易』の初志と未来」『ａｔ』〇号、二〇〇五年五月、五六－六四頁。

アール・G・パレーニョ（著）、堀田正彦、加地永都子（訳）『フィリピンを乗っ取った男――政商ダンディン・コファンコ』太田出版、二〇〇五年六月。
※②〈対談〉堀田正彦、秋山眞兄（対談）「『善意』から『生きる力』としてのバナナへ」『at』一号、二〇〇五年九月、四〇―五五頁。
「解説　フェアトレードの現状と課題――ボリス氏の批判をめぐって」ジャン＝ピエール・ボリス（著）、林昌宏（訳）『コーヒー、カカオ、コメ、綿花、コショウの暗黒物語――生産者を死に追いやるグローバル経済』作品社、二〇〇五年一一月、一九一―一九七頁。
※②―15「岐路に立つフェアトレードの現状と課題」『at』三号、二〇〇六年四月、三五―三八頁。［「解説　フェアトレードの現状と課題――ボリス氏の批判をめぐって」、ジャン＝ピエール・ボリス（著）、林昌宏（訳）『コーヒー、カカオ、コメ、綿花、コショウの暗黒物語――生産者を死に追いやるグローバル経済』二〇〇五年、作品社所収に加筆修正したもの。］
※②―16「エコシュリンプの養殖技術改革プロジェクト」『at』五号、二〇〇六年一〇月、三八―四一頁。
「フィリピン発・無農薬市民バナナの17年――ひとからひとへ、手から手へ」『論座』一三九号、二〇〇六年一二月、二三七―二四三頁。
※②―9（書評）「鶴見良行著『バナナと日本人――フィリピン農園と食卓のあいだ』」『月刊オルタ』（アジア太平洋資料センター）二〇〇六年一一月号、二八―二九頁。
「堀田正彦氏に聞く――JCNCとATJのこれまで、そしてこれから」（聞き手：加地永都子）

『ハリーナ』（日本ネグロス・キャンペーン委員会）一〇三号、二〇〇七年五月、一〇―一一頁。［同タイトルで、オルター・トレード・ジャパン（編）『民衆交易の来し方行く末』オルター・トレード・ジャパン、二〇〇九年九月、五―七頁に再録。］

「グローバリゼーションの光と影」『協《かな》う』（くらしと協同の研究所）一〇三号、二〇〇七年一〇月、二〇頁。

「バランゴン・バナナ民衆交易の成果と課題――農業労働者から農民へ」（特集・食料調達の裏側――CSRブームを問う）『農業と経済』七四巻八号、二〇〇八年七月、四〇―四四頁。［「『いのち、自然、暮らしを守る』バナナ――バランゴンバナナ民衆交易事始」として、オルター・トレード・ジャパン（編）『民衆交易の来し方行く末』オルター・トレード・ジャパン、二〇〇九年九月、二一―四頁に再録。］

「フェアを超えたオルター・トレードとは――無農薬バナナ民衆交易から20年」（APLA設立記念シンポジウム『人びとが創るもうひとつのアジア』報告）『ハリーナ』一号、二〇〇八年八月、六―七頁。

※③―22「スマトラ島で食べた『スゥップ・トゥラン（Sup Tulang）』」（堀田正彦のアジア食い倒れ01）『ハリーナ』一号、二〇〇八年八月、一〇頁。

※③―23「フィリピン家庭料理の女王『レリアノン・バングス』」（堀田正彦のアジア食い倒れ02）『ハリーナ』二号、二〇〇八年一一月、一〇頁。

※③―24「ニューデリーYMCAクラブの朝食」（堀田正彦のアジア食い倒れ03）『ハリーナ』三

号、二〇〇九年二月、一〇頁。
※③-25「マレーシアの〝鯵丸ごと一匹ゴロン〟とカレー」（堀田正彦のアジア食い倒れ04）『ハリーナ』四号、二〇〇九年五月、一〇頁。
※③-26「韓国の『ふぐ鍋』」（堀田正彦のアジア食い倒れ05）『ハリーナ』五号、二〇〇九年八月、一〇頁。
（挨拶）「ATJ民衆交易――20周年にあたって」、オルター・トレード・ジャパン（編）『民衆交易の来し方行く末』オルター・トレード・ジャパン、二〇〇九年九月、一頁。
※③-27「お粥の話」（堀田正彦のアジア食い倒れ06）『ハリーナ』六号、二〇〇九年一一月、一〇頁。
「フェアトレード＋独自の交易関係＝持続可能な支援　堀田正彦さんに聞く」（インタビュー）『ビッグイシュー日本版』一一二号、二〇〇九年二月、一八頁。

「南と北の連帯、平和について」『生命の尊重――2008年度第2回グリーンコープ拡大理事研修会』二〇〇九年三月、一-二四頁。

「実践編『民衆交易』にみる地域経済開発のオルタナティブ」『開発教育』五七号、二〇一〇年八月、七六-八九頁。

「オルター・トレード・ジャパン（ATJ）とは何者か」APLA（編）『民衆交易とフェアトレードのこれからを考える』APLA、二〇一二年五月、六-二九頁。

「世界唯一の地場バナナの国際貿易はどう始まったのか――バナナ、砂糖、エビ、コーヒーの輸入ビジネス」ITTC／mipro（編）『2017　途上国商品輸入ビジネス支援セミナー』二〇一七年一一月、二－三二頁。

「『南』と『北』の共生に向けた民衆交易の誕生——バランゴンバナナからの出発」東洋大学社会学部社会文化システム学科（編）『グローバル・シティズンシップを学ぶ人のために——共生に向けた社会参画の初実践』東洋大学社会学部社会システム学科、二〇二一年三月、一－二四頁。

堀田正彦（ほった・まさひこ）

1948年1月1日、仙台生まれ。六月劇場、黒色テントなどの演劇活動を経て、1986年に日本ネグロス・キャンペーン委員会（JCNC）の立ち上げに携わる。1989年に株式会社オルター・トレード・ジャパンを設立し、2013年の顧問就任まで社長を務める。2020年12月に膵臓がんのため逝去。

人《ひと》から人《ひと》への交易《こうえき》

堀田正彦《ほったまさひこ》・民衆交易《みんしゅうこうえき》への挑戦《ちょうせん》

2022年6月23日　第1版第1刷発行

著　者　堀田正彦

編　者　株式会社オルター・トレード・ジャパン

発行者　株式会社亜紀書房

〒101-0051　東京都千代田区神田神保町1-32

電話 (03)5280-0261

https://www.akishobo.com

装　丁　コトモモ社

装　画　川村淳平

印刷・製本　株式会社トライ

https://www.try-sky.com

Printed in Japan

ISBN978-4-7505-1740-7 C0030